21世纪高等学校计算机规划教材

21st Century University Planned Textbooks of Computer Science

现代教育技术实用教程

Modern Educational Technology

李燕梅 主编

杨闽 潘璐璐 陶文玲 杨文明 副主编

穆俊 单祖辉 李佐军 舒清录 司飒 刘绍刚 编委

高校系列

人 民 邮 电 出 版 社

北 京

图书在版编目（CIP）数据

现代教育技术实用教程 / 李燕梅主编. -- 北京 : 人民邮电出版社, 2014.4
21世纪高等学校计算机规划教材. 高校系列
ISBN 978-7-115-34323-9

Ⅰ. ①现… Ⅱ. ①李… Ⅲ. ①教育技术学一高等学校一教材 Ⅳ. ①G40-057

中国版本图书馆CIP数据核字(2014)第042119号

内 容 提 要

本书是为高等学校教师教育类学生编写的教育技术公共课教材，也是云南省“十二・五”教育技术课题——“边疆少数民族地区中小学教师教育技术能力培训现状及策略研究”和“西部基础教育信息化师资培养状况调查研究—以临沧市为例”的研究成果。全书共分 8 章，主要内容包括：教育技术概述、常见教学媒体与教学环境、数字化教学资源、网络教学、教学设计、教学评价、多媒体课件的设计与开发、现代教育技术技能训练。

本书适合作为高等学校本专科现代教育技术公共课教材，也可作为中小学教师继续教育培训教材。

◆ 主　　编　李燕梅
副 主 编　杨　闽　潘璐璐　陶文玲　杨文明
责任编辑　王　威
执行编辑　范博涛
责任印制　杨林杰

◆ 人民邮电出版社出版发行　　北京市丰台区成寿寺路 11 号
邮编　100164　　电子邮件　315@ptpress.com.cn
网址　http://www.ptpress.com.cn
北京中新伟业印刷有限公司印刷

◆ 开本：787×1092　1/16
印张：11.5　　2014 年 4 月第 1 版
字数：283 千字　　2014 年 4 月北京第 1 次印刷

定价：29.80 元

读者服务热线：(010)81055256　印装质量热线：(010)81055316
反盗版热线：(010)81055315

前　言

教育信息化的发展使我们认识到教师必须具备教育技术与信息技术能力。《教育部关于推进教师教育信息化建设的意见》明确提出：把信息技术教育作为中小学教师继续教育的重要内容之一，通过各种方式对全体中小学教师进行一轮现代信息技术和教育技术培训。

随着信息技术的不断发展，各学校的教学环境有了较大的改善，基于信息化环境的教学改革以及现代教学手段的提高是当前教师面临的主要任务，特别是对各方面发展相对滞后的边疆地区中小学教师，更是提出了新的挑战。当前整个教学改革要解决的首要问题，是帮助教师形成新的教学理念，即强调以学生为主体，重视对学习过程和学习资源的研究，重视教学设计在教学过程中的作用，尤其对边疆地区促进教育信息化建设具有深刻的现实意义。基于此，我们申报了云南省"十二•五"教育技术立项研究课题——"边疆少数民族地区中小学教师教育技术能力培训现状及策略研究"和"西部基础教育信息化师资培养状况调查研究"。

现代教育技术是高等学校教师教育类专业学生必修的一门公共基础课程，是衡量学生应用现代信息技术能力的重要标志，其培养目标是培养学生在实际工作中运用教育技术的思维，特别是培养学生学会在日常教学中应用教学设计思想设计教学，使学生掌握信息技术与学科整合的基本理念和方法，使学生掌握现代教学媒体的开发、运用和管理，保持教学内容的先进性，培养社会需要的复合型人才。

本书是为高等学校教师教育类学生编写的现代教育技术公共课教材，也是上述两个课题的研究成果，主要介绍现代教育技术基本知识、方法和基本技能，目的是让学生通过知识学习和技能训练，了解现代教育技术的基本知识，掌握信息技术和现代教学媒体的教学应用。全书共分 8 章，主要内容包括：教育技术概述、常见的教学媒体与教学环境、数字化教学资源、网络教学、教学设计、教学评价、多媒体课件的设计与开发、现代教育技术技能训练。

参与编写本书的老师均有多年从事现代教育技术一线教学的经验，其中第 1 章由杨闽编写；第 2 章由杨闽、李燕梅编写；第 3 章、第 8 章由李燕梅编写；第 4 章由陶文玲编写；第 5 章、第 6 章由潘璐璐编写；第 7 章由杨文明编写；穆俊、单祖辉老师负责教材配套 PPT 课件的制作；舒清录、司飙老师负责课程网站的设计与开发；李佐军、刘绍刚老师负责教学实践案例和参考资料的收集整理工作。全书由李燕梅统筹修改定稿。

本书可作为高等学校本、专科学生现代教育技术公共课教材，也可作为在职中小学教师教育技术能力培训教学用书以及从事教育技术、信息技术教学与管理的相关人员阅读。

编者

2014 年 1 月

目　录　CONTENTS

PART 1

第 1 章 教育技术概述

【学习目标】

- 能概括历史上技术的发展对教育产生的影响。
- 了解技术、教育技术的含义及其之间的关系。
- 能清楚地阐述教育技术发展的 4 个阶段的主要观点及其特征。
- 理解教育技术定义的发展演变，并能识记 AECT94 定义。
- 理解并能够阐述教育技术研究的 5 个范畴及其内容。
- 能够清楚地阐述教育技术的理论基础并理解其作为教育技术理论基础的意义。

【学习导图】

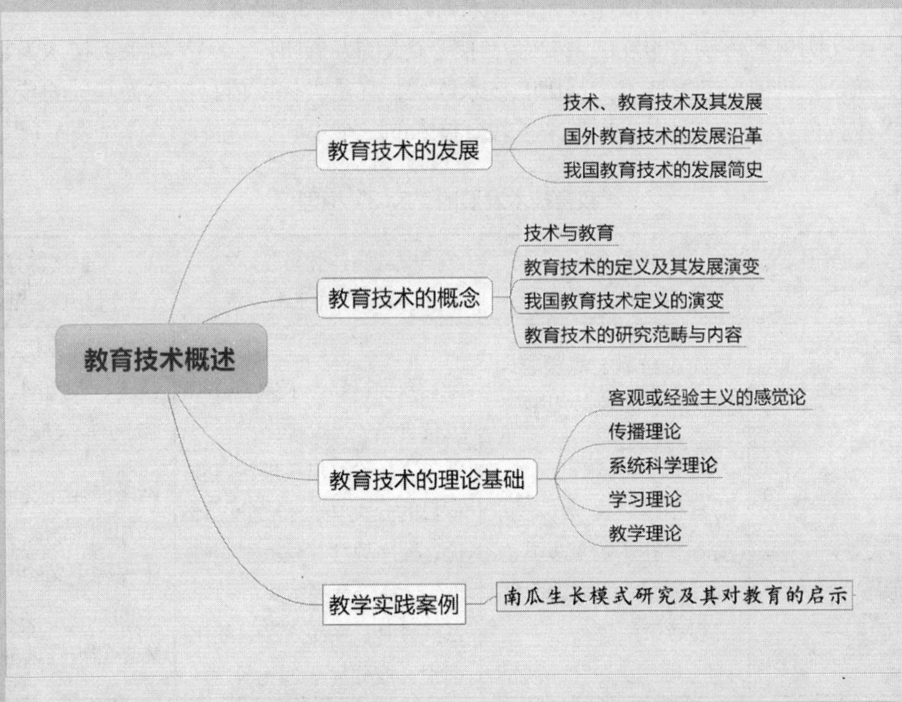

1.1 教育技术的发展

1.1.1 技术、教育技术及其发展

"技术"一词在不同的历史时期有不同的理解。最初，技术是指与人的手工操作有关的工艺和技巧。随着社会的发展，技术一词的内涵也在不断变化。《辞海》对技术的解释是泛指根据生产实践经验和自然科学而成的各种工艺操作方法与技能，除操作技能外，广义的技术还包括相应的生产工具和其他物质设备，以及生产的工艺过程或作业程序、方法等。随着科学技术的进步，人们发现解决具体问题时，不仅要涉及与物质相关的手段，同时还要涉及与人的智力相关的手段。因此，又有学者提出，技术不只是科学的应用，还包括过程和工具的改进，技术的重点在于工作技能的提高和工作的组织，而不是工具和机器本身。

教育技术作为进行教育活动的手段、方法和技巧，它的产生可以推回更久远的古代。有的学者认为教育技术的产生可以追溯到原始社会部落牧师对知识主体进行系统分类，以及通过书写象形文字和符号来记录并传播信息的早期文化的远古时代，而教育技术的哲学基础可以追溯到古希腊智者们的学术思想。根据智者们在教学中的做法，以及他们把"技术"理解为艺术与科学相结合的思想，可以把他们看作是教育技术的鼻祖。

从技术的内涵出发，可以将教育技术分为有形（物化形态）技术和无形（观念形态）技术两大类，它们是人类在教育教学活动过程中所运用的一切物质工具、方法技能和知识经验的综合体。有形技术主要指在教育教学活动中所运用的物质工具，通过各种教学媒体如黑板、粉笔或者幻灯、投影、电影、视听器材、计算机、网络、卫星等表现出来。无形技术既包括在解决教育教学问题过程中所运用的技巧、策略、方法，又包括其中所蕴含的各种教学思想、教学理论等。有形技术是教育技术的依托，无形技术则是教育技术的灵魂。

在人类文明史上，技术的发展主要经历了三个大的发展阶段，一是以手工技术为基础的技术体系，二是以机械与电气技术为基础的技术体系，三是当代以信息技术为基础的技术体系。这些技术在教育教学中的应用，也带来了教育技术的三个不同历史阶段，详见表 1.1。

表 1.1　　教育技术发展的"2X3"模型

发展阶段 技术特征	传统教育技术 （手工技术时代）	视听媒体教育技术 （机械与电气技术时代）	信息化教育技术 （信息技术时代）
有形技术 （物化形态的技术）	竹简、粉笔、黑板、印刷材料、实物、模型等	幻灯、投影、广播、电视电影、教学机器、录像、卫星电视等	多媒体计算机、人工智能技术、校园网、互联网、物联网、虚拟现实技术等
无形技术 （观念形态的技术）	口耳相传、诡辩术、讲演术、孔子的启发式教学、苏格拉底的产婆术、直观教学法等	戴尔"经验之塔"理论、教育目的分类学、标准参照评价、程序教学、先行组织者理论、基于行为主义的教学系统设计、系统方法、细化理论、成分显示理论等	网络课程开发理论、基于认知理论的教学设计、基于建构主义的以"学"为主的教学设计、绩效技术、知识管理理论等

技术在教育教学中的作用可以概括为以下 4 个方面：第一，可以作为学习检验的工具，帮助学习者和教师对学习过程及其效果进行设计、追踪监测和评价反思；第二，可以作为媒体，承载和传递各类教学信息；第三，可以作为信息工具帮助学习者对各种类型的数据资料进行加工处理，并设计生成新的信息；第四，可以作为社群工具，支持学习者与学习群体成员的交往互动。

1.1.2 国外教育技术发展沿革

教育技术作为一个新兴的研究领域，形成于第二次产业革命时期，是科学技术的发展对教育影响的结果。美国教育技术界人士大多把 20 世纪 20 年代初期在美国教育领域内兴起的视觉教学运动，作为教育技术的发端。然而，教育技术从一个教学改革实践中的运动（视听教学运动）形成为一个专门的实践领域（应用教育技术解决教学实践问题的领域），进而再发展成为一门学科专业（教育技术学），大约经历了 70 多年的历史。总体归纳起来，教育技术的发展主要经历了视觉教育阶段、视听教育阶段、视听传播教育阶段、信息技术教育应用阶段这四个发展阶段。

1．视觉教育阶段

1918 年—1928 年，在美国教育领域内兴起的视觉教学（Visual Instruction）作为一场正式的教学改革运动，标志着教育技术的发端。视觉教学运动是对长期以来盛行于学校中传统的形式主义教学方法，特别是所谓“言语主义”的改革。视觉教学运动旨在教学中推行视觉媒体的应用，为学生学习抽象的教学内容提供具体形象的感性认识，提高教学效果，而“言语主义”的教学方法忽视语言符号与学生已有经验建立联系，导致学生不理解、死记硬背地学习。视觉教学思想的产生可以追溯到夸美纽斯、裴斯泰洛齐、福禄培尔和杜威等人所提出的直观教学思想。

从 19 世纪末开始，科学技术的迅速发展，科技成果引进教育领域，对教育技术的发展产生了深刻的影响。例如，照相机、幻灯、无声电影等新媒体在教育教学中的应用，能够为学生提供生动丰富的视觉形象，使教学内容变得更加直观，获得了不同以往的巨大效果，对视觉教育的发展起了很大的促进作用。

到了 1906 年，一本有关立体照片和幻灯片使用的教师指导书《视觉教育》在美国出版，“视觉教育”一词便开始在教育界传开，并且吸引了越来越多的教育工作者参与到对视觉媒体教学应用的研究中。例如，1910 年，克莱恩（George Kleine）在纽约出版了第一本《教育电影目录》。大发明家托马斯·爱迪生（Thomas Edison）在 1911 年就已开始制作一些供教室放映用的电影，并且他还预言道:“在学校里，教科书将很快过时。不久，学生将通过视觉来接受教学。使用电影教授人类知识的每一门分支学科是可能的。10 年以后，我们的学校系统将彻底改观。”虽然爱迪生预期的变化没有出现，但他推崇教学电影的热情以及对电影的教学作用的宣传使人们深信电影能促进教学改革，同时能降低教学成本。所以当时人们把这种主要向学生提供生动的视觉形象以辅助教学的活动称为“视觉教育”。

1923 年，美国成立了全美教育协会（NEA）视觉教学部（Department of Visual Instruction），简称 DVI，即美国教育传播与技术协会的前身。同时期，美国一些学校开始将“视觉教育”列为正式课程，还有 20 多所高校为教师开设了视觉教学课程，培养教师使用幻灯、电影、挂图等手段呈现教材、制作教材和操作各类设备的技能。另外，在这个时期出版的一些著作对视觉教育的发展也产生了深远的影响，如 1922 年格拉迪斯等编著的《满足社区需求的电影》是第一本完整的视觉教学专著；1928 年第一本关于视觉教育的教科书《学校中的视觉教育》出版；1937

年，霍本（C.f. Hoban）等编著的《课程视觉化》一书系统地论述了视觉教学的理论基础和基本原则，并提出了各类媒体分类的层级模型，被称为是20世纪30年代视觉教学理论的代表作。

2．视听教育阶段

20世纪20年代末，有声电影及广播录音技术获得了快速发展，并在教育实践中得到了广泛的应用，这使得原有的视觉教学的概念已不能涵盖已扩展的视听设备介入的教育实践，视觉教学便逐渐向视听教学（Audiovisual Instruction）转变和发展。

在视听教育方面，英国和美国都是开展播音教学较早的国家，1920年就建立了广播电台播出教育节目，利用无线电广播进行大面积教育和教学实验。无线电广播对教育的作用远远超出了学校的范围，为扩大教育规模、发展社会教育开辟了一条有效的途径。1924年，有声电影出现，在提高教育效果方面显示了巨大的作用，引起了人们的广泛兴趣与政府部门的特别重视，具有视听双重特点的媒体开始在教学中得到了较为广泛的应用。然而在第二次世界大战期间，学校中的视听教学由于缺乏设备、资料和专家而发展缓慢，但在军队中依旧盛行。二战期间，视听教学在工业和军队的训练中得到大力发展。美国政府通过其“战争培训视觉教具部”生产工业培训电影457部，政府为军队购买了5.5万部电影放映机，总投资达10亿美元。战争期间，除了利用电影培训技术人员获得很大成功外，在军队训练中还采用了许多其他视听媒体，如在军训中初显成效的投影器、用于识别航空器的教学幻灯、用于外语教学的录音以及用于飞行训练的模拟训练器材等。第二次世界大战中，美国在工业和军队训练中发展视听教学取得了巨大的投资效益，因此在1945年德国战败后，德军总参谋长威廉·凯塔（William Kiete）谈及战争失败原因时说道:“我们精确计算了一切因素，只是没有算到美国训练军备的速度，我们最大的错误就在于低估了他们迅速掌握电影教育的速度。”

第二次世界大战后的10年（1945年—1955年）是视听教学稳步发展的时期。“视觉教育”这一名称已不能准确反映当时的教育实践活动，因而 “视听教育”的概念诞生。视听教育不仅是指幻灯、电影、录音、无线电广播等现代媒体的应用，还包括了照片、图表、模型、标本等直观教具以及参观、旅行、展览等形式的教学活动等，凡是传授“观察经验”的教育活动，都属于视听教育。在1947年，全美教育协会的视觉教学部正式更名为视听教学部。

3．视听传播教育阶段

1955年以后，视听教学得到迅速发展，其重要原因之一是1955年前苏联发射第一颗人造地球卫星，震动了美国，舆论界惊呼美国科技落后，对学校教育提出了激烈的批评，强烈要求改革学校的课程和教学方法。在这种情况下，美国国会于1955年通过《国防教育法》，给教育增加拨款，以保证培养出国际竞争所需要的人才的质量和数量，同时亦把许多研究人员带到教育媒体和技术领域，并促进更多的教师接受新媒体，使视听技术得到有效的应用和发展。

在1955年—1965年这10年间，语言实验室、电视系统、教学机器、多媒体系统、计算机辅助教学等先后出现并在教学中得到应用，使得教学器材自动化、教材形态多样化、教学过程程序化等特点日益明显，来自于视听领域或非视听领域的许多媒体资源需要进行统一说明。同时由拉斯韦尔等美国学者创立的传播理论对教育的发展产生了重要影响，因此迫切需要定义一个更广泛的术语和定义来概括当前这个领域，视听传播（Audio-visual-communication）这一术语便于1953年在视听教学领域出现了。为了将这些新的概念有机地综合成为一个完整的理论体系对其下一个准确的定义，美国视听教学部在1961年成立了“定义与术语委员会”，探讨从学习理论和传播理论的角度重新认识视听教学的理论问题，这标志着视听教学向视听传播教学的发展，由重点研究视听信息的显示转向视听信息的传播设计，也就是把研究的视野从静态的物质手段方面转向了动态教学过程方面，从仅仅重视教具、教材的使用，转为关注教学信息从发送者，经由各种媒体通道，传递到受教育者的整个传播过程。1963 年 2 月，该委员会建议将“视听教育”的名称改为“视听传播”。

4．信息技术教育应用阶段

20 世纪 70 年代以来，随着认知心理学的兴起和计算机技术的快速发展，教育技术从理论基础、媒体技术、实践应用都进入到了一个快速发展和成熟的时期，形成了以信息技术教育应用或计算机教育应用为核心的成熟的教育技术。

在教育技术的理论基础方面，传播理论、系统科学理论、学习理论和教学理论等教育技术的理论基础在这一时期都取得了丰硕的发展成果。认知学习理论的发展和建构主义理论的出现，为信息技术和其他媒体的应用带来了全新的理念，也使得教育技术开始全面关注学生的学习过程。

在技术应用和实践应用方面，电视、录音录像技术和电影等得到广泛的教学应用，并一直作为课堂教学中重要的媒体，在 20 世纪最后 20 年出现的多媒体计算机和网络技术，使得教育技术的面貌发生了重大的变革，各种新的学习方式和教育理念得到了良好和快速的发展，教育技术也因此进入了一个繁荣和逐步走向成熟的时期，在我国，这种以利用多媒体计算机和网络技术为主要媒介的教育技术，还被特别冠以“现代教育技术”的名称。

到了 1970 年，美国视听教育协会决定改名为教育传播与技术协会（AECT），并于 1971 年正式启用这个新名称。AECT 在 1977 年、1994 年和 2005 年对教育技术的定义中都已明显地表现出教育技术已从过去单纯的工具论或者手段、方法论转变为科学理论、实践论。

1.1.3　我国教育技术的发展简史

教育技术作为一个新兴的实践和研究领域，在美国开始于视听教育运动，而在我国则是以电化教育的出现为标志，并且，电化教育的出现和发展形成了我国教育技术史上一个重要的历史阶段，对我国教育事业的发展和改革产生了积极的影响。归纳起来，我国教育技术的发展可分为两个阶段：第一阶段为电化教育的出现与初步发展阶段（1920 年—1965 年）；第二阶段为电化教育与教育技术的迅速发展阶段（1978 年至今）。

1．电化教育的出现和初步发展

20 世纪 20 年代开始，幻灯、电影、无线电广播等教育媒体逐渐在我国教育中的应用，揭开了我国电化教育的序幕，具体表现如下。

1917 年，商务印书馆开始拍电影。其拍摄的《养蚕》、《幼儿园》、《长沙名胜》等影片，配合讲演和报告进行放映，受到了学校师生的欢迎。

1922 年，南京金陵大学农学院举办农业专修科，设立推广部，从美国农业部购买了幻灯片、电影片，用唱片配音或播映员口头讲解，到各地宣传科学种棉知识，这大概是最早在大学中应用视听媒体来进行的教学。

1923 年，中国教育家陶行知在长沙、烟台、嘉兴等地举办大规模的千字课的教学实验，并在嘉兴教学实验时运用了幻灯媒体，可算得上是我国利用幻灯片进行教育的开始。

1931 年，金陵大学理学院引进了多部无声影片，结合课程进行放映，并与上海柯达公司合作，翻译了 60 多部教学影片，成为我国较早开展电影教育的学校。

1937 年 7 月，播音教育委员会建立，并在全国建立了播音教育指导区 11 个。广播教学中播放的教育节目分两种：一种是对一般民众的演讲，侧重各类常识；另一种是对中学生的演讲，侧重各种知识。

同时，一些民众教育馆也开始运用幻灯、电影、广播等开展宣传教育活动，如江苏省镇江民众教育馆将大礼堂作为放映厅，规定时间，轮流放映教育影片和教育幻灯片，并外出巡回展出图片、照片、实物、模型，放映幻灯和电影等。

随着电影和播音教学的开展，一些学校开始开设电影播音课程，开办电影播音专业，培养电教专业人才。例如，1936 年 9 月江苏省立教育学院创办电影播音教育专修科，学制二年。教学内容为幻灯片、16mm 电影片的摄制技术，电影摄影机、放映机、照相机、幻灯机、收音机、扩音机等的使用、操作和简单的维修等。在专业人才培养方面，1946 年底，当时政府选派留学生赴美学习有关课程，攻读学位。这是我国第一次派人出国学习国外视听教育的先进经验，推动了我国电化教育的发展。

虽然我国的电化教育出现于 20 世纪 20 年代，但由于当时经济不发达，科学技术相对落后，加上政府对教育的重视不够和投入不足，故电化教育始终处于一种自发状态，始终未能有大规模的推广。

中华人民共和国成立后，我国的教育事业受到党和国家的高度重视，电化教育也得到了进一步的发展。1949 年，在文化部科学普及局成立了电化教育处（后改为幻灯处），负责全国电教工作。与此同时，我国社会上开展的播音教育和电视教育等，使得电化教育的发展得以大规模的推广。如 1949 年北京人民广播电台和上海人民广播电台开始播放俄语讲座。 1960 年起，上海、北京、沈阳、哈尔滨等地相继举办电视大学。

我国的高等教育中的电化教育是从以下两个方面开展的。一是开设电教课程，如 1947 年，北京师范大学在其教育系首次开设了“电化教育”选修科，既讲理论，又教技术；燕京大学教育系在 1948 年就开设了“视听教育课”，每周授课两次，每次一小时，其中半小时讲理论，半小时实际操作，学习制作幻灯片、拍照、洗照片等。二是运用现代教育媒体辅助教学。如 1950 年，北京外国语学校首先利用唱片辅助外语教学；1959 年上海外国语学院建成我国第一座电教大楼，楼内有个人听音室、电影放映厅、电影教室、语言实验室等，积极开展电化教育。

在我国的中小学教育中，电化教育主要是由各地的电化教育馆来组织和推广的。例如，1958 年北京市在中小学逐步推广幻灯、电影、广播和唱片、录音的辅助教学。1962 年南京市教师进修学院也开始推行电影、幻灯、录音教学活动，并在 1965 年正式担负在全市中小学推行电化教育工作的任务。

从建国后的 1950 年至 1965 年 15 年间，我国的电化教育取得了很大的成绩，并加快了发展步伐。

2．电化教育与教育技术的迅速发展阶段

1977 年以后，党和政府采取了一系列政策和措施，我国的教育工作逐步得到恢复。1978 年 7 月教育部建立了中央电化教育馆，决定 1979 年起由中央电化教育馆负责全国学校电化教育的行政管理工作。随后，全国各省、市、自治区建立了各级电教馆、电教机构，全国 800 多所高等院校以及许多中小学也先后建立了电教机构。在各级电教机构的组织和推动下，学校电化教育在设备购置、电化教材编制、学校电化教育实施等方面迅速展开。

首先，在电化教育设备购置方面，各地采用多层次、多渠道、多方式筹集资金购置电教设备。其次，为了提高电化教育质量，精心编制电教教材是一个非常重要的中心环节。在这一时期使用的电教教材主要是唱片、幻灯片、投影片、录音带、电影片和录像带。制作的形式有 3 种：一是专业生产厂家制作，如科学教育电影制片厂、幻灯片厂等制作了一批电教教材，质量可靠，成本较低；二是各级电教机构制作，如中央电教馆、各省电教馆及许多高等院校的电教中心都制作了大量的电教教材；三是教师自制，如在各级各类学校中，许多教师自己设计、自已动手制作了大量的幻灯片、投影片。这些教材密切结合课堂教学，在提高教学质量方面发挥了重要的作用。最后，高等学校中的电化教育起步早，发展快，专业人员队伍大，可以为教学提供电教设备和电教资料，还可以与各专业课教师结合，编制各门课程的音像教材，在辅助课堂教学方面发挥了积极的作用，然而真正把电化教育持久广泛地带入课堂教学中，充分发挥现代教育媒体的教学功能的是各级中小学校，在国外的视听教育中也是如此。

在很长一段时期，电化教育和教育技术的名称在我国同时在使用，1978 年以后电化教育和教育技术都得到迅速的发展，主要表现在：积极开展现代教育技术手段的研究与推广应用、计算机辅助教育的发展、远程教育的发展和教育技术的理论研究与实践的发展 4 个方面。

首先，在开展现代教育技术手段的研究与推广应用方面，1978 年，在全国科学技术“六五”规划中，列入了现代教育技术设备的研究课题，具体制定了开展电视教育、计算机辅助教育、卫星教育等方面新技术的研究子课题，由有关高校分别承担。1979 年，在北京师范大学、华东师范大学成立现代教育技术研究所，在我国推广现代教育技术手段的应用，并将北京师范大学附属实验中学作为中学的试点单位。1980 年，由北京师范大学、华东师范大学组成考察小组，赴美国考察教育技术的发展情况，以后又组团赴美国考察卫星教育，赴日本考察教育技术等。以上所有工作为在我国迅速开展电视教育、计算机辅助教育、卫星教育的研究打下了基础。

其次，在计算机辅助教育的发展方面，北京师范大学和华东师范大学的“现代教育技术研究所”，下设“计算机辅助教学研究室”，专门从事计算机辅助教育项目的研究。1982 年，我国各大城市的一些中学理科教师开始运用计算机辅助教学。1985 年，全国计算机辅助教育学会成立。计算机辅助教育在我国的开展使电化教育突破了视听的范围，把研究的中心从只重视“教”转向既重视“教”也重视“学”的方面来。计算机辅助教育的迅速发展成为 20 世纪 90 年代我国教育技术的重要实践领域。

再次，在远程教育的发展方面，1978 年作为我国远程教育系统主要部分的中央广播电视大学开始创办，随后发展成为一个由中央电大，43 所省、市电大，575 所地市级电大，1 500 多个县级电大组成的远距离高等教育系统，形成了一个覆盖全国城乡的广播电视教育网络。同时，卫星电视教育网也已开始规划和建设。1986 年 2 月，国家开始部署各地卫星教育电视收转网的规划和建设，以及利用卫星电视培训中小学师资，开展成人业余教育的计划和方案等。

最后，在教育技术的理论研究与实践的发展方面，出版了许多以“教育技术”为名称的，反映教育技术学基本原理和方法的专著、译著和教材等。如《教育技术与外语教学》(内蒙古大学出版社，1988 年 7 月)、《教育技术学基础》(译著，教育科学出版社，1990 年 2 月)、《教育技术学辞典》(上海辞书出版社，1991 年 3 月)、《教育技术学导论》(北京师范大学出版社，1993 年 9 月) 等。同时，由全国高等师范院校教育技术学教学指导委员会组织编写的教育技术学专业的 19 种主干课程教材如《教育技术学导论》、《教学设计》、《教育传播学》、《电化教育管理》等，陆续由高等教育出版社出版。这些著作的问世，极大地推动了我国教育技术的发展。

总之，1920 年—1965 年是我国的教育技术的兴起和初步发展时期，并以电化教育的概念和形式出现。1978 年以后，电化教育和教育技术都得到了国家政策的支持，得到了迅速的发展，但在学校电化教育、计算机辅助教学、远程教学和教育技术学科建设等方面基本上还属于各自独立地发展，直到 20 世纪 80 年代后期，才开始相互影响和借鉴，特别是从教育技术学的基本理论—教学设计的理论与方法中吸取营养，改善教学。

1.2 教育技术的概念

1.2.1 技术与教育

1．技术

在希腊语中“技术”（technology）的词根 techne 指的就是“艺术和手工技巧”。随着社会和工业的发展，技术的应用越来越广泛，对它的理解和表述也越来越多样化。《辞海》中对技术的定义：一是泛指根据生产实践经验和自然科学原理而发展成的各种工艺操作方法与技能；二是除操作技能外，广义的技术还包括相应的生产工具和其他物质设备，以及生产的工艺过程或作业程序、方法。而在《科学学辞典》和《科技词典》中，则把技术定义为“为社会生产和人类物质文化生活需要服务的，供人类利用和改造自然的物质手段、智能手段和信息手段的总和”。

前一种“技术”的定义几乎只局限于技术的有形的物质性方面，如果按照这种定义来看待教育技术中的“技术”，则教育技术只包括“硬件”和“软件”，教育技术等同于录音机和磁带、计算机和程序、课件等有形的东西。在这种理解下，教育技术就是教学媒体。而后一种“技术”的定义除了有形的物质性方面之外，还包括无形的非物质性方面，这种“无形的非物质性”方面的技术是客观存在的，并在人们的社会实践中起到了不亚于有形的物质性方面的技术的作用。

2．教育

教育是培养人的活动。这是教育区别于其他事物现象的根本特征，是教育的质的规定性。现代教育学把教育区分为广义与狭义的两种概念。广义的教育指凡是一切增进人们知识、技能、身体健康以及形成和改变人们思想意识的过程。而狭义的教育指的是教育者按照一定的社会要求，向受教育者的身心施加有目的、有计划、有组织的影响，以使受教育者发生预期变化的活动。狭义的教育通常指学校教育。

从教育的各个定义中可以看出，构成教育活动的基本要素是教育者、受教育者和教育措施。凡是对受教育者在知识、技能、思想、品德等方面起到教育影响作用的人，都可称为教育者。例如父母是子女最初和最经常的教育者；社会教育中的师傅以及起到教育作用的其他人员，都可以看作是教育者。但自从学校教育产生以后，教育者主要是指学校中的教师和其他教育工作人员，是教育活动的主导者。受教育者是指在各种教育活动中从事学习的人，既包括学校中学习的儿童、少年和青年，也包括各种形式的成人教育中的学生。受教育者是教育的对象，是学习活动的主体。教育措施是实现教育目的所采取的办法，它包括教育的内容和手段。教育的内容是教育者作用于受教育者的影响物，它是根据教育目的，经过选择和加工的影响物。教育手段是指教育活动中所采用的方式和方法，它既包括教育者和受教育者在教育活动中所采用的教和学的方式和方法，也包括进行教育活动时所运用的一切物质条件。

教育的三个基本要素是相互联系的。教育者是教育活动的组织者和领导者，掌握着教育的目的，并采用适当的教育内容和手段，创设必要的教育环境，调控着受教育者和整个教育过程，目的是促进受教育者的身心发展。

1.2.2 教育技术的定义及其发展演变

1．教育技术的基本含义

一般来说，教育技术指的是一项专门技术，即在教学过程中应用的技术手段和技术方法。

这是教育技术概念的基本内涵，它阐明了教育技术“是什么”。另一种教育技术的基本内涵超出了任何特定的媒体和设备，认为教育技术是一种在对人类学习和传播研究成果的基础上确立目标，进而对学与教的总体过程进行设计、实施和评价的系统方法。从以上两个定义中可以看出，教育技术的一个含义是在教与学过程中应用的各种媒体及其开发、应用的技术，包括硬件设备和相应的软件。简而言之，教育技术是指有形的媒体技术。另一个含义指的是分析和解决学与教的总体过程，从而获得优化效果的系统方法，即对教与学过程进行系统设计的技术，是无形的、智能的系统技术。这个定义界定了教育技术是在教与学过程中应用的媒体技术和系统技术的总称，但是在很多时候，人们往往把教育技术仅理解为媒体技术，更有甚者把它理解为媒体中的硬件技术。这些都不利于发挥教育技术在教学实践中所应发挥的作用。

2．AECT 关于教育技术的 1977 定义

1977 年美国教育传播和技术协会（AECT）对教育技术的定义的描述是“教育技术是一个分析问题，并对解决问题的方法进行设计、实施、评价和管理的综合的、有机的过程，它涉及人员、程序、思想、设备和组织等各个方面，与人类学习的所有方面都有关系。”在教育技术中，解决问题方法的表现形式是为了促进学习而设计或选择使用的学习资源。学习资源分为信息、人员、材料设备、技巧和环境。对问题进行分析，并对解决问题的方法进行设计、实施和评价的过程称为教育开发职能，它包括研究与理论、设计、制作、评价与选择、供应、利用与推广等。对教育开发职能中的某项或多项职能进行指导、协调的过程则称为教育管理职能，它包括组织管理和人员管理。在 AECT1977 定义中，教育技术由四个方面——学习者、学习资源、教育开发职能和教育管理职能组成，其相互关系如图 1.1 所示。

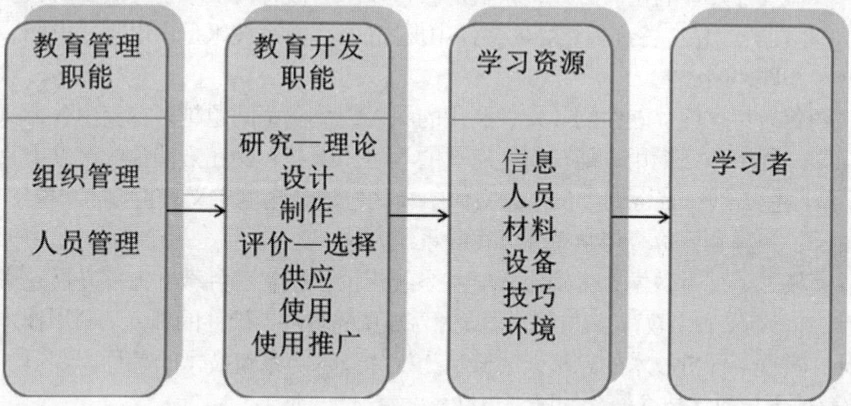

图 1.1 AECT 关于教育技术 1977 定义的结构图

AECT 关于教育技术 1977 年的定义指出了教育技术是一个特定的实践与研究领域，即在教育、教学实践中应用特定的理论和原则，借助技术手段（教学媒体和学习资源）和技术方法（对教与学过程进行系统设计的系统方法）来分析、解决教与学问题所涉及的一个特定的实践领域。

3．AECT 关于教育技术的 1994 定义

AECT 关于教育技术的 1994 定义是这样描述的：“教学技术是为了促进学习，对有关的资源与过程进行设计、开发、利用、管理和评价的理论与实践。”这个定义明确指出了教育技术的目的是为了促进学习，其研究对象是教与学的过程和资源，基本内容是设计、开发、利用、管理和评价五个范畴。这个定义也指出了教育技术这一理论和实践的研究方法是系统方法，侧重于学科性的定义。

AECT 关于教育技术的 1994 定义的结构如图 1.2 所示，其研究对象和基本范畴是对资源的

开发、利用和对过程的设计、管理与评价。所以 1994 定义是一个具有学科纲领含义的规定性定义。关于 AECT1994 定义的具体研究内容，将在教育技术的研究范畴与内容这一小节中详细阐述。

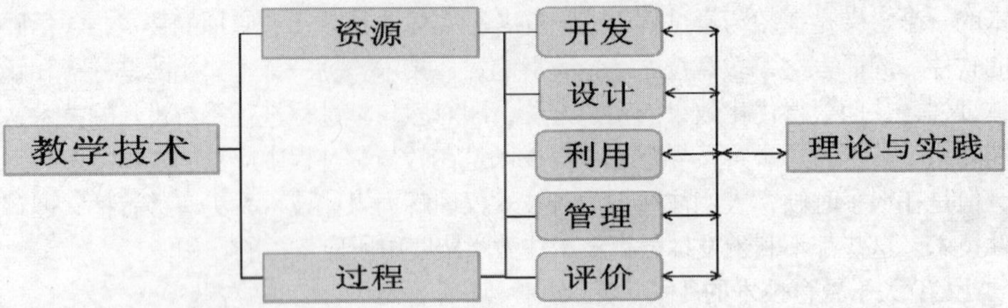

图 1.2　AECT 关于教育技术的 1994 定义的结构图

4．教育技术概念的演化

教育技术的发展在不同的国家有一定的差异，但也存在着很多的共同性。这种共同性典型地体现为以下几个教育技术概念和范畴的演变过程中。

首先，是与视听教学运动有关。教育技术被认为是一种工具的使用技术。它指的是利用设备、媒体的硬件来达到教学目标。所以这个术语和“使用视听设备辅助教学”是同义的，那个时期使用教育技术这个词是用来强调媒体的开发利用以及对新传播工具的开发利用的。

其次，随着科学技术的发展，另一个日益突出的问题是同这些硬件技术相适配的携带教学信息的软件制作及开发、利用。因此，人们对教育技术的概念又赋予了扩展的含义。具有代表性的是 1970 年在美国总统咨询委员会的文件中提出的：“教育技术是由电视、电影、投影机、计算机等软件和硬件组成的。”

再次，随着教育软件、硬件的开发、利用的深入，另一个问题越来越突出，即这些硬件和软件在教与学过程中如何应用才能获得更有效的学习，因而开始在方法论的高度上来考虑教育技术问题。所以在美国总统咨询委员会的文件中又从方法论角度定义教育技术。提出：“教育技术是一种设计、实施和评价教与学总体过程的系统方法。”

由于教育技术是视听教学、个别化教学和系统化设计教学三种教学方法发展起来的综合技术，因而自 1970 年以后，教育技术的概念演变为媒体的软件、硬件的开发、利用技术和教与学过程的设计、实施、评价技术的总称，或概括为媒体技术与系统技术的总称。

5．教育技术与教学技术概念的区别与联系

教育技术与教学技术两个术语，在美国很长一段时间内是混用的，故在 1977 年美国教育传播与技术协会出版的关于《教育技术领域的定义》一书中对两个术语明确地做了区别。教学技术是教育技术下属概念，教育技术应用的范围广，包含了宏观、中观与微观不同层次，而教学技术主要指在微观层次中的应用。由于美国在教育技术方面的大量实践都表现在微观层次的教学过程中，而且在微观层次的教学理论与实践的发展也比较成熟，所以美国人习惯用“教学技术”这个术语，故在 1994 年美国教育传播与技术协会又修改了教育技术的定义，更加明确地使用教学技术这个术语，并认为教育技术与教学技术是同义的，不再加以区分。

在我国习惯于使用教育技术这个术语，故在许多辞典中都用了“教育技术”。在本书中除阐述 1994 定义外都采用“教育技术”这个术语，从其内容来看主要是对微观层次的教学理论和实践的阐述。此外还需要说明的是，人们习惯上用“现代教育技术”这一术语指代在教学中应用的现代信息技术手段，如计算机技术、多媒体技术、通信技术、网络技术等，以及由这些技术构成的传播系统和相应的教学软件等。

1.2.3　我国教育技术定义的演变

“电化教育”是我国特有的概念，但随着国际上普遍通行的教育技术的概念的广泛传播，“电化教育”逐渐被“教育技术”所取代。2002年原“中国电化教育协会”正式更名为“中国教育技术协会”。当美国教育传播与技术协会关于教育技术的一些定义引入我国后，我国学者结合国情，提出了我国关于教育技术的典型定义，主要有以下几种。

教育技术学是应用技术学的概念、方法、观点以及方法论，研究教育、教学过程及其管理过程的优化的技术手段、操作方法和方法论的一门学科，其目的是为了获得更有效的教学。

所谓现代教育技术，就是运用现代教育理论和现代信息技术，通过对教与学过程和教学资源设计、开发、利用、评价和管理，以实现教学优化的理论和实践。

教育技术是根据教育理论和科技知识，开发和使用各种媒体及其他学习资源，优化教与学的一种实践和研究。

在我国教育技术发展过程中，除了电化教育与教育技术，还会看到如现代教育技术、信息化教育、教育信息技术等名称，这些名称可以说是人们在不同的时期，对我国教育技术内涵的理解和解读，应该在具体的情景中去解释其含义，也正是在人们不断丰富其概念内涵的过程中，教育技术才得到了前所未有的发展。

1.2.4　教育技术的研究范畴与内容

AECT关于教育技术的1994定义中提出了教育技术的理论与实践5个内容范畴的划分，包括设计、开发、利用、管理和评价5个研究内容范畴。在AECT1994定义的结构（见图1.3）中列出了这5个范畴，每个范畴也都列出了其4个主要的子范畴。教育技术的5个范畴之间不是一种线性的逻辑关系，它们之间是协同作用的，是一种互补关系。

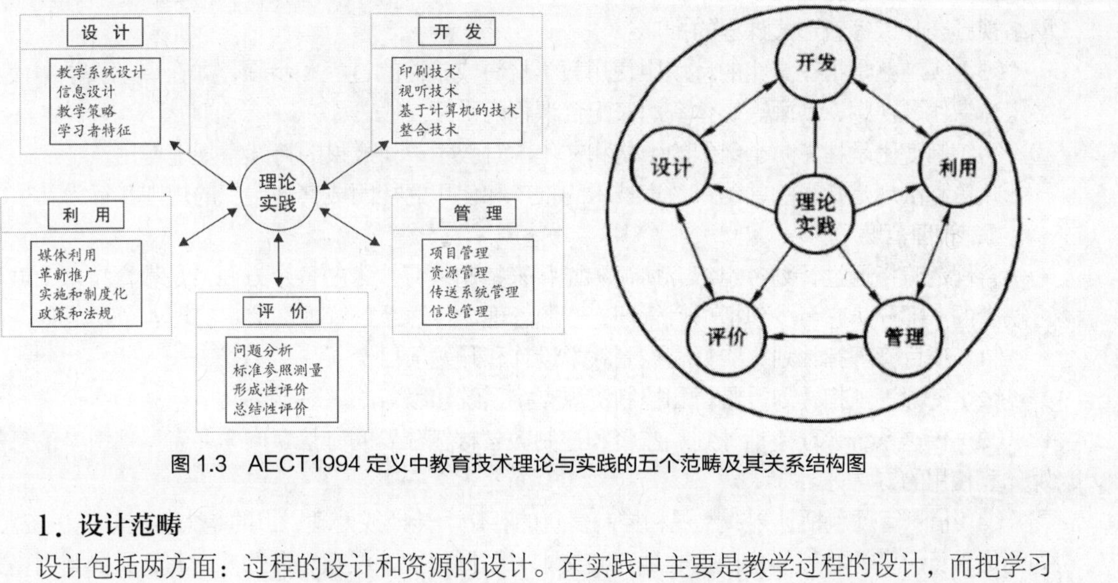

图1.3　AECT1994定义中教育技术理论与实践的五个范畴及其关系结构图

1．设计范畴

设计包括两方面：过程的设计和资源的设计。在实践中主要是教学过程的设计，而把学习资源的设计整合到教学过程的设计中。过程的设计是详细说明学习条件的过程。设计可以分为宏观层次和微观层次。宏观层次如教学计划和课程设置，微观层次如一门课程和一个教学单元的设计。

设计范畴至少包括 4 个理论与实践方面的子范畴：教学系统设计、信息设计、教学策略和学习者特征。教学系统设计是一个“包括分析、设计、开发、实施和评价等各步骤的有组织的过程”。信息设计涉及对信息的形态操作的规划。教学策略是详细阐述所选择并安排的一节课中的事件和活动。学习者特征是指学习者的经验背景的各个方面，这些方面影响着学生的学习过程。

2．开发范畴

开发范畴主要是指教学媒体的开发。开发就是把媒体设计方案转化为具体物理形式的过程，如教学工具、课件等的开发。因此，这个范畴可根据各类媒体的制作技术或平台分为 4 大类：印刷技术、视听技术、基于计算机的技术和整合技术。

（1）印刷技术是指主要通过机械或照相印刷过程制作或发送教学材料的方法，如书和静态图片材料等的印刷。

（2）视听技术是指通过使用机械或电子设备来制作或发送教学材料以呈现听觉和视觉信息的方法，如教学用的电视、电影和动画的制作等。

（3）基于计算机的技术是指利用计算机处理器及其相关资源、设备来制作和发送教学材料的方法，如数字音视频的采集、图形图像的加工处理等。

（4）整合技术是指在计算机控制下的几种媒体形式的教学材料的制作和发送的方法，如开发计算机多媒体课件。

3．利用范畴

利用就是使用过程和资源以促进学习的活动。这个范畴要求系统地使用、传播、推广、实施和制度化，它描述了学习者与教学材料和系统的相互联系，并且受到政策和法规的限制。利用范畴的 4 个子范畴是媒体利用、革新推广、实施和制度化以及政策和法规。

（1）媒体利用是指对学习资源的系统使用。

（2）革新推广是指为了使革新能被采纳而通过有计划的策略进行传播的过程，如微课程、网络视频公开课等新形式课程的推广。

（3）实施就是指在真实的环境中使用教学材料或策略的过程和步骤，如在课堂教学中使用多媒体课件、视频、动画等媒体资源来配合课程的讲授。

（4）制度化是指在一个组织的结构和文化中对教学革新成果的持续常规地使用。

政策和法规是指影响并约束教育技术的推广和使用的社团或其他组织的规则和行为。

4．管理范畴

管理范畴指通过计划、组织、协调和监督来控制教育技术的各个方面，是教育技术领域不可缺少的一部分。它至少包括项目管理、资源管理、传送系统管理和信息管理 4 个子范畴。

（1）项目管理指计划、监督和控制教学设计和开发项目。

（2）资源管理指计划、监督和控制资源支持系统和服务。

（3）传送系统管理包括计划、监督和控制教学材料分发的方法、向学习者呈现教学信息的媒体和使用的方法等。

（4）信息管理包括计划、监视和控制信息的存储、转换或处理，目的是为教与学提供资源。如利用计算机资源管理器分门别类地存储文本、图形图像、视频、课件等资源，又如利用格式转换工具（格式工厂等）对音视频、图形图像资源的格式进行转换、压缩等处理。

5．评价范畴

评价就是指确定教学和学习是否合格，是否达到预设目标和要求的过程，包括问题分析、标准参照测量、形成性评价和总结性评价。

（1）问题分析是指使用信息搜集和决策策略对所要解决问题的本质和范围进行确定。

（2）标准参照测量是为了确定学习者对预定学习内容的掌握程度。

（3）形成性评价包括搜集方面的信息，并使用这些信息作为进一步发展的基础。

（4）总结性评价包括搜集所要达到的预定目标方面的信息，并使用这些信息来做出利用方面的决策。

1.3 教育技术的理论基础

在教育技术形成的初期，其理论基础是学习理论、传播理论及客观或经验主义的感觉论。但随着教育学、心理学等学科的发展和完善，教育技术的理论基础也不断地在充实和发展。20世纪70年代中期到90年代中期，系统科学理论、认知信息加工理论和建构主义的学习理论等对教育技术尤其是教学设计理论的发展起着重要的推动作用。另外，由于在不同时期不同学者对教学过程与学习过程都提出了不同的见解和学说，也使得教育技术的理论基础不断地发展、充实及综合。下面分别对与之有关的理论及其作为教育技术理论基础的价值意义进行简要介绍。

1.3.1 客观或经验主义的感觉论

早在17世纪50年代，捷克教育改革家夸美纽斯（J.Comenius）受哲学家培根（F.Bacon）的唯物主义感觉论的深刻影响而提出直观性原则，认为人是通过观察事物本身，从事物的本源来获取知识的。因此，应运用实物和图形来补充口语和书面教学。他为学校教学采用实物和视听手段进行教学奠定了理论基础并编写了第一套带插图的课本，即《直观的图画世界》（Orbis Sensualium Picture），对17世纪至18世纪课程的改革产生了巨大影响，因此被西方国家誉为“直观教学之父”。19世纪初，瑞士教育家裴斯泰洛齐（Pestalozzi）试图根据心理学解决儿童教育问题，提出感官印象是获取一切知识的基础，认知从感性的观察开始，通过对表象的加工而获得概念，因而观察成为了教学的基础，裴斯泰洛齐还提出了直观性教学原则和提倡“直观教学”（Object Teaching）的教学方法。美国教育家杜威（J.Dewey）亦认为教育活动只有在儿童积极参与的基础上才能展开。他主张教材的基本源泉是儿童的直接经验和能构成知识内容的东西并强调儿童自身的生活经验，强调课程的儿童经验化。以上这些思想可以看作是直观教学的思想，并在20世纪初期、中期的视觉教学、视听教学中被教学改革运动的创导者们所接受，成为了教育技术发展初期的视觉教育的理论基础。

另外，美国学者戴尔（Dell）认为，学习者进行知识学习的过程是一个感性认识与理性认识相结合的过程，教学应从具体经验入手，感性知识的来源是学习者的生活经验储备，或通过视听媒体、实验、实习、参观等教学实践中的替代性经验得来。他依据各类视听媒体所能提供的学习经验的抽象程度将学习者获得的经验进行分类，形成了以“经验之塔”为核心的视听教学理论——《视听教学方法》，其理论基础是客观主义的感觉论。

戴尔在1946年提出的“经验之塔”是视听教学理论的核心，它构成了戴尔《视听教学方法》全书的基本构架。戴尔认为，人们学习知识，一是由自己直接经验获得，二是通过间接经验获得。当学习是由直接到间接、由具体到抽象时，获得知识和技能就比较容易。

“经验之塔”把人们获得知识与能力的各种经验，按照抽象程度，分为3大类11个层次（最初为10个层次，1969年修改为11个层次），如图1.4所示。

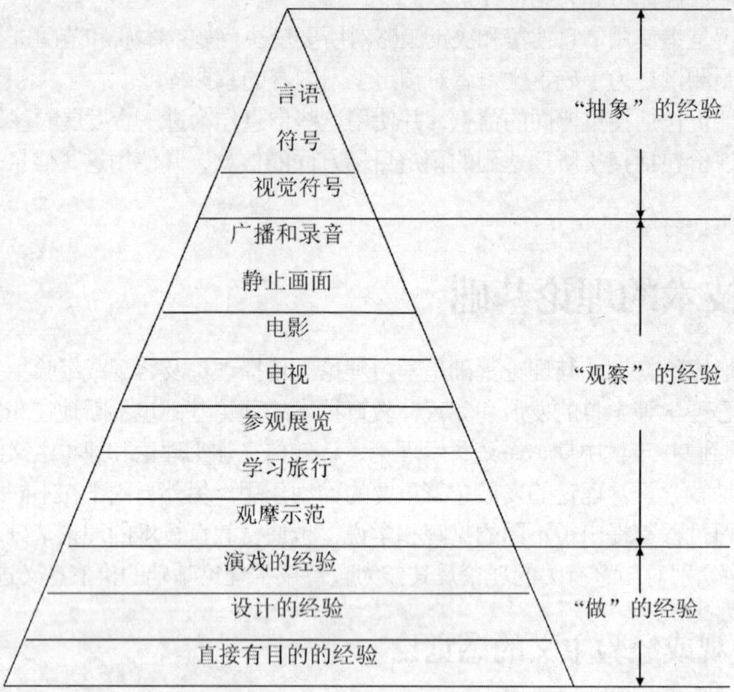

图 1.4　戴尔的“经验之塔”

（1）“做”的经验，包括以下 3 个层次。

① 直接有目的的经验。指直接地与真实事物本身接触取得的经验，是通过对真实事物的看、听、尝、摸和嗅，即通过直接感知获得的具体经验。

② 设计的经验，指通过模型、标本等学习间接材料获得的经验。模型、标本等是通过人工设计、仿造的事物，多与真实事物的大小和复杂程度有所不同，但在教学应用中比真实事物易于领会。

③ 演戏的经验，指把一些事情编成戏剧，让学生在戏中扮演一个角色，使他们在尽可能接近真实的情景中去获得经验。参加演戏与看戏不同，演戏可以使人们参与重复的经验，而看戏是获得观察经验的过程。

（2）“观察”的经验，包括以下 6 个层次。

① 观摩示范。看别人怎么做，通过这种方式可以知道一件事是怎么做的。以后，他可以自己动手去做。

② 学习旅行。可以看到真实事物的各种景象。

③ 参观展览。展览是供人们看的，使人们通过观察获得经验。

④ 电视。电视荧幕上展现的内容代替真实的事物，使学习者获得一种间接的替代的经验。

⑤ 电影。荧幕上的事物是真实事物的替代，通过看电视或看电影，可以获得一种替代的经验。

⑥ 广播、录音、静止画面。它们只能分别提供听觉的或视觉的经验，与电影、电视提供的视听经验相比，抽象层次要高一些。

（3）“抽象”的经验，包括以下两个层次。

① 视觉符号，主要指图表、地图、标志等。这时已看不到事物的真实形态，而是一种抽象

的替代，如地图上的曲线代表河流，线条代表公路等。

② 言语符号，包括口头语言与书面语言的符号。如文字、字母、字符。言语符号是一种抽象化了的代表事物或观念的符号，是最抽象的经验。

1.3.2 传播理论

传播可以看作是传播者借助于一定的媒体或形式将信息传递给接受者，并和接受者进行交流，以达到相互影响的一种活动。而教学可以看作是教师和学生之间相互传递信息（包括传递教学信息和学生反馈的信息等）的活动，因此也可以看作是一种传播过程。所以要获得有效的教学，就需要借助传播理论深入地分析影响教学传播效果的各因素。

传播理论产生于 20 世纪 40 年代的美国，施拉姆（W.Shramm）最早研究传播学，他集前人的研究成果，把传播规律作为一门学问进行独立研究，并使之系统化，从而形成了传播学，因此，施拉姆也被誉为“传播学之父”。美国政治学家拉斯韦尔（H.D.Lesswell）在 1948 年提出了传播过程的 5W 模型，并简明地阐述了传播过程中的要素（传播者、内容、渠道、受传者、效果）及其功能，还对信息传播是如何进行的、如何根据传播要素的功能来提高传播的效率和效果等做了初步的研究。“5W”模型如图 1.5 所示。

图 1.5 拉斯韦尔 5W 传播过程模型

除此以外，还出现了许多传播模式，如香农—韦弗模式，于 1949 年提出。这个模式最初是用来解释电信通信过程的，后来加入了“反馈”系统后，也常用于解释人类传播过程。香农—韦弗模式把传播过程分为 7 个组成要素，包括信源、编码、信道、译码、信宿、反馈和噪声，是一种带有反馈的双向传播模式，如图 1.6 所示。

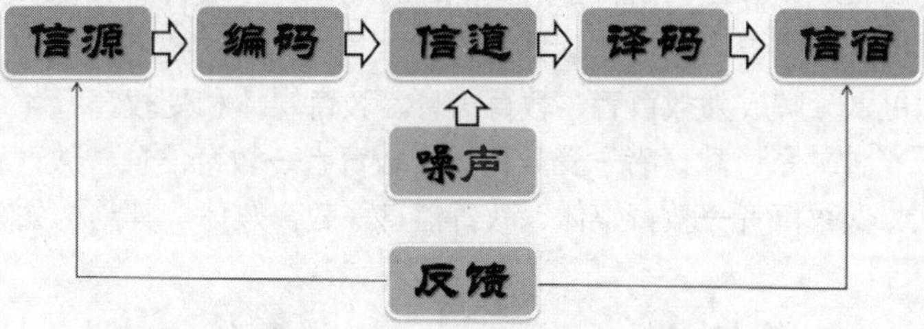

图 1.6 香农—韦弗传播模式

另外，还有用以阐明思想传播系统结构的贝罗模式，如图 1.7 所示。它由 4 个要素构成，即信源、信息、通道和接受者。贝罗（D.K.berlo）非常强调反馈的重要性，还指明了影响各个要素传播功能的条件。在影响传、受双方本身传播功能的条件中，包括传播技术（如语言的清晰度与说话技巧、文字描写技巧、思维缜密性、手势与表情自然逼真等）、态度（如自信心、爱好、双方的了解程度等）、知识（如传播者与接受对内容的了解程度等）、社会系统（如传播者与接受者的社会地位等）以及文化（如传播者与接受者的文化背景）等。在影响信息传播功能的条件中，包括内容、符号和处理。所谓内容是指传播者为达到目的而选取的材料，它包括所要传递的信息材料的成分与结构。所谓符号是指内容的表现形式，包括语言、文字、图形图像与音乐等。所谓处理是指传播者对所选择并安排的各类视听符号所做出的决定。这个传播模式中的通道是指传播信息的各种方式，如口耳相传方式、书写与阅读的方式等。

贝罗模式比较适用于研究和解释教育、教学传播系统的要素与结构，其中的 S—M—C—R 相当于教师—教学内容—教学手段—学生。按照该模式揭示的影响教学效果传播的教师、教学内容、教学手段和学生的各种条件，并结合教学实际、传播场合及各要素的具体情况，对教育传播的效果进行预测，发现可能存在的问题并有针对性地加以改进。

图 1.7 贝罗的 SMCR 传播模式

传播理论作为教育技术的理论基础之一，对教育技术理论的发展有重要的影响。但广大的实践人员仍以"经验之塔"作为主要理论基础。此外，20 世纪 60 年代中期，行为主义心理学开始占主导地位，亦冲淡了传播理论的影响。直到当前各种教育传播理论的快速发展和完善，才使教育传播理论成为了教育技术的重要的理论基础之一。

教育传播是教育者按照一定的目的和要求，选择合适的信息内容，通过有效的媒体通道，把知识、技能、思想、观念等传送给特定对象的一种活动，是教育者和受教育者之间的信息交流活动，传播过程中的各个要素都可以解释为特定教学过程中的要素。作为一个教育信息的传播系统，教育过程可以分解成为教育者、教育信息、教育媒体和受教育者 4 个要素，各个要素之间又可构成以下 6 种关系：教育者—受教育者、教育者—教育信息、教育者—教育媒体、受教育者—教育信息、受教育者—教育媒体、教育信息—教育媒体。其结构如图 1.8 所示。

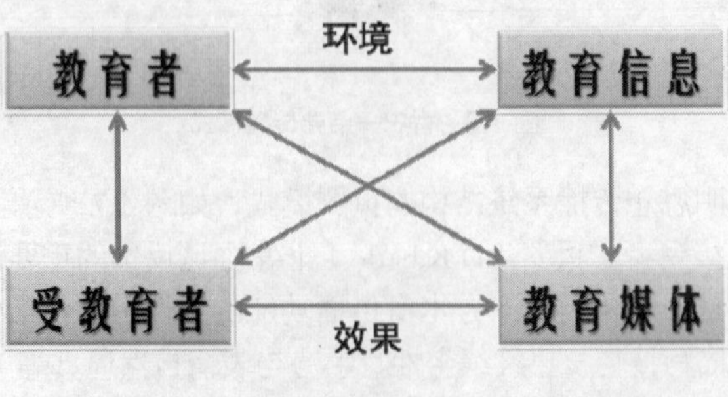

图 1.8 教育传播系统各要素之间的关系

另外，在教育传播系统中，还涉及教育效果和教育环境，教育效果是教育传播系统的产物，是衡量教学系统有效性的关键因素；而教育环境是教育传播系统的外部条件，包括教育传播系统的大环境，如社会环境和自然环境，以及教育传播系统的小环境，如校园环境和教室环境等。

教育传播理论之所以作为教育技术的理论基础，是因为教育传播所使用的传播系统、传播模式、传播符号通道、传播环境等在教育技术领域都有相对应的内容，如教学过程的各个要素：教育者、教学信息、教育媒体、受教育者对应于传播过程的要素：传播者、传播内容、媒介、受传者。从媒体角度来看，教育技术应非常关注教学媒体的选择，对不同媒体的传播功能和成本代价进行仔细分析，充分了解各种媒体的教学功能和特性，扬长避短，合理组合，充分发挥教学媒体的最大效果，从而避免进入片面追求技术先进性的误区。

1.3.3 系统科学理论

系统观是对思维方式和世界观进行重新定向，它与传统分析式的、简化论的、直线因果关系的思维方式相反，是一种动态的、非线性的、综合的、整体论的思维模式。系统观认为系统即由相互作用和相互依赖的若干组成部分结合成具有特定功能的有机整体。世界上一切事物、现象和过程都是有机整体，它们自成系统，并可与其外部环境组成更大的系统，其各个组成部分都可以看作是子系统。任何一个系统在与周围环境发生物质、能量与信息的交换中产生的变化、发展都是保持动态、稳定和开放性的。

系统方法论在分析解决问题中发挥指导作用，它可以提供一套思想、原理、方法、步骤和技巧等，以便使我们能够解决复杂的系统问题。一般来说，系统方法论是运用系统论的观点、方法，研究和处理各种复杂的系统问题而形成的方法，即把要分析研究的对象放在与之相关的整体系统中加以考察的方法。它侧重于对系统整体性的分析，能够从组成系统的各要素之间的关系和相互作用中发现整个系统的规律性，从而指明解决复杂系统问题的一般步骤、程序和方法。

在程序教学出现后，人们在教学实践中逐渐认识到影响或决定学习效果的变量是非常复杂的，只有通过运用系统方法才有可能对教学过程做系统分析，系统方法是提高教学效果的有效手段，从而使得教学系统方法得到发展，运用系统方法解决教学问题已成为视听传播领域的基本趋势。教学系统方法以一般系统论的基本观点、系统原理和系统方法作为基础，并将行为科学、传播理论等一些原理加以融合，创造出一种定型化的可操作的教学系统方法，进而发展为将理论与教学实践相结合的连接科学，建立了一套完整的设计教学活动的理论知识体系——教学设计，以实现教学的最优化。

我们可以运用系统观和系统方法来分析研究教育这一系统。首先我们把为达到一定的教育教学目的，实现一定的教育教学功能的各种教育教学组织形式看成教育系统或教学系统。学校是一个教育系统，当它处于社会环境之中时，又是社会系统的一个子系统。社会向学校教育提出对所需要的人才的要求，提供教育资源，如教师、教材、设备、设施等，然后输送学生到学校中接受教育，而学校系统通过各类教育教学工作把学生培养成社会所需要的人才。教学系统是教育系统的子系统，它可以是指学校的全部教学工作，也可以是一门课程、一个单元或一节课的教学，当然也可以指为达到教学目的和目标而成立的组织机构和所实施的教学方法等。教学系统能够有效控制教学信息的传递过程，它包括教师和学生（人员要素）、课程（教学信息要素）、教学资源和环境（物质要素）3 个最基本的构成性要素，是教学系统能够得以正常运行的前提；而教学目标、教学内容、教学方法、教学媒体、教学组织形式和学习结果等是过程性要素，形成了教学系统的时间结构。这些要素之间相互作用、相互依赖、相互制约，又构成系统的输入（学的过程）和输出（教的过程）的复杂的运行过程，也就是教学过程。教育可以看作是一个复杂的系统，要获得最优的教学效果，不仅需要每个组成部分充分发挥自己的作用，更取决于系统中各要素的最优化地配合和协调一致地运行。

因此，运用系统研究的观点、理论与方法，对教育的各个部分进行综合的、整体的考察，对教育过程进行系统设计，才是实现教育最优化的根本途径。这也就是系统论作为教育技术理论基础的价值与意义之所在。

1.3.4 学习理论

学习理论是探究人类学习的本质及其形成机制的心理学理论。它重点研究学习的性质、过程、动机以及方法和策略等，试图解释学习是如何发生的、学习的规律有哪些、如何才能进行有效的学习。心理学家们在探讨学习规律的过程中形成了三大流派，分别是行为主义学习理论、认知主义学习理论（包括认知—行为主义学习理论）以及建构主义学习理论。

1. 行为主义学习理论

行为主义学习理论是 20 世纪 20 年代在美国产生的，它在 20 世纪 60 年代以前的心理学派中一直占据统治和主导地位。其代表人物有巴甫洛夫（Ivan Pavlov）、华生（John.B. Waston）、桑代克（E.L.Thorndike）和斯金纳（B.F. Skinner）等。行为主义学习论的主要观点是学习是一个刺激和反应（S—R）的联结过程，主张将人的外显行为作为研究对象，反对内省，认为个体行为多次的愉快的或痛苦的后果改变了学习者个体的行为，或使学习者模仿他人的行为。因此，他们重视环境在个体学习中的重要性，强调对刺激和反应的联结。

巴甫洛夫是最早提出经典性条件反射的人。他通过经典性条件反射实验，认为一个原来是中性的刺激（如铃声）与一个原来就能引起某种反应的刺激（如使狗分泌唾液的食物）相结合，使个体学会对该中性刺激做出反应（如狗听到铃声就会分泌唾液），这就是经典性条件反射，如图 1.9 所示。经典性条件反射理论可以用来解释人们的许多简单的学习和模仿行为。

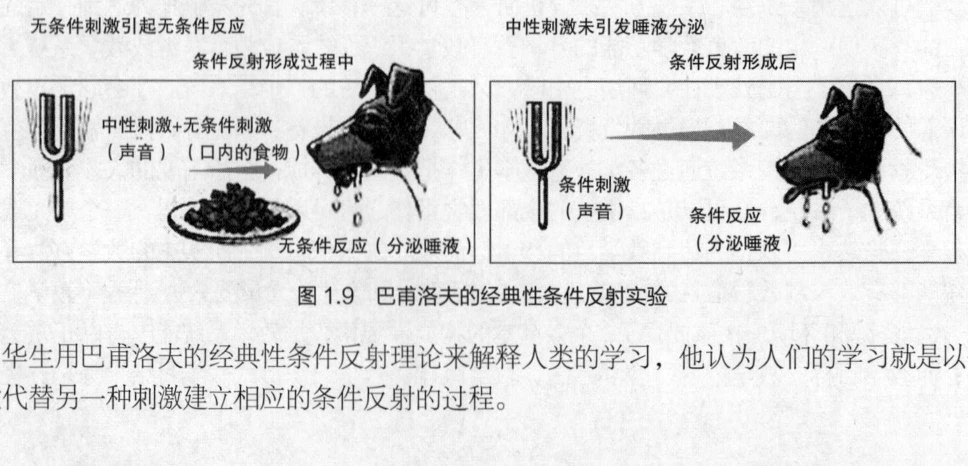

图 1.9 巴甫洛夫的经典性条件反射实验

华生用巴甫洛夫的经典性条件反射理论来解释人类的学习，他认为人们的学习就是以一种刺激代替另一种刺激建立相应的条件反射的过程。

桑代克的联结主义学习理论认为，学习的实质在于形成刺激—反应联结，学习的过程就是盲目的尝试与错误的渐进过程，学习要遵循3条重要的学习原则：准备律，即学习者在学习开始时的准备情况将影响学习的效果；练习律，即有奖励的练习能够增强刺激—反应联结；效果律，即行为的后果能够影响行为是得到增强还是减弱。

新行为主义者、美国心理学家斯金纳在20世纪50年代，就提出了著名的操作性条件反射的原理。他认为在学习中，对学习者所希望的行为及时进行强化，能够提高该行为再次出现的概率。在他的学习理论中非常强调强化的作用。斯金纳根据他的学习理论设计了新型的程序教学和教学机器，促进了美国当时的程序教学运动，使人们开始关注教学的整个过程，更加全面、系统地看待教学活动。

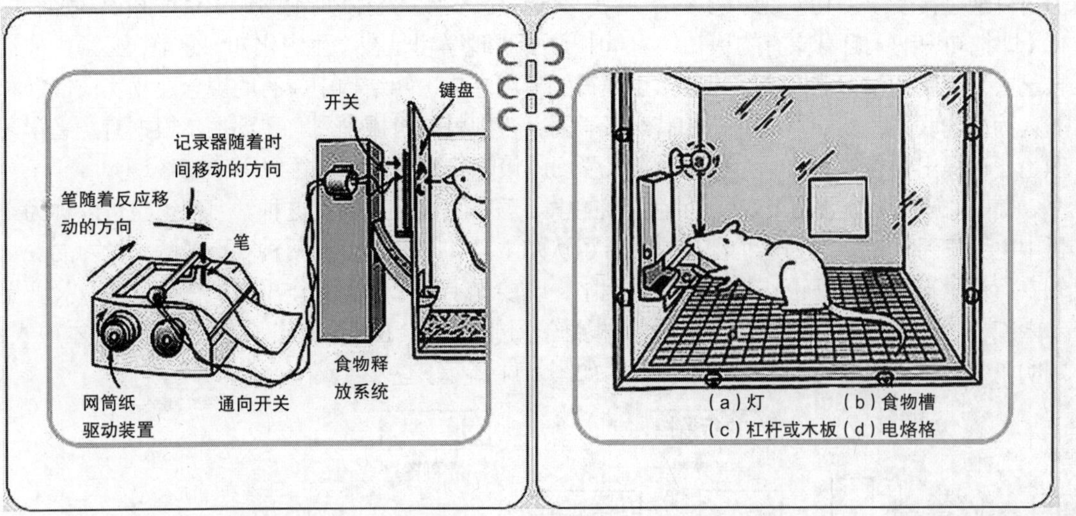

图1.10 斯金纳箱

行为主义理论是视听传播发展成为教育技术的主要动力之一，斯金纳提出的程序教学思想更是对教育技术的发展产生了巨大的推动作用，使得运用机器进行教学成为可能，使技术不再是一个教学活动的配角。到20世纪70年代，斯金纳的教学机器研究转为了计算机辅助教学（CAI）的研究，并且程序教学的思想被广泛运用于计算机辅助教学。因此，行为主义学习理论对教育技术仍然具有重要的价值。

2．认知主义学习理论

与行为主义学习理论注重对学习者外显行为的研究不同，认知学习理论强调对人们学习的内部认知过程的研究，它把知觉、表象、记忆等基本内部心理过程作为研究对象，并且把决策、策略等高级心理活动也纳入了研究范围，十分重视主体的内部认知逻辑结构。认知主义学习理论中具有代表性的有皮亚杰的认知学习理论、布鲁纳的认知结构学习理论、奥苏伯尔的认知结构同化学习理论和加涅的信息加工学习模式等。

瑞士心理学家皮亚杰（Jean Piaget）的理论对认知学习理论及建构主义学习理论都产生了深刻的影响。皮亚杰认为，学习是认知结构的获得并能建构新的认知结构，决定学习的因素，既不是外部因素，也不是内部因素，而是依据主体和环境之间的相互作用来建构新的认知结构。他强调认知过程中学习主体的能动作用，强调新知识与以前形成的知识结构之间的相互联系的过程，表明了只有学习者积极主动地把外部刺激与原有知识相结合，才能收到理想的学习效果。皮亚杰还提出了儿童认知发展阶段理论，即把人的认知发展分为4个阶段：感知运动阶段（0~2

岁)、前运算阶段(2~7岁)、具体运算阶段(7~12岁)、形式运算阶段(12岁以上)。他认为每个人的认知发展都遵循从具体的形象思维向抽象的逻辑思维发展的过程，且这4个发展阶段的顺序不能颠倒，不能跨越，前一阶段是后一阶段的基础，后一阶段是在前一阶段的基础上发展而来的。

美国著名心理学家布鲁纳强调学生在学习中的主动探索，从事物的发展和现象的变化中去发现原理从而获得知识，因此他的学习理论被称为“发现学习论”(Discovery Learning theory)。布鲁纳提出让学习者自己去发现课程的结构、结论和规律等，要求学生像科学家那样去思考、探索和求知，最终达到对所学知识的理解和掌握。

美国心理学家奥苏伯尔(D·P·AuSubel)提出了认知结构同化学习理论，认为学生的学习可以通过接受学习和发现学习来实现，学生通过接受学习将以定论的形式获得知识并加以内化(即把知识纳入自身原有的认知结构当中)，而发现学习是在学生内化知识之前，必须由他们自己去发现所要学习的内容。只要学生获得的新观念与认知结构中原有的观念建立实质性的和非人为性的联系，就能形成所谓的有意义学习，否则就是机械学习。奥苏贝尔根据有意义学习理论，还提出了具体的让学生进行有意义学习的策略和方法，如先行组织者策略。

美国心理学家加涅是认知—行为主义的学习理论的代表人物，这种学习理论也可以称为是折中主义学习理论，因为这种理论是融合了认知主义和行为主义的两种观点来解释学习的。认知—行为主义的学习理论认为在学习过程中，既要提示外部刺激的作用与外在的反应，又要提示内部心理过程与内在条件的作用。加涅根据学习的信息加工理论提出了学习过程的基本模式，阐明了学习过程中信息加工的基本流程，如图1.11所示。

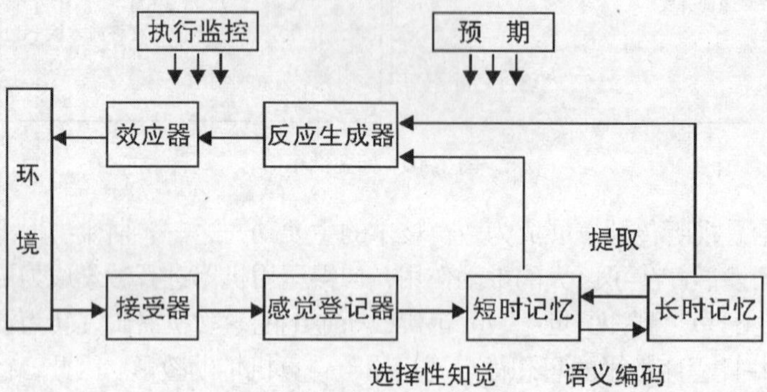

图1.11　加涅的信息加工学习模式

认知主义的学习理论将学习看作是知识的获得，教学也就是运用各种教学策略和教学手段促进知识获得的活动。认知学习观也成为教育技术尤其是教学设计最重要的理论基础，使教育技术的研究和实践都逐步走向成熟。同时，认知学习理论可以更好地帮助人们利用教育技术有效地呈现教学信息，例如，认知心理学关于工作记忆的研究也使信息技术作为认知工具成为可能，而且与学习资源的设计与开发有着密切的联系。加涅根据其学习理论提出的教学设计的基本原则是一个重要的教学设计理论，对于教育技术实践也有着重要的影响。因此，认知主义学习理论作为教育技术的理论基础具有重要的指导意义和价值。

3．建构主义学习理论

建构主义学习理论将学习解释为学习者主动地建构内部心理表征的过程，它不仅包括结构性的知识(如概念、原理、方法步骤等)，而且包括大量的非结构性的经验背景(如日常见闻、亲身经历等)；学习过程同时包含两方面的建构，一是对新信息的意义进行建构，二是对学习者原有的经验进行改造和重组。学习者是以自己的方式来建构他对事物的理解的，因而不同的人看到的是事物的不同方面。现代认知建构主义学习理论认为学习模式应该更着重于学习者自身知识的建构和组织，即强调认知主体通过与客观环境之间双向作用来建构知识，注重研究影响学习活动发生的各种学习环境因素，并将研究成果应用于教育教学实践。

建构主义根据其对学习过程的理解提出了一些教学方法，如情境教学、支架式教学和随机进入式教学等方法。其中，情境教学也称抛锚式教学，即教师以真实实例或问题为基础，为学生提供解决问题的有关线索（如从何处搜集资料，专家解决此类问题的探索过程等），让学生自主地到真实环境中去感受、体验、调查研究、分析和解决问题。支架式教学就是教师为学习者营造一个解决问题的概念框架，通过适当的启发引导，帮助学生沿框架逐步攀登，并逐渐放手让学生自己继续向更高水平攀升。随机进入式教学即以尽可能多的变式（不同的目的、情境、方式、时间等），呈现事物的复杂性和问题的多面性，使学生通过从不同的途径多次进入同一学习内容，便可以得到对所学知识全面而深刻的意义建构，同时培养学生的理解能力、思维能力和对知识的迁移运用能力。

建构主义学习理论作为教育技术的理论基础，其指导意义主要表现在建构主义学习观在很大程度上改变了人们对学习的看法，它提倡的学习情境的创建和协作会话机制的设计，为教育技术特别是信息技术在教育中的应用奠定了坚实的理论基础。如网络环境、超文本、超媒体技术等为创建全新的学习环境带来了全新的方法和手段，虚拟现实技术和虚拟学习环境技术为协作互动提供了很好的支持。

1.3.5 教学理论

教学理论是研究教师教学行为及其对学生学习产生影响的各种途径和方法的学科，它主要关注两方面的问题：一是教师的教学是如何影响学生的学习的，二是怎么开展教学才是最有效的，也就是教学策略和教学设计方面的问题。

1．教学与教学过程

从狭义上来说，教学指课堂上教师和学生之间的信息传播与反馈的过程，即师生课堂上的双向互动，英文词一般用 teaching。从广义上来说，教学（Instruction）一词包含了两个方面，即“学”与“教”。先有学，然后才有教，从行为上看，“学”是学习者通过与环境相互作用，改变自身能力和倾向以适应环境的行为，如读书、看报、做练习题甚至看电视、电影等行为。“教”是教师等帮助学习者学习的行为，如教师为学生指定阅读的书籍，指导学生的计算机操作练习等。将“学”与“教”两个词组合成“教学”一词，其含义是教师帮助学习者学习的一切活动，不仅包括课堂上师生的互动，还包括教师和其他相关工作人员的课前教学准备，如制订教学目标，开发教材、教具等，以及准备课后的测量、评价与诊断以及修改教学等。

教学是一个过程，教学的本质就是对教学过程的认识。教学过程是教师根据一定的社会要求和学生身心发展的特点，指导学生有目的、有计划地掌握知识和技能，同时使学生身心获得一定发展、形成一定的思想品德的过程。教学过程是一个完整的系统过程，由教师、学生、教学媒体、教学内容 4 个要素构成，其中起决定作用的是教师和学生两个要素。教师将教学内容传递给学生，学生接受所传递的信息并做出反馈，教师根据学生的反馈对教学过程进行修改和调整。因此，教学过程的本质是以认知过程为基础，为了促进学生发展，在教师的指导下完成教学信息传递与反馈的师生双边活动的过程。

课堂上师生之间的双向互动是在一定的教学组织形式下进行的。教学组织形式是为了完成特定的教学任务和学习目标，教师和学生按一定的要求组合起来所进行的各种活动的结构。通常教学组织形式有个别化教学、分组教学、班级授课制等。当前我国学校教学的最基本的组织形式是班级授课制，个别化教学和分组教学作为班级授课制的补充形式也经常出现，还可以在班级授课的条件下实施个别化教学和班内分组教学等。

2．常见的教学理论

历史上出现的很多教学理论，对我国的教育和教学产生了重要的影响，下面对一些重要的常见的教学理论做一下简单的介绍。

（1）布卢姆的“掌握学习教学论”。

“掌握学习教学理论”的基本理念是只要给出明确的学习目标和适当的学习材料，在充足的学习时间内，所有学习者都能掌握知识。它采用班级授课和个别化教学相结合的方法，由 5 个环节组成，如表 1.2 所示。

表 1.2　掌握学习教学论的 5 个组成环节

教学环节	教学目标
1. 单元教学目标的设计	教学目标清晰、行为标准规范、可测量
2. 依据单元目标的群体教学	群体教学个别化、学习进度不一致
3. 形成性测验	知识单元学习结束后测试学生知识掌握的深度和广度
4. 矫正学习	对未达标的学生进行必要的、补偿性的矫正教学
5. 形成性评价	检测学生最终的学习达标情况

（2）巴班斯基的“最优化教学理论”。

巴班斯基认为，教学过程能否达到最优化有两个基本标准：一是效果与质量标准，是指在具体条件下，尽可能发挥最高效率，使学生获得最大化发展；二是时间标准，即在尽可能少的时间内去完成教学的要求。最优化教学理论由 6 个基本环节构成，如表 1.3 所示。

表 1.3　最优化教学理论的 6 个基本环节

教学环节	教学目标
1. 教学目的与教学任务分析	确定学习结果、教学内容、制订教学计划、进行教学准备
2. 学生特征分析	学生目前的知识水平，学生能力、人格特征
3. 教师特征分析	教学技能、特长、对所教内容的熟悉程度、对班级的了解
4. 以分析为基础的最佳教学方法和手段	进行教学设计、确定教学策略、选用教学媒体
5. 在一定课时内，逐步完成教学任务	对师生互动过程、教学速度等的掌控
6. 按最优化标准分析完成教学任务	分析教学效率与教学效果，教学时间与教学进度的关系

（3）布鲁纳的“发现教学法”。

布鲁纳提出的发现教学法可以帮助学生形成自主学习的负责态度，强调直觉思维，注重内在学习动机而非外在动机，帮助学生记住重要的信息，有助于创新意识和能力的培养。

发现教学法实施，需遵循以下4项原则。

① 学生在学习情境中，要主动发现获得知识，教师应将学习情境及教材结构内容解说清楚。

② 重视学生先前的知识和经验。

③ 根据学生智力发展水平和认知方式安排教材的难度并合理排序。

④ 注重学生学习动机的维持，适当调整教材知识的难易程度。

（4）奥苏贝尔的“先行组织者理论”。

奥苏贝尔的有意义学习理论强调要在新旧知识之间建立意义上的联系，而形成这种联系最有效的途径是利用适当的引导材料对当前所学新内容加以定向与引导，使得新旧知识建立意义上的联系。这种引导性材料就称为“组织者”。由于这种组织者通常是在介绍当前学习内容之前呈现的，所以又被称为“先行组织者”。

（5）加涅的“九段教学理论”。

加涅认为学习的发生有内部条件和外部条件的支持。内部条件指学习者在学习前所具有的最初的能力、知识和经验，决定学习是否能发生；外部条件指由学习内容不同而构成的对学习者学习的不同条件。为学习者的学习提供最适合的外部条件就是教学的基本任务。因此，加涅认为，教学是一种旨在影响学习内部过程的外部事件，它包括一系列独立的教学活动，每一项活动对学习者都可能有显著的影响，这些教学活动构成了9种教学事件，如表1.4所示。

表1.4　加涅的9个教学事件

1. 引起注意	6. 引出行为表现
2. 告知学习目标	7. 提供反馈
3. 激活先前的知识	8. 测量行为表现
4. 呈现刺激材料	9. 促进保持和迁移
5. 提供学习指导	

教育技术将教学理论作为理论基础，一是因为教学理论是研究教学过程、教师与学生、课程与教材、教学方法和策略、教学环境以及教学评价和管理等的科学理论，是从教学实践中总结并上升为理论的科学体系，它来自教学实践又指导教学实践，因此对于教育技术而言，为了解决教学问题就必须遵循教学的客观规律，也就有必要与教学理论建立起一定的联系；二是因为教学理论的研究和发展为教育技术提供了丰富的科学依据，并能从各种教学理论中吸取精华、综合运用，找到科学合理的依据。

1.4　教学实践案例

南瓜生长模式研究及其对教育的启示

某国教育部在全国各地一百多所试验学校开展南瓜生长模式研究项目。该项目要求所有学校同时播种南瓜，学生们每天仔细观察当地南瓜种子的生长情况，并将南瓜的生长情况发布到网上的特定地方，学生们可以通过 Internet 与其他地区试验学校所观察的结果进行比较，以了解在不同气候与地理条件下南瓜的生长情况，最后由学生来总结出南瓜的生长模式，以及地理和气候条件对南瓜生长的影响。

南瓜生长模式研究项目要求全国范围的试验学校都要同时参与种南瓜，要求学生仔细观察当地南瓜种子的生长条件与形态，并通过 Internet 与其他地区试验校所观察的结果随时进行比较，以便了解超出正常气候与地理条件下南瓜的生长情况，激励学生去寻找解决这类问题的办法，从而大大扩展了学生的视野，打破了书本的局限，为学生发散性思维的培养和创造性的发挥提供了广阔的天地。

试验结果表明：基于 Internet 的主动学习有助于提高学生的自主性、独立性、创造性，并能对学生的学习动机和兴趣有极大的促进。另外，学生们还认为，利用 Internet 进行交流，简单快捷，而且可以消除人与人直接交流时地位、能力、竞争等人为因素的影响，是他们最喜欢的交流方式。

我们并不能肯定未来教育模式都是这样，但我们能够看出，未来教育模式的根本点在于以学生为中心，在整个教学过程中，教师起组织者、指导者、帮助者和促进者的作用，利用各种学习环境要素，充分发挥学生的主动性、积极性和首创精神，使学生对学习内容所反应的事物的性质、规律以及该事物与其他事物之间的内在联系达到比较深刻的理解。在过去，我们缺乏实现这种教学模式的理想环境，也没有那么大的人力和物力去专门实现这种能培养创造性的教学环境。但随着科学技术的飞速发展，Internet 和多媒体计算机逐步成为日常生活的一部分，Internet 和多媒体技术所具有的诸多优良特性使它们成为实现这种教学环境的最佳选择，不仅可以节省大量的人力和物力，而且还可以实现一些人工环境所不能实现的教学模式，因此，Internet 是当今教学模式改革的必要条件。但是从另一方面来看，在基于 Internet 的远距离教育中，学生拥有完全主动权，能充分发挥其创造性，但如果学生缺少主动性和积极性，则会导致教学效果的极度低下。因此，我们必须对这种未来的教学模式，以及在这种教学模式下的教学效果进行深入的研究，对其有效的、积极的影响加以促进和宣传，而对它可能给教育带来的负面的、消极的影响则要事先做好防范准备，力求使其消极影响最小化。否则，对 Internet 不加选择地利用，片面地追求技术先进性，结果可能是投入了大量的资金和人力，却不能取得预期效果，这会对我国教育产生重大的消极影响。

思考与练习

1. 简述教育技术发展的 4 个阶段及其特征。
2. 简述 AECT 关于教育技术的 1994 定义。
3. 简述教育技术的研究范畴与内容。
4. 简述戴尔“经验之塔”理论。
5. 简述行为主义学习理论的主要观点及其代表人物。
6. 简述认知主义学习理论的主要观点及其代表人物。
7. 教育技术作为一个交叉学科，你认为师范生为什么要学习这门课程？

PART 2

第 2 章 常见的教学媒体及教学环境

【学习目标】

- ◆ 理解并识记媒体和教学媒体的含义。
- ◆ 了解常规教学媒体的种类、划分标准、作用以及选用依据。
- ◆ 了解视觉媒体、听觉媒体、视听媒体、交互媒体的特征，并学会如何在教学中应用。
- ◆ 理解教学环境的概念及其在教学中发挥的作用。
- ◆ 了解校园网、多媒体教室、网络教室以及微格教室的组成和结构。
- ◆ 理解校园网、多媒体综合教室、网络教室以及微格教室等的教学功能及教学应用。
- ◆ 能够在教学实践中正确操作和运用校园网、多媒体综合教室、网络教室以及微格教室。

【学习导图】

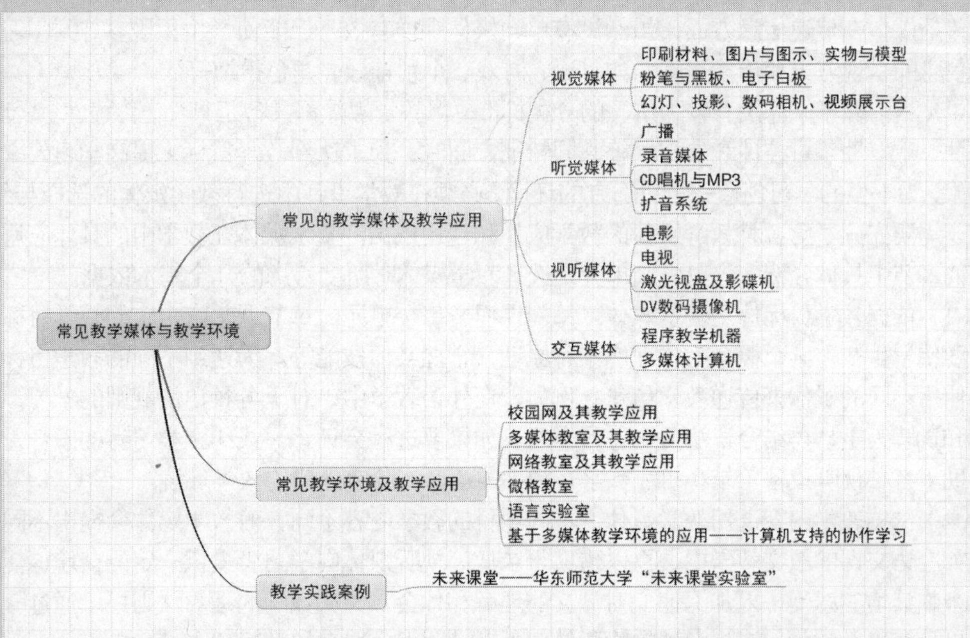

教学活动可以看作是一个教学信息传递、反馈和控制的过程，它是教师（教学信息的传播者）、学生（教学信息的接受者）、教学媒体（教学信息载体）和教学环境等相互作用的结果。教学媒体在教学中的应用已成为影响教学效果的一个重要因素，而教学环境对教学也起着重要的支撑作用。下面主要介绍教学媒体和教学环境的概念、结构、使用方法和在教学中的具体应用。

2.1　常见的教学媒体及其教学应用

媒体一词来源于拉丁语“Medium”，音译为媒介，意为两者之间。它是指从信息源到受信者之间承载并传递信息的载体或工具。可以把媒体看作是实现信息从信息源到受信者之间传递的一切技术手段。媒体有两种含义，一是承载信息的载体，二是指存储和传递信息的实体。

人们通常把用以传递教学信息为最终目的的媒体称为教学媒体。教学媒体用于教学信息从信息源到学习者之间的传递，它是教学资源的重要组成部分之一。随着科学技术的发展，教学媒体的种类越来越多，性能也越来越好。

目前主要把教学媒体分为以下几类。

（1）根据印刷与否分类，可分为印刷媒体和非印刷媒体。印刷媒体指各种印刷资料，如教科书、图表、辞典、报纸、杂志以及其他印刷文字资料。非印刷媒体泛指各类非印刷的视听材料，如幻灯片、投影片、录音带、电影片、计算机软件等。

（2）根据接收信息的感觉器官分为视觉媒体、听觉媒体、视听媒体和交互媒体。视觉媒体如图片、幻灯、投影、无声电影等；听觉媒体如广播、录音等；视听媒体如电影、电视等；交互媒体如程序教学机器、多媒体计算机等。

（3）根据信息传播过程中信息流动的相互性，可分为单向传播媒体和双向传播媒体。单向传播媒体信息都是由教师流向学生，没有互动性，如大班讲课、电影、电视、书刊和演示等。双向传播媒体在传递信息方面，虽然没有单向媒体那样有效，但能使学生积极参与到学习中，影响信息的呈现方式和传播速度，如讨论、游戏、个别辅导、角色扮演等。

虽然目前教学媒体没有较为统一的分类标准，但教学媒体都具备工具性、传播性、表现性、固定性、重复性、可控性和参与性等共同特征。同时，为了达到教学目标，提高学习效率和学习效果，为学生的学习创造一个更适宜的环境，必须在教学设计中进行教学媒体的选择与组织，因此还需要充分了解各种教学媒体的教学应用和选用依据。教学媒体在教学中的具体应用将在后面的章节中具体介绍，这里先简单介绍选择教学媒体时所要考虑的几个基本依据。

（1）依据教学目标选用教学媒体。每门课程、每个单元、每节课都有一定的教学目标，例如，要使学生知道某个概念，或理解某种原理、掌握某项技能等。为达到不同的教学目标常常需要使用不同的媒体去传递教学信息。例如，在外语教学中，对于各种语法规则的学习，可以板书和讲解为主，再结合语法练习进行学习。如果要进行会话练习或纠正学习者的发音，则可以借助于各种视听设备（录音机、数字音频）或语音实验室这样的教学环境。

（2）依据教学内容选用教学媒体。不同学科的教学内容不同，对教学媒体会提出不同的要求。如在语文课的散文教学中，可以借助于录像等视听媒体向学习者提供一定的情境，使学习者有亲临其境的感受，以加深他们对课文的理解和体会。又如数学的运算法则可以通过教师的严密推导来进行教学。而化学课的物质结构可以借助于模型来加以理解。

（3）依据教学对象选用教学媒体。不同年龄阶段的学习者对事物的接受能力不一样，他们的经验背景也不一样，选用教学媒体时必须顾及他们的年龄和心理特征及知识背景。学习者的年龄是选择媒体的重要因素，这时可以将戴尔的“经验之塔”理论模型作为选择媒体的依据。例如，在“直接有目的的经验”水平上，儿童通过与物体、动物和人进行身体接触，能够在做中学，获得直接的经验。随着年龄的增大，图片或其他模拟的代替物能被用来获得某些经验，该模型最顶层是运用“言语符号”，即对于成熟的学习者，通过阅读来学习是较为有效的方法。另外，在两种效果接近的媒体中进行选择时也可适当考虑学生的习惯和爱好。

（4）依据媒体的特性选用教学媒体。恰当地选择教学媒体的前提条件就是要充分了解各种媒体的特性。只有充分了解各个媒体的优点和局限性，才能在使用中扬之长、避之短，对它们进行综合应用。

（5）依据教学条件选用教学媒体。教学中能否选用某种媒体，还要看当时当地的具体条件，其中包括资源状况、经济能力、师生技能、使用环境、管理水平等因素。

下面我们将重点介绍几种常见的教学媒体，这里把教学媒体分为视觉媒体、听觉媒体、视听媒体和交互媒体 4 类，并对其中的一些常见的教学媒体基本概念、构成、使用方法和教学应用进行具体介绍。

2.1.1 视觉媒体

一般来说，载有教学信息的一切视觉材料都可以看作是视觉媒体，它包括非投影视觉媒体和投影视觉媒体两类。非投影视觉媒体包括书籍、报纸、杂志等印刷材料以及图片与图示材料、粉笔与黑板、实物与模型等。投影类视觉媒体包括幻灯、投影、视频展示台等。此外，在这里也对数码照相机做一个简单的介绍。

1．印刷材料

印刷材料包括各类书籍（如教材、辅导用书、习题集等）、报刊、杂志、挂图等，它们在教学中使用得非常普遍，是教育信息的重要载体和学校进行日常教学工作的主要媒体。

（1）印刷材料的优点和局限。首先，印刷材料的信息比较稳定和持久，而不像短暂的电影或讲课之类的教学媒体信息，印刷材料能够持久可靠地传给所有人；其次，印刷材料易于携带、使用方便，而且学习者对印刷材料的使用可以根据需要从任何一点开始，能够自主地控制信息显示的速度进行粗略浏览、跳读或精读，还可以在材料上做标记、注释以便日后查阅；再次，印刷材料制作成本低，易于分类、保存、修改和分发。但印刷材料在使用时也有局限性，首先学习者要掌握一定的阅读能力和技巧才能很好地使用印刷材料；其次，印刷材料中的信息传递是单向的，不能与学习者交流互动；再次，印刷材料主要运用文字符号传递信号，提供的是一种抽象经验，在一定程度上不利用学生对知识的理解；最后，印刷材料不能表达运动的画面。

（2）印刷材料的选择和使用。印刷材料的来源广泛，可以从印刷材料的内容、信息的表现方式、书中的插图、相关的补充材料、印刷和装订质量、教学效果等方面来进行选择。此外，印刷材料必须与其他媒体，如讲课、讨论、图片、电影等配合使用，才能取得好的效果。

（3）印刷材料的教学应用。实践证明，学校中几乎所有课程都成功地使用了课本。可见课本的适用范围几乎不受课程学科内容的限制。教科书、学术著作的出版，通常都经过严格的审定，一般具有较高的水平，学术上可以信赖，信息量大。印刷材料以文字、符号和简单图示材料来系统地记录和表现信息。特别是现代印刷技术的迅速发展，使印刷材料很容易配上各种精美和清晰度很高的图画、照片，信息传递的效果更佳。另外，要想获得较好的教学效果，需要根据教学内容、教学目标以及学习者特征等多方面的情况，将印刷材料和其他各种媒体有机地结合起来使用。

图 2.1　书籍印刷材料

2．图片与图示材料

图片指的是一些表示人、物和地点的照片，或与照片类似的线条画和绘画。教学中最常用的图片主要是照片和各种印刷品中的插图。图示材料是指一些非摄影的、含有文字和符号的视觉提示，通常是用文字、符号、图形、线条等把所要表达的信息要点或它们的内在联系表现出来。教学中常用的图示材料包括简略图、图表、统计图、地图、广告图和漫画等。

（1）图片优点与局限。

① 图片的优点。

a. 可以把抽象的信息转化为更现实的形式，使教学从戴尔的"经验之塔"的词语符号层次转变到较为具体的图片层次。

b. 易于得到，可以从书籍、报刊、杂志中获得，书店和图书馆也能提供各种图画。

c. 使用简便，不需要任何设备。

d. 价格便宜。

e. 应用广泛，可用于各层次的教学和训练中。

② 图片的局限性。

a. 很多图片画面较小，在人数较多的场面下无法使用。

b. 图片是平面的，即二维的，不具有立体感，也不能表现运动。

（2）图示材料的优点与局限。

① 图示材料的优点。

a. 材料形式简练、形象生动、表达准确。

b. 易于获得，可以自己制作，也可以选择其他材料中的图示材料进行应用。

c. 使用简便，不需要任何设备，应用广泛，可用于各种教学和训练中。

② 图示材料的局限性。

a. 画面较小，在人数较多的场面下使用效果不好。

b. 材料具有一定的抽象性，在必要时教师需要向学习者提供学习指导，帮助学习者更好地接受信息。

（3）图片与图示材料的选择。图片和图示材料的选择可以从内容表述、相关文字、技术特征和教学效果等方面来综合考虑，除此之外，还要考虑学生的兴趣以及他们认知发展程度和原有的知识水平。

（4）图片的教学应用。图片展示的具体视觉形象，作为实物、实景的替代物，可以帮助学生认识、比较和鉴别新事物，许多学生没有见到和见不到的景、物都可以通过图片来认识它们。图片主要用在认知目标的教学活动中，它们可用来教授对有关视觉材料的认识、比较和鉴别。

比如，某些照片可以用来描述和帮助讲授一些特殊的课题。不同地方的建筑照片，可以用来认识不同的建筑风格。利用剖面图可以阐明在正常运行中不能看到的某些机件的工作原理，特别有助于对某些抽象过程的学习。图片在讲授社会科学的相关学科中也很有用。它们还可以用于测试和评估，如当需要识别特定的人物、地点或某种物体时，采用图片更方便快捷，效果也更好。另外，图片也可用于激发儿童表达能力，如教小孩子看图说话、看图写句子等。图 2.2 所示为图片在实际教学中的应用。

图 2.2　风景名胜图片和海洋生物科普图片

（5）图示材料的教学应用。运用各种图示可以简单明确地表现教学思想、事物结构、相互关系、变化趋势等概念或特征。在教学中，各种图示材料和板书、图片结合在一起，是对教师教学语言的重要补充。

图示材料在教学中的应用比较广泛，它能够以较为简洁的形式突出说明教学信息的要点和重点，还可进行一定的比较，有利于学习者更好地理解教学信息。图示材料在教学应用中常见的有地图、简略图、设计图、图表和统计图等。

地图，特别是和地球仪结合起来使用，可以获得对地球更全面的认识，因为地球仪有和地球相似的外形，能较好地表现实际情况。地图在讲解地形地势，人口分布，区域经济发展等知识时也能起到很好的作用。另外，历史地图在讲解相关历史知识如某个历史时期的政权的分布，战略布局，朝代的更替等也能提供较为直观的认识，如图 2.3 所示。

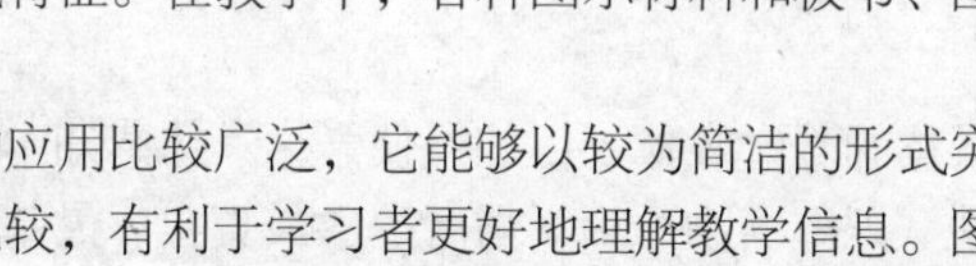

图 2.3　秦灭六国时期的历史地图

简略图和设计图不画出细节，只用线条的组合来表示人、物和概念，易于在教科书中和其他教学材料中找到。如教体操和舞蹈用的那种线条画，采用线条的组合来表示人、地、物和概念。简略图通常还用来表示布局、相互关系以及解释过程，如表示某一机器如何工作或者是如何构造的。简略图由于缺少细节，故比照片更容易突出教学要点。

常用的图表有用来表示某一事物内部各组成部分的相互关系的结构图；主要用于对物体、事件、或者种系分类的分类图；用来表示时间信息，也可用来进行对照和比较的表格；用来表示一种顺序、一种程序或流程，或表明不同的活动、成分或者程序是怎样合并到一个整体的流程图等。

统计图是对数据资料的形象化的表示，它可以用于分析、解释和比较各种数据的关系以及事物的发展趋势。常用的统计图包括条形图（柱形图）、象形图、圆形图（饼图）和线条图等，如图 2.4 所示。

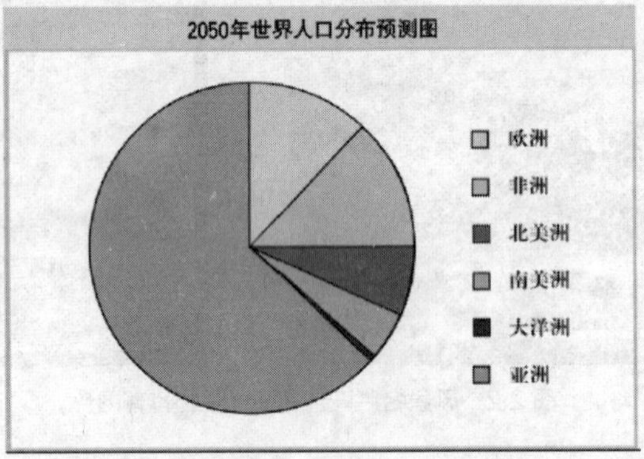

图 2.4　世界人口分布预测统计图

3．实物与模型

实物与模型都是直观具体的教学媒体，目的是使学生具体感知学习对象的有关形态和结构特征，以便获得直接的感性认识。实物可为学习者提供最真实、最基本的具体形象。小型的实物是一种很好的直观教具。模型是三维的实物替代物，它可以保留实物的全部细节或者进行某些简化，甚至可以拆解或打开一部分，以展示内部结构和模拟运动变化过程。

实物能够将要学习的东西活生生地呈现在学生面前，帮助学生理解，加深学生的印象。但有时获得实物媒体需要花费很大的代价，且有时实物也不能提供对事物本质的认识。

（1）实物与模型的优点和局限。

① 实物与模型的优点。

a. 直观、具体、真实，便于观察。

b. 可以动手操作，容易引起学生学习兴趣。

此外，相对于实物，模型还具有以下一些优势：能提供实物无法呈现的学习经验，通过颜色强调重要细节；能够提供剖面以观察内部形态；允许安装和卸载，以了解对象结构；允许进行操作以提供体验，如生物教学中使用的动植物细胞模型、人体结构模型、骨骼结构模型等。

② 实物与模型的缺点。

a. 不是任何实物都可以拿到课堂上作为教具使用。

b. 有些实物难于获取，也难以制成模型。

c. 在教学时必须注意使用得当，否则可能分散学生的注意力。

（2）实物与模型的选择。实物虽然比模型更真实，但在教学实践中，模型更适合课堂教学环境的需要。因为模型根据需要可以比实物大，也可以比实物小，或者与实物体积相同；在结构上模型可以选择保留细节或进行简化，或者强调局部，如用于化学教学的分子结构模型是典型的放大模型，可以展现给学生用肉眼无法观察到的分子结构。

（3）实物与模型的教学应用。利用实物和模型进行教学时，应该结合适当的言语讲解，积极调动学生观察与思考；在模型演示的同时，也应配合其他的直观手段配合，如当实物或模型的外部结构不清或内部结构过程不明时，可与图片、挂图、幻灯等媒体配合使用。利用模型教学还可以为学习者提供具体形象经验，如专门设计的套件模型可以让学生自己安装和分解，以帮助学生正确地观察和理解事物，或训练动作技能。另外，在教学中还可以在模型的某些部分做标记，以突出某些体现事物本质特点的部分，防止学生把注意力投向事物的非本质方面。常见的教学中使用的模型如图 2.5 所示。

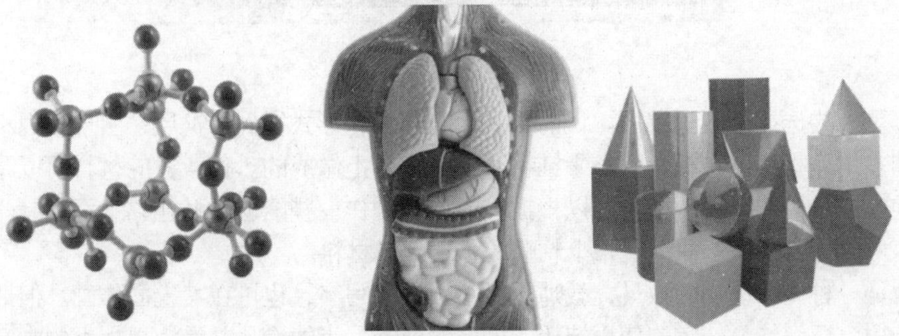

图 2.5　常见的教学中使用的模型

4．粉笔和黑板

粉笔和黑板是一种典型的课堂中常见的视觉媒体。在我国，板书一直是教师的基本教学技能之一。黑板是最常用的传递文字信息的工具，它同时也可用作图像的载体。虽然现代化的视听媒体、多媒体计算机及网络技术等大量涌入课堂，但从我国教学实践现状来看，还没有任何一种教学媒体能够完全替代黑板。

（1）粉笔和黑板的优点和缺点。

① 粉笔和黑板的优点。

a. 文字、图示信息传递简单、方便、稳定。

b. 信息的组织和展示灵活，具备写、画、贴、擦等功能，具有很强的现场性，能提供广阔的课堂发挥空间。

c. 板书与教师的讲授紧密配合，学生的学习思路容易跟上教师的课堂讲授和引导。

d. 方便教师直观地表达教学内容，如演算习题，画简单图形与表格，写提纲、公式、定义等，便于引导学生展开思维。

e. 有助于表明主次关系，使学生掌握教学的重点与脉络，对基本内容形成清晰的印象，便于学生记笔记和复习。

f. 适合于基于集体授课的几乎所有教学模式，教师与学生都熟悉这种教学手段，且教师在黑板上的操作具有示范性的特点。

g. 黑板与粉笔价格便宜、经济实惠。

② 粉笔和黑板的缺点。

a. 复杂的板书花费课内大量的时间，影响教学进度，还可能引起学生厌烦。

b. 黑板版面有限，传递信息的数量和形式都受到限制。

c. 粉笔灰粉尘污染严重，不利于师生的健康和教室的清洁、卫生。

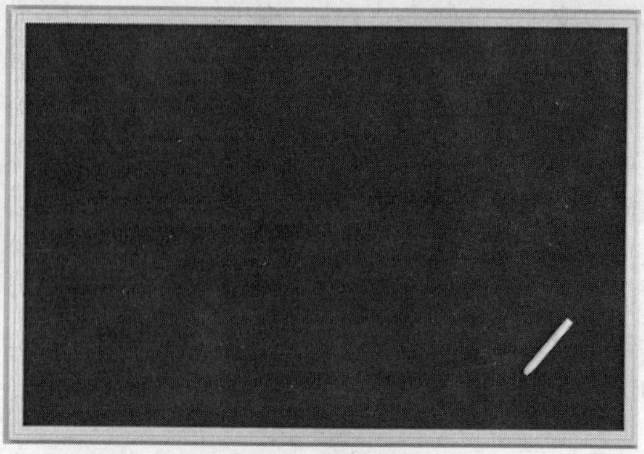

图 2.6　粉笔与黑板

（2）黑板的选择与教学应用。目前，黑板的功能和形式得到了扩展，出现了白板、布板、磁性板和多用途板等。布板是把布平铺在坚硬的背衬上做成的。作背衬的材料可以是胶合板、强化纤维板或者厚的卡片纸板。可以根据布的质地制作一些能够粘贴在它上面的教学材料。在使用时，可以配合讲解很快地在布上粘贴和移动视觉材料。

黑板是一种简单易用的教具，教师既可在黑板上写字，也可在其上面作画。但要有效地发挥它的作用，还应注意一定的使用技巧，如要保证学习者能看见并看清黑板上的内容；要把各颜色的粉笔结合起来使用，用彩色粉笔强调重点难点等。

5. 电子白板

随着信息技术的发展，电子白板进入学校后逐渐成为一线教师们喜欢使用的教学媒体之一，它不仅仅是学校教学设备上的一种升级，更是引发了教师运用现代教学设备的革新，将电子白板多媒体系统的装备优势转化为教学质量和效益，让课堂教学“活”起来，让学生“活”起来，使广大教师的教育教学工作更加方便、快捷、高效。

交互式电子白板产品（又称互动白板、交互白板）是可以操作电脑和屏幕标注的投影屏，如图 2.7 所示。通过 USB 接口与计算机相连，配合投影仪使用，以电子笔代替鼠标，电子白板代替投影幕布，直接在电子白板上操作电脑，在任何电脑界面上直接标注。

图 2.7　电子白板显示屏幕

（1）交互式电子白板系统及其构成部件。交互式电子白板的核心组件由电子感应白板、感应笔、计算机和投影仪组成，组接方式如图 2.8 所示。电子感应白板是一块具有正常黑板尺寸、在计算机软硬件支持下工作的大感应屏幕，其作用相当于计算机显示器并代替了传统的黑板。电子感应笔可以承担电子白板书写笔和计算机鼠标的双重功用，其作用代替了传统的粉笔。教师或学生直接用感应笔在白板上操作，相当于传统教学中师生用粉笔在黑板上操作，可以写字或操作各种软件，然后通过电磁感应反馈到计算机中并迅速通过投影仪投射到电子白板上。另外，电子白板还具备白板操作系统软件，被安装在计算机中，这个操作系统不仅支撑人与白板、计算机、投影仪之间的信息交换，而且还自带一个强大的学科素材库和资源制作工具库，还是一个兼容操作各种软件的智能操作平台，教师可以在白板上随意调用各种素材或应用软件教学。

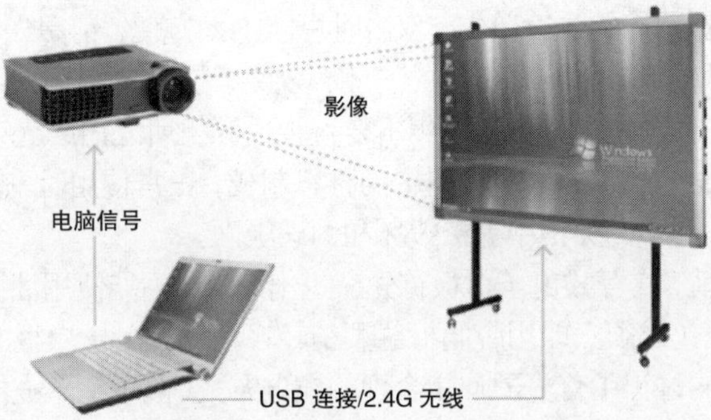

图 2.8 交互式电子白板组接结构图

（2）电子白板的优点和局限。

① 电子白板的优点。

a. 交互式白板集传统的黑板、计算机、投影仪等多种功能于一身。

b. 与以往制作课件相比，用白板软件来制作课件，不需要考虑交互，只要准备素材，一般老师经过短期入门培训，都可以独立制作出交互式的课件，这样教师可以把更多的时间花在教学设计上。

c. 白板课件具有强大的交互功能。为课堂师生互动、生生互动提供了技术可能和方便，为建立以学生为中心的课堂教学奠定了技术基础。

d. 交互电子白板为资源型教学活动提供技术支撑，教师可以在白板上直接上网寻找课程资源。

e. 交互式电子白板具备和超越黑板的所有功能，包括随意书写、画图、批注重点，并且可以使用或编辑丰富多彩的电子课件。

f. 使用感应笔或鼠标。教师和学生用感应笔甚至手指，就完全替代传统粉笔的功能，这样既可以避免粉笔产生的各种危害，又节省了资源，全面实现健康、环保、节能的教学模式。

g. 可以使用丰富多彩的多媒体资源，并且可以随时书写或标注。教学过程可以轻松保存成教学录像发给学生，学生无需再边听边做笔记，教师之间也可以相互交流和研究教学录像，提高教学水平。

h. 具备强大的计算机多媒体工具，扩展和丰富了传统计算机多媒体的工具功能，更加提高了视听效果，电子白板中的拖放、照相、隐藏、拉幕、涂色、匹配、即时反馈等功能模块，能够有效吸引学生的注意力和提高学生理解力，激发学生学习兴趣，调动学生积极参与到教学过程中来。

（2）电子白板的局限。

a. 一线老师缺乏交互电子白板的入门培训。

b. 对已经有初步使用经验的老师还需要加强电子白板课件的制作研究。电子白板平台的功能非常强大，对白板功能的熟悉有一个循序渐进、由浅入深的过程。

c. 目前课堂教学的情况来看，电子白板在教学中还未能充分体现以学生为中心的教学理念，学生只是被动地听和看，还未能真正参与到课堂教学活动中。

（3）电子白板的使用及注意事项。

① 在使用白板过程中，不能有任何东西接触板面，与白板的接触物过于多样化或者与能够产生电子干扰的物品接触会造成电子白板上的一些写操作无法被记录下来。

② 刚开始使用白板感应笔进行单击、双击时可能不太方便，请事先做适当的练习，熟能生巧。当需要面向学生时，请站到互动白板的一侧，以免投影机光束照射到眼睛。当学生使用互动白板时，请指导其如何使用，并告诫学生不要直视投影机所发出的光束。

③ 电子白板的板面一般都由高质量耐磨的材料制成，正常使用时一般难以出现破损，但要避免用锐利的器物（如刀子、尖指甲等）毁坏和划破板面。

④ 在进行清洁之前，交互式电子白板首先应退出系统。不能使用油性彩笔在电子白板上书写，万一出现这种情况，必须立即用脱脂棉蘸酒精轻轻地擦拭电子白板的板面。

⑤ 在使用电子笔的过程中首先要使用合理的充电方式。电子笔不充电和不使用时要放置在笔架上，不要连线，连接线为应急使用，平时可以收起来。

（4）电子白板的教学应用。目前在学校中常见的电子白板是交互式电子白板，它可以连接到多媒体计算机，并与之进行信息通信，然后利用投影机将多媒体计算机上的内容投影到电子白板屏幕上。在专门的应用程序的支持下，可以构造一个大屏幕、交互协作式的教学环境。教师可以利用特定的定位笔代替鼠标在白板上进行操作，可以运行 PowerPoint、Word、Excel 等应用程序以及浏览各种格式的图片，还可以对文件进行编辑、注释、保存等在计算机上利用键盘及鼠标可以实现的任何操作。

6. 幻灯

幻灯是利用光的折射原理呈现图像，能够将静止画面放大后投映在银幕上的一种仪器。幻灯机的种类很多，按放映软件的类型来分，有单片式幻灯机（见图 2.9）、卷片式幻灯机及显微式幻灯机。按幻灯机功能来分，有简易手动幻灯机、自动幻灯机、多功能声画同步幻灯机。按放映镜头来分，有单镜头幻灯机、多镜头幻灯机、复合式幻灯机等。

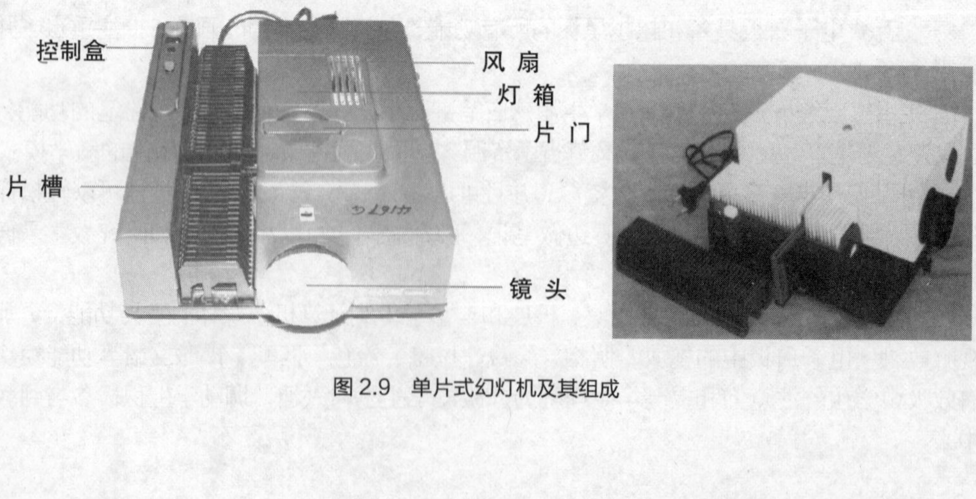

图 2.9 单片式幻灯机及其组成

（1）幻灯机的优点与局限。

① 幻灯的优点。

a. 坚实、价格便宜、重量轻、易于操作、易于管理和储藏；

b. 幻灯片的制作方便，便于大量复制、分发。由于摄影器材的不断精密和简化，会拍照的人就能自己制作幻灯片，而且可以制作出高质量的彩色片。

c. 幻灯放映的节奏可以控制，这给教师提供了极大的方便，教师可以根据教学的需要调整放映的步调。

d. 幻灯片编制简单、易于掌握。使用自动幻灯机时，只要把一组幻灯片按顺序排列好，放在一个片盘内，就可逐片自动放映。大多数自动幻灯机还有遥控装置，放映者可以对幻灯机的进行实行遥控。

e. 幻灯片易于管理，易于按教学需要编目收藏在学习资源中心，供教师选用。

② 幻灯的局限性。

a. 为了保证幻灯映像的质量，室内光线需是可控的，室内光线太亮会影响画面的清晰度。

b. 卷片幻灯在放映时，胶片是通过幻灯机的齿轮带动进行的，胶片容易受损。幻灯片的片框如不标准，也可能造成卡片、断裂等故障。

c. 单片幻灯片虽然易于编排次序，但再次使用也容易把次序搞乱，甚至还会出现颠倒、翻转、歪斜等问题。

（2）幻灯机的构造及原理。幻灯机一般都由光学系统、电路部分和机械部分组成。幻灯机的光学原理是由光源所发的光，经反光镜反射和聚光镜汇聚后，均匀地照射在幻灯片上，透过幻灯片的光线经放映镜头的放大，使幻灯片上的画面在银幕上形成一个放大的清晰明亮的倒立实像，如图2.10所示。

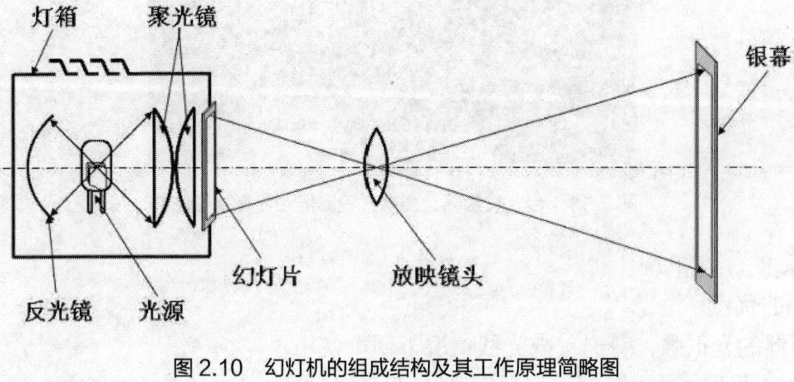

图2.10 幻灯机的组成结构及其工作原理简略图

（3）幻灯机的使用方法。

① 使用前应仔细阅读幻灯机的使用说明书，以便了解该机的性能和使用方法。

② 调整幻灯机与银幕的距离和位置，尽量使幻灯机的光轴与银幕垂直，使得既便于操作又不遮挡学生的视线。

③ 开机时，注意灯泡点亮的同时，风扇应正常运转，若风扇不转，应立即关闭电源，以免烧坏灯泡。

④ 要调整投影画面的大小，主要通过改变幻灯机与银幕的距离来实现。

⑤ 要调整投影画面的清晰度，主要通过改变镜头的前后位置（调焦）来实现。

⑥ 关机时，最好在关闭灯泡后，让风扇再工作1分钟，使灯泡冷却后再关闭电源，这样可

延长灯泡的使用寿命。

7. 投影

投影媒体是教学中常用到的视觉媒体，由投影器和投影片组成。投影器是放映透明投影片的光学投影媒体，又叫投影仪。早期教学中常见的投影机有台式投影器和便携式投影器，如图 2.11 所示。近几年，出现了更加小巧轻便的多媒体投影机，目前已成为多媒体教室不可或缺的核心部件之一。

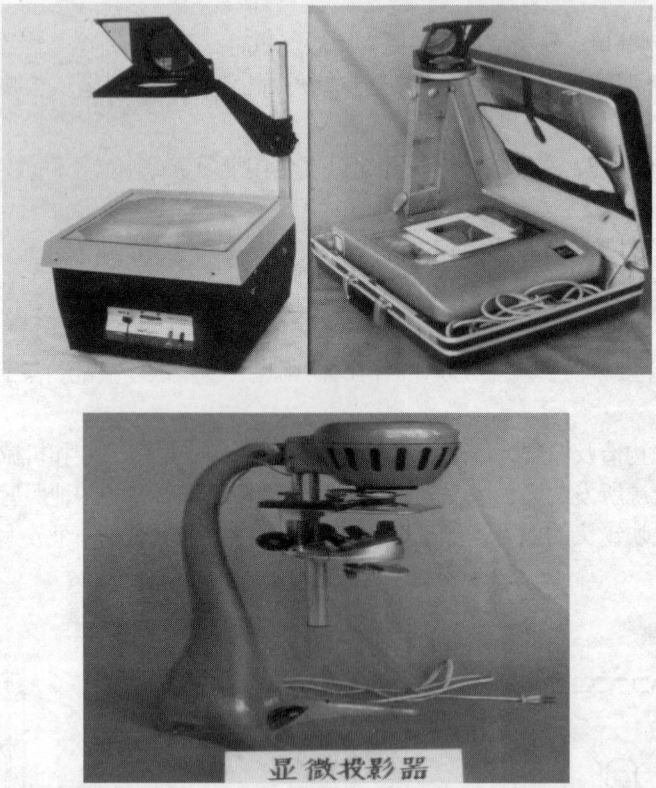

图 2.11　台式投影器、便携式投影器和显微式投影器

（1）投影的优点和局限。

① 投影的优点。

a. 投影器的光很强，普通室内光线情况下便可使用。

b. 放映者可面对学生操作，和学生保持目光的接触。

c. 可被投影的材料很多。

d. 影片制作方法简单，教师可以自制投影片。

② 投影的局限性。

a. 投影图像质量尚不够理想。投影器的聚光镜较笨重、光源损耗大；螺纹透镜照度差且有光环，影响图像的清晰度。

b. 投影器不能自动连续地展示图像，也不能配音，投影效果取决于使用者的技巧。

c. 投影器噪声大，既分散学生的注意力，同时也会干扰教师的讲解。

d. 投影器笨重，目前最轻的便携式投影器也在 7 千克左右，携带不方便。

（2）投影器的构造。投影器是在幻灯机的基础上做了一番改进的投影设备，也是由光学系统、电路部分和机械部分组成。投影器的光学原理是光源所发的光，经反光镜反射和聚光镜汇聚后，投射到两片菲涅尔透镜上，经再次汇聚后透过投影片，再通过成像透镜的放大，并经过一面平面反光镜的反射，使投影片上的画面成像到银幕上，如图 2.12 所示。

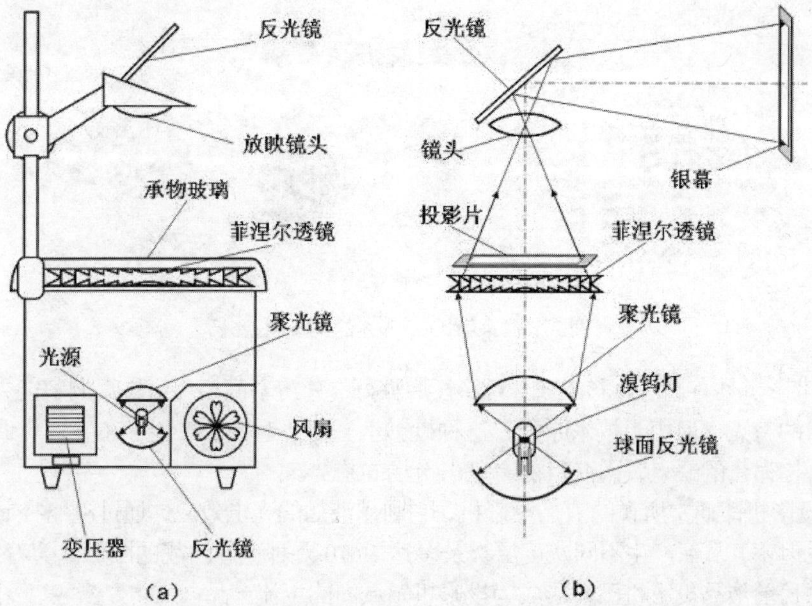

图 2.12　投影机的构造及工作原理图

（3）投影器的使用及注意事项。

① 投影器的使用方法。

a. 抬起支撑杆至锁定位置，打开反射镜片。

b. 将投影片置于载物台上，开启灯泡开关，选择强\弱灯光。

c. 转动反射镜片调整角度。

d. 调整距离控制画面大小。

e. 调节调焦旋钮至画面清晰。

f. 如有灯泡烧坏，可通过灯泡切换开关启动备用灯泡。

g. 放映完毕，及时关灯，合上反射镜片。

② 投影器的使用的注意事项。

a. 投影器正常关机后，如仍需再次启动时，最好等投影机冷却 2~5 分钟后，再次启动。

b. 投影器闲置时，应及时关闭投影光源，以延长灯泡的寿命。

c. 投影器连续工作时间不要超过 4 个小时，以免投影机内温度过高损坏光学部件，影响投影机寿命。

（4）多媒体投影机。多媒体投影机是用来把计算机屏幕信息或录像机、实物展示台等设备的视频信号进行放大显示的设备，它可以有效地改善设备的教学环境，提高教学效果，扩大教学规模。

多媒体投影机规格种类较多，如果按技术性能来划分，可以分为视频（VIDEO）投影机、数据投影机（DATA）和图形投影机（GRAPHIC）等。其中，视频投影机主要用于显示视频图像，如果要用它来显示计算机信息，必须进行 VGA／TV 的转换。数据投影机可以直接显示计算机的标准 VGA 信号，但最高分辨率有限；图形投影机以高分辨率、高清晰度的优点能够显示各种信息。从投影机的技术发展来看，主要有 CRT 投影机（三管投影机）、LCD 投影机（液晶投影机）和 DLP 投影机（数字光路投影机）（见图 2.13）。

图 2.13　采用 DLP 技术的多媒体投影机

CRT 投影机具有显示色彩丰富、色彩还原性好、分辨率高、几何失真调节能力强、可长时间连续工作的特点。但由于技术原因，这种投影机亮度普遍较低，还存在着聚焦调整复杂、体积庞大、价格昂贵的缺点，因而目前有退出市场的趋势。

LCD 投影机即通常所说的液晶投影机，它利用液晶的光电效应，通过电路控制液晶单元的透光率及反射率，从而产生不同灰度层次及多达 1 670 万种色彩的靓丽图像。随着 LCD 技术的不断成熟，目前液晶投影机已发展成为投影机领域内的主流产品。

DLP 投影机是以 DMD（Digital Micromirror Device，数字微反射器）技术为支持的投影设备。该技术是将光线直接投射到数百万个微小的反射镜上，通过电路控制微镜发生角度偏转，从而产生各种色彩鲜艳的图像。由于 DLP 投影机在内部光路处理上是直接反射光线，光线未经过滤，损失极少，所以 DLP 投影机可提供高清晰度、画面均匀、色彩艳丽的高画质图像。DLP 投影技术很可能成为今后投影机技术的发展方向。

（5）多媒体投影机的操作。

① 使用多媒体投影机之前，首先详细阅读说明书，了解和掌握各接口和控制按钮的用法。

② 根据室内的场地及投影距离和图像尺寸合理放置好投影机。

③ 连接投影机与录像机、激光视盘机、计算机等设备的连线。在连接以上设备时一定要关闭投影机及其他设备的电源。

④ 开启投影机的电源开关。

⑤ 按下投影机的电源（POWER ON / OFF）开关或遥控器上的 POWER 按钮，指示灯亮后进行聚焦调整。

⑥ 选择屏幕中的显示语言，改变视频制式。（遥控器上设有功能按钮，可根据需要进行选择）。

⑦ 选择输入模式，即按下输入选择（INPUTSELECT），可显示在屏幕上。

⑧ 按下投影机或遥控器的音量（VOL）按钮，即可调节音量。

⑨ 使用完毕后，用投影机或遥控器上的电源开关关闭电源，盖上防尘罩。

（6）多媒体投影机在教学中使用时的注意事项。

① 打开投影机电源之前，先连接投影机的电缆。

接通投影机的主电源开关，电源指示灯将变红，投影机进入待机状态，按遥控器上的电源开关（POWER），电源指示灯会交替变橙色再为变绿色，投影机会进行预热调整，再过 15 秒左右，图像的亮度显示正常，就可以开始使用了。

② 投影机的关闭和待机。

按遥控器的电源键（POWER）后，电源指示灯变橙色，投影机进入待机状态，要使投影仪完成冷却循环后再断开电源；有些新的投影机电源设有关机延时保护，关闭电源后投影机内风扇仍持续工作 3~5 分钟，进行降温冷却，之后自动关闭，使用者无须理会。

③ 使用视频信号应该选择“VIDEO”输入，如果选择了 VIDEO（演示仪、VCD、放像信号），那么连接到视频输入端的信号将被投影。

④ 使用计算机信号应该选择 RGB 输入，如果选择了 RGB1 或 RGB2（“COMUTER1”或“COMUTER2”），那么 RGB 输出端将投影出从 RGB1 或 RGB2 输入的信号。

⑤ 投影机光线很强，学生长时间看容易疲劳，也影响其注意力。如果长时间不用投影机，教师要注意利用“MUTE”按钮，它的功能是关闭投影机的灯泡，但并没有切断信号及电源，这样做一来是省电，二来不影响学生的注意力。需要显示时，再按一下“MUTE”按钮即可。

⑥ 在强调重点内容时，有的教师习惯用手指或用教鞭指示，这会影响学生观看投影。正确的做法是用投影机遥控器上的“LASER”按钮，它可以在幕上形成一个醒目的小红点，这样教师就可以在较远的距离指示讲解。

⑦ 切勿连续按“POWER”键，如果使用投影机时，电源意外关闭，需等风扇停止后再重新开启。如果立即开启，会缩短投影机寿命。

⑧ 开关次数对灯泡的寿命影响比连续工作十几分钟的影响更大，所以在使用中要尽量减少开关次数。在停机间隔时间小于 5 分钟时，一般不要关机。

⑨ 投影机投射的图像具有高亮度的特点，因此可以直接投射在墙面上，但是在教学中使用，一般需要投射在银幕上，银幕上显示的图像更柔和、有散射效果，长时间观看不伤害视力。

⑩ 在教室中银幕一般多装置在教室正前或教室前左侧位置。如安装在黑板前，与黑板交替使用，应选用卷筒屏幕以便于更换。如装在教室前右侧，则应根据条件，选择能避开教室门而且处于背光的一侧为好，以求减少幕外直射干扰光的影响。使用时要注意禁用教鞭指点，勾画幕面，避免划伤银幕表面影响展示效果。

8．数码照相机

数码照相机是一种获得视觉教学所需图片的重要工具，从这个角度，我们将它作为一种视觉材料的制作设备，暂且归类于视觉媒体。数码照相机是一种把数字技术与传统的光学照相机相结合的照相机。与传统照相机相比，两者最大的区别是它们记录影像的方式不同，传统照相机使用胶卷，而数码照相机使用电荷耦合（CCD）传感器或是互补金属氧化物半导体（CMOS）型传感器，把拍摄到的景物转换成电信号，并以数字格式将图像保存到存储卡上。

数码照相机的实物如图 2.14 所示。

图 2.14　数码照相机

（1）数码照相机的构造及工作原理。数码照相机是一种能够进行拍摄，并通过内部处理把拍摄到的景物转换成以数字格式存放的图像的特殊照相机。与普通照相机不同，数码照相机工作时利用光学镜头将被拍摄物成像到电荷耦合器（CCD）上，使光信号转换成电信号（模拟信号），然后经过模 / 数转换器（A/D）变成数字信号，再由微处理器（MPU）进行压缩并转换成图像文件格式储存，相机内有一块 CCD 光电转换芯片，光线通过光学镜头成像在光电转换芯片上时，光电转换芯片将光信号转换为电信号，在经过模拟信号转换为数字信号后存储下来，如图 2.15 所示。数码照相机使用固定的或者是可拆卸的半导体存储器来保存获取的图像，可以直接连接到计算机、电视机或者打印机上。数码照相机的图像是内部处理的，所以使用者可以马上检查图像是否正确，而且可以立刻打印出来或是通过电子邮件传送出去。

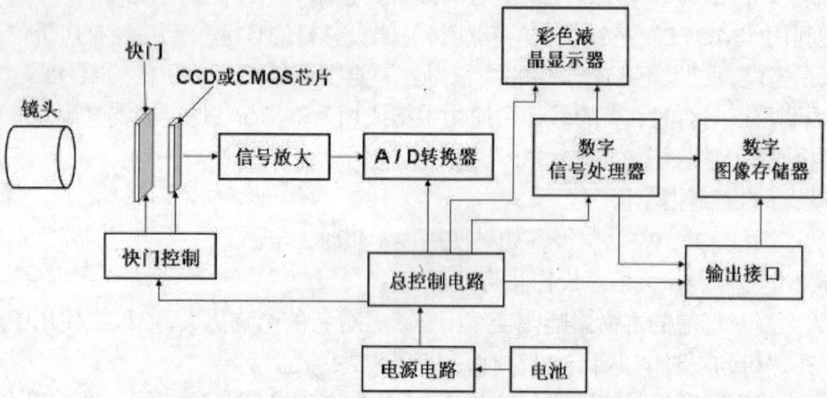

图 2.15　数码照相机的工作流程及图像处理过程

（2）数码照相机的使用方法。

① 装卸存储卡。这是使用数码照相机时的一项经常性操作，应在关机状态下装卸存储卡。装卸存储卡时，要对准方位，注意标记，用力要均匀，一定要推装到位。

② 选择应用模式。数码照相机有拍摄、查看、连接或下载等多挡的转换开关和转盘，必须正确加以选择。

③ 选择分辨率。分辨率并不是越高越好，应根据实际需要合理选择。比如，拍摄仅供网页制作时使用的影像，分辨率通常选在 800 × 600 像素或以下（如拍摄后在使用前要加以剪裁，则另当别论）。如果拍摄只供计算机显示器显示的影像，拍摄的像素数量应与计算机显示器的分辨率一致或接近。但如果要作为照片质量输出，则应选择 200 万像素（1600 × 1200 分辨率）以上才能满足需求。

④ 取景拍摄。将转换开关旋转到拍摄（请看说明书，认准拍摄标志）位置，开启电源开关，通过液晶显示器取景，根据被拍摄物和环境的具体情况，调整合适后，及时按下快门，就可得到一张数码照片。注意，数码照相机在按下快门后，要保持相机稳定半秒以上，因为数码照相机在记录照片时需要一点时间，这一点与光学照相机不相同。

⑤ 查看所拍摄画面。将转换开关旋转到播放位置（或是直接按播放状态按钮），按“+”、“-”或“”、“”按钮，即可在照相机的液晶显示器上选择观看所拍摄的照片。

⑥ 影像文件存储格式。数码照相机拍摄的影像，经数字化处理后是以图像文件形式存储的，常用的文件格式有 JPEG、TIFF、BMP、PNG 等。

⑦ 将数码相片导入计算机。将数码照相机的图像文件传输到计算机一般有以下两种方法。

一是使用 USB 接口将图像导入计算机中。操作方法：a.在计算机上安装照相机随机附带的 USB 驱动程序，有的计算机系统可以不用安装；b.将存有影像文件的储存卡插入相机；c.将附带的 USB 数据线标准接头的一端插到计算机的 USB 端口上，另一端较小的 MiniUSB 接头插入照相机端口；d.打开照相机的电源，即可在计算机上打开存储卡上的图像文件或进行其他操作。

二是用读卡器导入计算机中。a.安装读卡器的驱动程序，在 Windows XP 或 Windows 7 操作系统中，系统能自动找到读卡器并自动安装驱动程序。另外，几乎所有的笔记本电脑都带有读卡器，可以直接插入照相机储存卡；b.将存有影像文件的储存卡插入读卡器；c.在“我的电脑”中出现相应的驱动器盘符，可将其打开以寻找拍摄的图片或进行其他操作。

（3）数码照相机的教学应用。数码照相机在教师的教育工作、班主任的班级教育管理工作和科任教师的课堂教学方面都发挥着重要作用。

① 数码照相机可用于学校的校园文化建设。利用数码照相机拍摄师生的学习、工作、生活等表现或一些突出的班级或个人的照片，并张贴在学校宣传文化栏上，不仅为校园文化建设添加艺术色彩，而且能为全校师生树立榜样，有利于学校的发展和学生的成长。

② 用于课堂教学课件的编制。利用数码照相机拍摄来源于本地区或本校的资料，并用这些资料编制出符合本校教学实际的课件，由于这些课件采用的图像资料更贴近于学生的学习生活实际，因此学生也更乐于接受这种课件，有利于课堂教学生活化。

③ 用于辅助多媒体教学。教师可以用数码照相机把学生演算或解答的结果，甚至是实验操作的过程拍摄下来，然后通过多媒体教学平台展示在大屏幕上进行讲评，有利于学生对所学知识的巩固和对实验操作中注意事项的掌握。

④ 用于学校的德育建设和卫生安全教育。学校对学生进行思想品德或卫生安全的教育时，可利用数码照相机拍摄、收集和保存下来的照片资料或录像片段配合生动的演讲对学生进行教育，使学生觉得更加亲切，获得更深刻的内心体验，也更容易内化为自己的品行。

⑤ 用于班级文化建设。一个优秀班级总是有其独特的班级文化氛围和良好的班风。班主任在班级文化建设时可利用数码照相机拍摄、收集的相关照片资料，创设班级文化专栏，有助于形成良好的班级文化氛围，促进良好的班风和学风的形成。此外，班主任还可以利用这些资料编制班会课件，对班集体进行教育或工作总结。

⑥ 用于班主任记录学生的成长过程。班主任做好对学生的成长记录，有利于帮助学生分析与解析其在发展过程中的优势与不足，促进学生的良好发展。利用数码照相机、U 盘和电子计算机可以更加丰富地收集、保存和检索学生的资料，甚至可以方便地录入学生的笔记、作业、试卷或写在黑板上的习题解答、表演和操作过程等，避免了纸张记录、保存、查阅等的不便。

9．实物展示台

随着现代科学技术的发展，实物展示台（又叫多媒体视频演示仪）这种新型教学设备加入了投影教学设备的行列，它以全新技术特点在许多方面优于传统的投影器。实物展示台必须配合多媒体投影机或是大屏幕电视机使用，可以将实物投影或播放出来。实物展示台的工作原理简单地说是利用一只可变焦距的摄像镜头，把它所看到的物体（图片或事物）在监视器或大屏幕投影和电视上演示出来。

（1）实物展示台的优点与局限。与传统的投影教学设备相比，实物展示台在投影教学领域显示出十分明显的优势，它兼备了多种功能，而且操作更加简单方便。例如，实物展示台可以将投放事物、幻灯片、印刷图文资料等多种功能集于一身，而传统的投影器功能单一，书写投影器只能投放透明胶片，实物投影器只能投放印刷品和一定大小的实物，幻灯机只能投放幻灯片。另外，实物展示台的变焦功能为提高所演示的图像尺寸的灵活性提供了良好的条件。实物展示台为投影教学开辟了新的更加广泛的空间，它使投影教学变得更加轻便自如。

（2）实物展示台的构造。实物展示台利用摄像头，将实物拍摄成视频信号，经多媒体投影机放大投影到屏幕上；还可以将录像机、影碟机、收录机等设备的图像和声音信号输入视频展示台，经处理再输出到多媒体投影机上或大屏幕彩色电视机上，如图 2.16 所示。

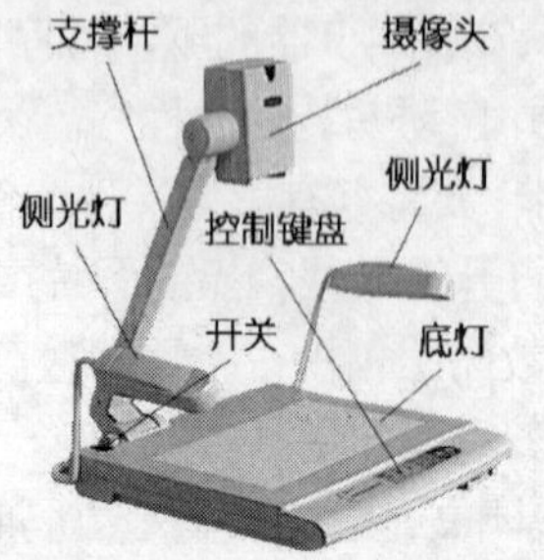

图 2.16　实物展示台的构造

（3）实物展示台的使用方法。

① 连线。将视频展示台与多媒体投影机或大屏幕电视机连接起来。按连线端口的标识，将视 / 音频线对应接好。按下锁定按钮，撑起摄像头支架，打开摄像镜头盖。

② 开机。打开电源开关，在展示台上放置实物或图片等展示物，调整摄像头使之对准被摄物，调节光源。通常展示一般非透明材料时，打开两侧臂灯；展示透明资料（投影片或幻灯片）时，打开底灯，观察银幕上的影像效果。

③ 聚焦。可用“聚焦”的“ + ”或“–”按钮手动调整，也可按下“自动”按钮使摄像头自动调整，直到影像清晰。

④ 变焦。按“变焦”按钮的“ + ”或“ – ”（有的是“ W ”和“ T ”)，来调整镜头焦距，使影像推近或推远，以改变观看图像的范围。

⑤ 特殊效果调整。正负像转换开关（POSITIVE/NEGATIVE），可将底片影像转化成正像效果呈现，也可将影像负像效果。黑白/彩色转换开关（BW/COLOR）可使图像以黑白或彩色显示。

⑥ 信号切换。选择信号输入选择按钮（“视频”、“摄像”）来切换信号源，改变银幕上放映的内容。

使用完毕，按与开机相反的顺序关闭视频展示台。

❑电源开启：POWER
❑灯光：上部/底部/关闭
❑输入设备：本机或外部设备
❑变焦：调整图像大小，通过Tele和Wide按钮来调整
❑聚焦：使图像最清晰,有手动和自动
❑效果选择： 有彩色和黑白的转换，正负像的转换等

图 2.17　实物展示台的控制面板及其功能

（4）实物展示台的教学应用。

① 充分利用实物投影的功能。实物展台可不用扫描图片，直接投影出图像画面，非常方便。另外，也可以直接投影实验的示范操作过程。例如，在生物课上利用显微镜的观察试验可在视频展台上直接进行示范操作，各个位置的学生都能清晰地看到。此外，化学、物理等学科的试验演示过程均具有直观的特点，通过视频展台可以进行直观细致的观察，带给学生的印象最深。

② 在实物展台上直接板书。用实物展台进行板书直接投影，非常直观清晰。业内人士曾做过一个试验：同一例题，用粉笔板书、计算机逐步显示、视频展台+投影边讲边写，将以上 3 种手段比较后，采用视频展台和投影结合的方法效果比其他两项出色。因为粉笔板书后排同学看不清；计算机显示像放电影，学生思维跟不上；第 3 种方法比计算机显示浪费时间，但实际效果很好。因此，针对教学的实际情况，使用实物展台与直接板书相配合的方式讲解数学、物理等注重思维过程的学科例题，是一种不错的教学方式。

③ 在实物展台上投影旧幻灯片、投影片。实物展台可以使学校积累的大量旧幻灯片、投影片重新“焕发青春”，将实物展示台的底灯打开，就可以方便地投影这些资料，而且比使用幻灯机演示时放大倍数更高、效果更清晰。此外，现在的教学越来越注重交互性，平时可以利用实物展台将学生的作业投影到银幕上，老师针对解题过程逐步批改讲评，教学的实效性更强。

2.1.2 听觉媒体

听觉媒体是指通过人耳的听觉，借助声音来承载和传递信息以及沟通情感的物质工具，是除了视觉形象之外认识客观事物的重要途径之一。在近代电子技术发展后，出现了以电声技术为基础的电声类媒体，声音信息才显得重要并在教学中得到广泛应用。在教学中常见的听觉媒体包括广播、录音媒体、CD 唱机、扩音系统（话筒、音箱和功放）等。

1．广播

广播是一种大众传播媒体，是进行群众性教育的有力工具，在学校教学中也具有独特的价值。广播教学是指利用无线电台或扩音设备系统，传递教学中需要的听觉信息，使学生学到知识和技能，完成一定的教学任务的一种教学方式。

（1）广播教学的优势与局限。

① 广播教学的优势。能突破时间和空间的限制：不同地域的学生，能够在相同的时间内学习同一内容；在极短的时间内，将教学内容传送到遥远的地方。凡是无线电波能够到达的范围，都可以进行广播教学。因此，广播教学的范围广、人数多、规模大，广泛适用于大、中、小学教育，职业教育，成人教育等。通过广播，可以使广大地区、许多班级、大量的学生，同时听到优秀教师的讲课，既可扩大教学规模，又能提高广大群众的文化科学水平。另外，无线电广播接收设备简单，广播教材制作快，经济效益高。有线广播虽然设置时需要一定的设备费用，但一经安装设备，便能长期使用。

② 广播教学的局限性。广播教学只能单向传送。除了课堂的播音教学外，其他各种形式的广播教学都是一种师生不相见的教学，在讲授过程中，师生不能进行直接交流。听者不能向教师提出问题，教者也不能按听者的反应调节教学进度和深度。另外，广播教学是一种有声无形的教学，学习者只能靠听觉接受教学信息。而且广播教学节目安排有一定的时间性，听者是不能控制暂停或重播的，而且学生是否在注意收听，也是难以掌握控制的。

（2）广播的教学应用。广播运用于教育领域主要有专业课程广播教学、社会教育广播教学、地区性有线广播教学、学校范围内的有线广播教学、课堂里的播音教学等形式。校园广播系统是每一所高校必备的应用基础设施，其在校园文化建设以及活跃校园生活方面发挥着重要的作用。校园广播是小功率 FM 广播的一种，很多大专院校、中学甚至小学，现在已经大量采用校园 FM 广播方式播放英语节目或其他节目，频率范围通常在 76~87MHz，也就是说，用普通的电视伴音收音机就可以接收得到。总之，校园广播系统在学校日常教学管理工作中起到了重要的作用，主要包括以下几个方面。

① 维持秩序。校园广播系统具备传统定压式校园广播的基本功能，例如，起床、出操、上课、下课、熄灯等时间，都可以根据需要设置定时自动打铃，维持师生教学生活秩序。

② 背景音乐。在课余饭后、周六周日等闲暇时间，能够根据需要播放新闻联播、点歌祝福、轻音乐、流行歌曲等，有效缓解师生的生活、教学以及学习压力，创造活跃动感的校园氛围。

③ 统一广播。校园广播系统能够根据教学需要，进行统一集体广播，所有的音箱播放同一个节目，以便学校进行集体广播、开校会、统一音频教学等。

④ 外语教学。近来外语人才需求旺盛，国家将对学生外语能力的培养，由书面转向书面、听力全面提升，以致外语听力教学、训练、考试成为校园广播所承担的新任务，校园广播系统能够满足对单个班级、班级分组以及所有班级进行外语广播的要求。

⑤ 广播体操。校园广播系统能够将眼保健操、广播体操、进行曲、运动曲等曲目进行编排，根据需要设置自动或手动播放，能够满足学生保护眼力、身体、召开运动会等活动的要求。

⑥ 应急广播。学校是教书育人的场所，人口众多。校园广播系统具备遇到紧急情况，对师生进行任意班级组合应急广播疏散的功能，可使学校在遇到突发事件时，最大限度保护师生安全。

2．录音媒体

录音媒体按照记录声音信号的物理介质的不同，可以划分为磁性录音媒体，如磁带录音机和录音磁带；光学录音媒体，如 CD 唱机和 CD 光盘；半导体录音媒体，如复读机和录放音读写存储器，如图 2.18 所示；数字录音媒体，如多媒体计算机、录音笔等。

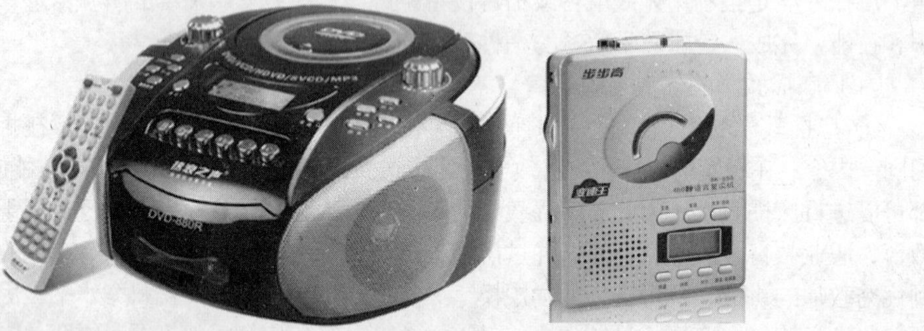

图 2.18　教学用的多功能录音机和学生用的复读机

（1）录音媒体的优点。

① 能将教学信息真实记录。录音媒体体积小、性能优、携带方便，可以实时记录或播放声音信息。只要选用适当的设备，准确无误地操作，即可留存“原汁原味”的声音信息。

② 被记录的声音信息可多次重复使用和快速搜索。教学需要的时候，将磁带、光盘等信息介质放入相应的设备中即可播放。在播放中，能够实现前前后后、反反复复、可快可慢、停走自如的控制。

③ 使用不受场所和时间的限制。有的录音媒体体积很小，如学生常用的随身听和 MP3 播

放器等，使用场所和时间可灵活自由地选择，对他人无任何影响。

（2）录音媒体的教学应用。

① 在语言教学中运用录音媒体。在课堂教学中，任何一位教师都无法保证多次重复地读一个音素、音节而不变调、不走样。另外，教师个人情绪、健康状况、疲劳程度都可能使远近不同的听者，出现听觉上的差异。现代化的录音媒体成功地解决了这一问题，它能为学生提供标准的、无论经过多少次重复使用也丝毫不走样的、清晰的语音范例，有效地辅助了课堂教学。

② 录音媒体能够提供真正的交际语言和创造生动的教学环境。口语是外语学习者的一个难点，高保真录音设备所录制的纯真的、地道的、具有权威性的外国语言和录取的多个国家不同地区、同一语种不同职业、性别、年龄的外籍教师的讲授示范，使学生真切领略到不同风格的外语语言，有利于辨析差异，增强听觉能力，扩大了语言接触范围。

③ 录音媒体能够帮助教师进行针对性教学和及时纠正错误。在教学过程中，录音机播放的标准语音使教师与学生共同聆听，教师就可以从容、客观地去纠正学习者的不正确发音，并对个别同学进行针对性训练。

④ 录音媒体有利于学生自学。目前，语音训练有配套的语音教材、双向听力教材。这样，学生的学习可以由学生自己掌握。录音机为学生自主化与个别化学习提供了方便。

⑤ 录音媒体用于口语测试。在口语测试工作中，录音机具有标准的语音、语速，这对每一位测试者尤为重要。传统教学测试中，教师不能像机器那样准确无误，语言语速的不统一造成了对学生的学习成绩不合理的评判。另外，对学生的测试进行实录，彻底消除作弊现象和不必要的纠纷。录音对教学评估、统计、改革提供了科学依据。

⑥ 录音媒体能够帮助教师提高自身素质和备课质量。录音机不但对学生，而且对教师亦有帮助，其改进语言语调和提高听力、口语能力的作用，是教师进修及提高业务能力的重要工具。

⑦ 录音媒体能够解决师资不足和扩大教学规模。目前，我国农村及偏远地区，教师师资力量匮乏，诸如音乐、英语等课程开办不利或不能开办。录音教学弥补了这个缺陷。另外，利用录音媒体可进行大面积、大规模、多层次的辅导教学，扩大了教学规模。

3．CD 唱机

（1）CD 唱机（Compact Disc 的简称），是随着声音数字化而发展起来的一种集激光技术、数字电子技术、精密机械技术、集成电路技术为一体的音响系统，是一种利用激光反射技术获取数字信息的高保真音频播放器，因此也被称为激光唱机。由激光唱片（CD 光盘）和激光唱机（CD 机）组成，如图 2.19 所示。

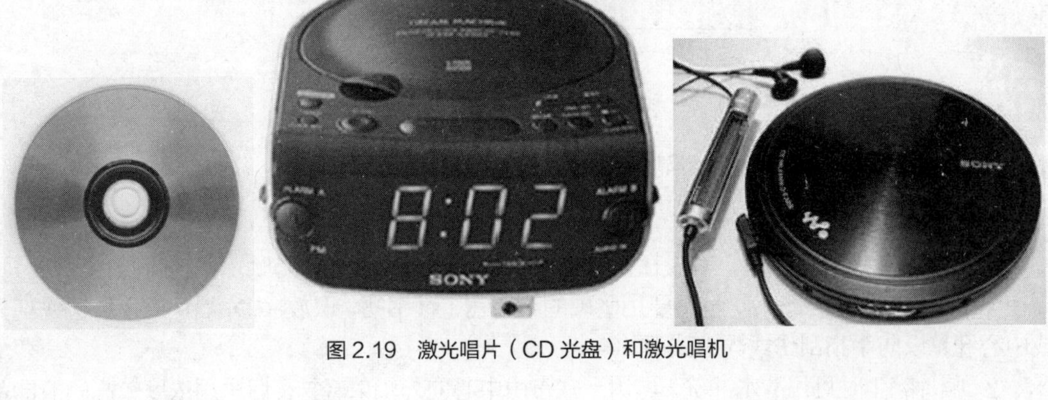

图 2.19　激光唱片（CD 光盘）和激光唱机

① 激光唱片（CD 光盘），所使用的 CD 光盘有直径 12 cm 和 8cm 两种规格，基片由厚度为 1.2mm 的透明聚酯板构成。光盘的一面有经激光刻蚀技术留下的信息坑，凸凹的信息坑用来表示相应的数字信息。CD 机工作时会发出激光，由于光盘凹凸不平，因此会形成不同的反射光线，CD 机根据反射光强弱变化的规律还原数字信号中的 1 和 0 的排列顺序，形成数字音频信号，而后经数模（D/A）转换，输出模拟音频信号。其构造如图 2.20 所示。

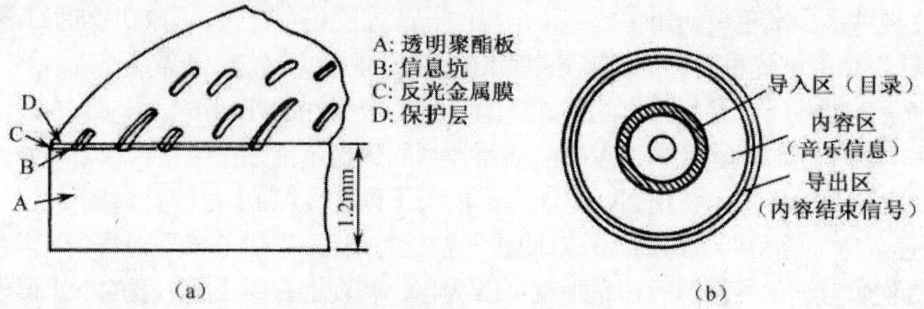

图 2.20　激光唱片（CD 光盘）的构成

② CD 唱机，由机械部分、激光拾音器、伺服系统、信号处理系统、控制显示系统及电源等组成，如图 2.21 所示。激光唱机是利用激光束读取激光唱片上的信息的。它利用激光拾音头发出的激光打到激光唱片上的凹坑点上时，反射的光的强度随凹坑的散射作用而降低。若光束打到无凹坑的反射膜时，因无散射而使反射光较强，以这种反射光的强弱来反映激光唱片上的“0”、“1”等“数字信息”，再经过一系列的电路处理恢复为原来的模拟音频信号，最后通过扬声器或耳机还原成声音。

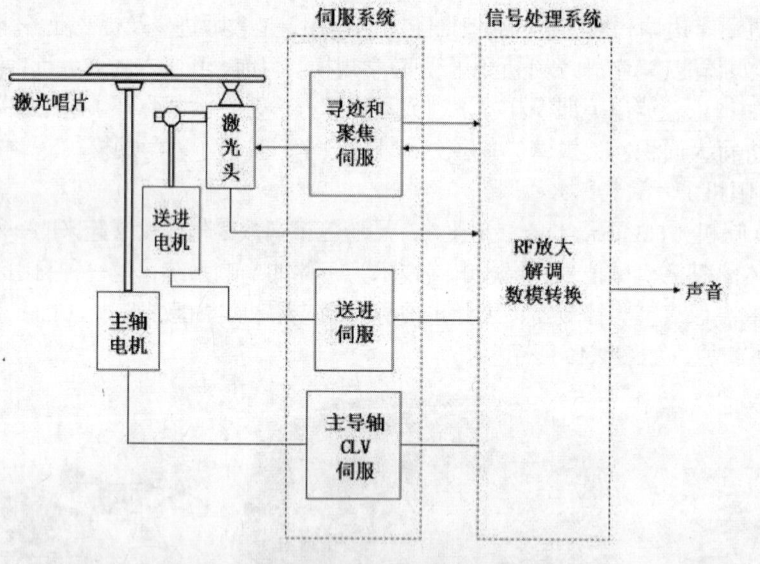

图 2.21　CD 唱机的结构和工作原理示意图

（2）CD 唱机的使用。

① CD 唱片要妥善存放，应放在专用盒内，注意防尘、防热、防晒、防压、防止划伤。不要在唱片上粘贴标签或纸片，也不要用坚硬的笔头在上面书写。取放 CD 唱片应手持边缘部分或中心孔，以防手指刮伤或弄脏碟面。

② 唱片除尘时可用清水冲洗，再用干软布由中心向外辐射轻抹。切忌用浓度较高的清洁剂或酒精之类的化学液体，不要在唱片未干时使用，这样既对唱片不利又损害激光唱机。

③ CD 唱机不要使用有裂纹或扭曲变形的唱片，以免损坏激光头。放入和取出唱片时，要让光碟仓自动开关，不要用力推拉。

④ 不要长时间暂停，否则易损坏 CD 唱机。各种功能转换不要过快过频。

⑤ 与其他音响设备连接时，应注意匹配。

4．扩音系统

（1）有线扩音系统由话筒、扩音器和扬声器等组成，如图 2.22 所示。常用于校园广播、学术报告和课堂教学的扩音。

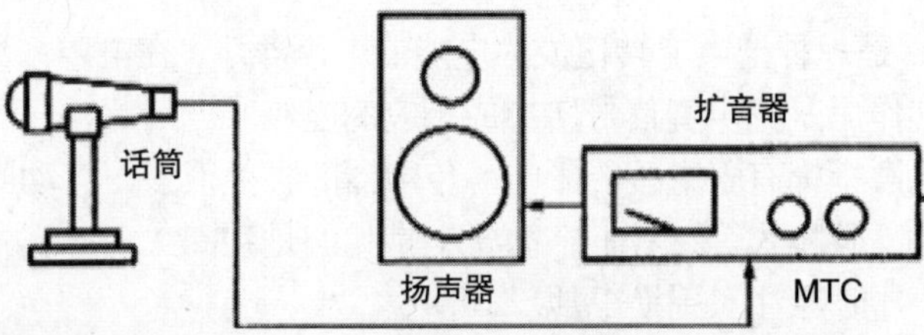

图 2.22　有线扩音系统的结构图

（2）无线扩音系统，由无线话筒、接收机和扬声器组成，如图 2-23 所示。使用时应注意以下几点。

① 无线话筒常为电容式话筒，需安装电池。

② 调整好接收频率。

③ 相邻教室避免使用频率接近的话筒。

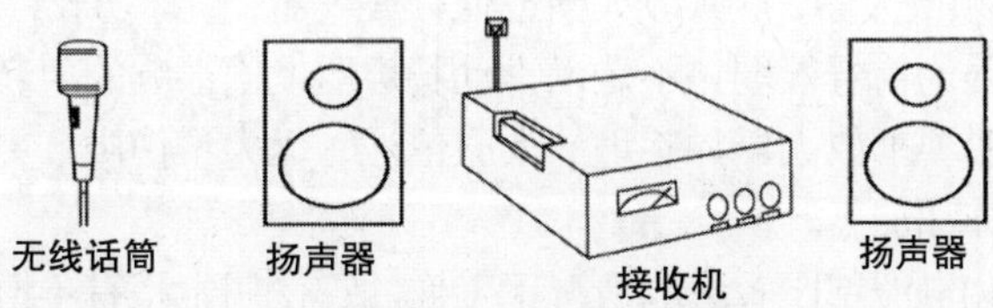

图 2.23　无线扩音系统的结构图

（3）多媒体计算机与麦克风的组接。

① 配置计算机。利用有线话筒与计算机进行扩音，计算机必须安装声卡，并配备有音箱。

② 连接有线话筒和计算机。将有线话筒的有线插头插进计算机声卡的话筒接口上，把话筒的开关置于“ON”的位置。

③ 设置计算机的扩音状态。双击打开计算机任务栏的“音量控制”，在其“选项”菜单选中“属性”调出“麦克风”，确保音量控制中 “麦克风”选框中的“静音”未被选中。

④ 调整计算机的音量，单击计算机任务栏的“音量”，选择最佳的音量效果。

（4）扩音系统的构成设备。扩音系统一般由传声器（话筒或麦克风）、扬声器（音箱或喇叭）和扩音器（功放）3 部分组成。扩音系统实物如图 2.24 所示。

图 2.24　有线话筒、电容式话筒和音箱

① 传声器，俗称话筒，是一种把声能转化成为电能的电声器件。在电声系统中，传声器是整个系统的第一个环节，其作用是把声音信号转换成相应的电信号。因此，它的质量好坏和使用是否得当对整个系统的电声指标有着直接的影响。传声器的种类很多，有动圈式、电容式、驻极体式、铝带式、晶体式、碳粒式等，我们在教学上常见的是动圈式、电容式、驻极体式传声器。使用驻极体电容传声器时应注意更换电池。

传声器使用时应注意：要与音响设备的特性相匹配；注意声源的方向和距离；应避免传声器受潮、受震，试音时不要用手去敲击或用嘴去猛吹。

② 扬声器，俗称喇叭，是一种将电信号转换为声音信号的换能器件。扬声器的品种较多，常见的有电动式扬声器、舌簧式扬声器、晶体式扬声器和励磁式扬声器等。

扬声器在使用时应注意：扬声器的输入功率不能超过其额定功率；使用电动号筒式扬声器时，必须把发音头套在号筒上后再通电；使用立体声放音系统时，两音箱的距离应约等于到听众中间位置的长度。

③ 扩音器，又称音频放大器、声频放大器或低频放大器，简称功放，是放大电信号的装置。由于各种声音信号源输入的信号很弱，不足以推动扬声器发出很响的声音。因此必须将这些很弱的信号进行放大；一般要求放大器如实地放大原信号，但为了使声音更动听，又常常要对信号进行必要而适当的修饰和加工。

扩音器是处在电压和电流都比较大的情况下工作的，使用中稍有不慎，很容易在某一瞬间造成扩音器和扬声器的损坏。在通电前应仔细阅读扩音机的说明书，掌握其操作步骤。

扩音器与传声器、扬声器设备的连接示意图如图 2.25 所示。

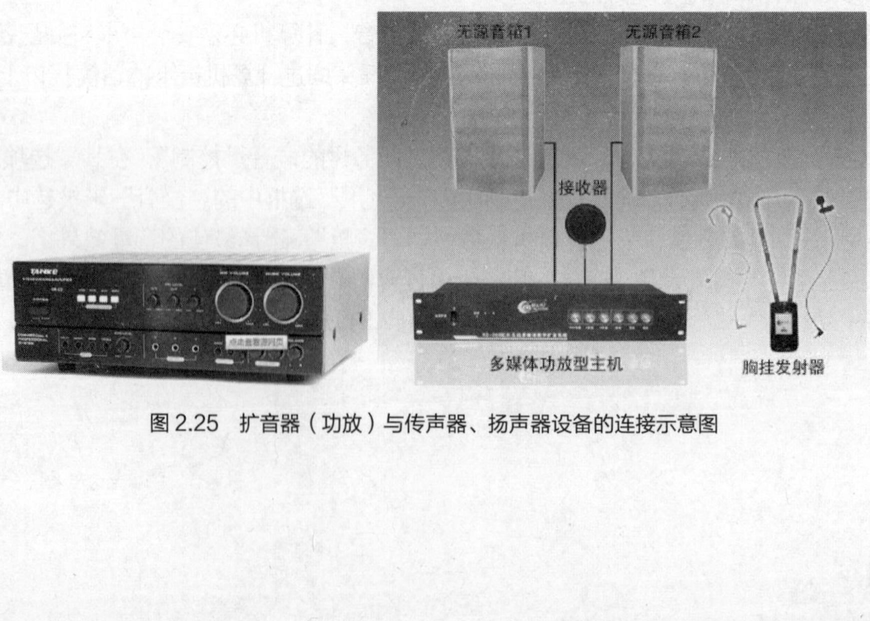

图 2.25　扩音器（功放）与传声器、扬声器设备的连接示意图

2.1.3 视听媒体

电影、电视、DV 数码摄像机、激光视盘及其设备等视听觉媒体以直观而鲜明的图像，生动而精练的语言，激发和引起学生的兴趣和注意，提高学生的学习效率。

1．电影

在视听教育范畴中，电影媒体是最早出现的视听媒体。它是指由电影放映机、银幕和电影片组成的播映系统。由于电影具有声画同步、生动形象的特点，因而成为课堂教学早期采用的有效的教学媒体之一。

（1）电影的优点。

① 电影将图像和声音结合在一起，同时作用于视听两种感觉器官，可促进更有效的学习。

② 采用特殊的视觉效果，能增强学习，克服学习中的局限性，帮助学生提高记忆率。

③ 电影具有感染力，在表达情感的材料中更能增加对学生的感染力，在转变态度方面是相当不错的。

④ 电影能够提供不易重演的事件，如历史事件、自然灾害等。

⑤ 电影能够帮助人们观察到微观世界和宏观世界中的事物和现象，如太空星球运行、微生物的繁殖等。

⑥ 时间压缩和时间扩展技术，使人们看到改变了的事物运动过程，如加快蝶蛹变为蝴蝶的过程。

（2）电影的局限性。

① 影片制作费用高，技术复杂，要求有高质量的摄制人员。

② 影片制作周期长，拍摄中无法了解影片的质量和效果。

③ 放映电影要求室内遮光严密，否则会影响图像的清晰程度。

④ 影片对存放环境的温度和湿度要求高，因为电影片对环境的温度和湿度很敏感。

2．电视

电视具有和电影相同的信息表达能力，能够呈现有声音的彩色运动画面；电视具有丰富的符号系统，可以很自然地表达语言，显示自然活动、文字和课文、静止画画以及音乐和其他音响效果。电视媒体沟通了抽象概念与具体经验之间的联系，电视教学在扩大教学规模，提高教学质量方面，具有不容置疑的优势。

电视技术是根据人眼的视觉暂留特性和视觉心理，以电信号的形式传送图像和声音的技术。由于它能够传送连续的图像和伴音信号，因此相对其他单一的视觉和听觉媒体，其信息传输量大、速度快、效率高，在现代教育技术中占有重要的地位。

电视的优点和局限如下。

（1）电视的优点。

① 电视可以将信息即时、迅速、远距离、大范围地传播。

② 电视能够沟通抽象概念与具体经验之间的联系，使教学变得更有效。

③ 电视具有信息传递及时、生动的特点，可以替代现场参观。

（2）电视的局限性。

① 电视信息是单方向传播的。学生不能及时提出问题，教师不能及时判断学生的学习情况，缺少反馈信息。

② 学习者不能在行为上参与教学活动，比较被动、消极。

③ 电视以固定的速度播放，它不能为学得慢的学生而放慢速度，也不能为学得快的学生而

加快速度。

④ 电视教学仍然是以教师为中心，对学习者的接受能力建立在假定的基础上。

⑤ 所有的学生都接收相同的信息，并按计划严格安排。

⑥ 信息传播可能中断，设备可能出现故障。

⑦ 设备价格较昂贵。

3．激光视盘及影碟机

影碟机是还原记录在碟片上的图像和伴音信号的视听设备，在教学中常用的有 VCD 和 DVD 影碟机，它们可以用来播放 VCD 和 DVD 激光视盘。DVD 影碟机和 DVD 光盘如图 2.26 所示。

图 2.26　DVD 影碟机和 DVD 光盘

VCD 即 Video-CD，也称电视唱片，简称视盘、光盘，是 20 世纪 90 年代崛起的技术。VCD 激光视盘所记录的声音信号和图像信号都是数字信号，并经压缩处理。一张直径为 12cm 的小型激光视盘，就可记录长达 74 分钟的活动图像和声音。

DVD 是 Digital Video Disc 的缩写，意思是"数字电视光盘"，这是为了与 Video CD 相区别。DVD 可提供大容量的，更为清晰、画质优良、音响完美的音像。目前，DVD 播放器已经进入普通家庭，而以 DVD 盘作为存储介质的教学资料也非常丰富。相对来说，低廉的价格和简单的操作要求，使得在教室中配备 DVD 播放机成为许多学校的一个合适的选择。

另外，大多数 DVD 影片提供语言选择，具备完善的选单功能，通过储存与影片相关的资料，如片名和影片各部分场景，在播放 DVD 影片时，通过搜索功能，可快速找到并跳转到需要播放和展示的场景与片段上，这非常符合教学的需要。

（1）激光视盘的优点和局限。

① 激光视盘的优点。

a. 存储容量大，VCD 可记录 74 分钟连续活动图像，DVD 可记录 133 分钟连续活动的图像。

b. 具有高画质、高音质、良好的复制性能。

c. 功能比较完善，具有多制式、双语言、多碟播放、菜单显示、多画面浏览、多速播放等功能。

d. 有良好的兼容性，DVD-Video 播放机可播放 CD、VCD；兼容 DVD-ROM 与 CD-ROM。

② 激光视盘的局限。

a. 激光视盘的信息是单向传播的，交互性差，缺少反馈信息。

b. 激光视盘的制作费用高，技术复杂。

（2）DVD 影碟机连接和使用。

① DVD 与电视机的连接（有 3 种方式）

a. AV 连接。这是最常用的连接方式。即 DVD 的视频输出（Video Out）、音频输出（Audio Out R L）分别接到电视机的视频输入（Video In）、音频输入（Audio In R L）上。

b. S 端子连接。这种连接画质优于 AV 连接，可获得更加逼真的图像。将 DVD 的 S 端子输出（S Video Out）、音频输出（Audio Out R L）分别接入电视机的 S 端子输入（S Video In）、音频输入（Audio In R L）上。

c. 分量视频输出。输入端子因机器品牌不同其英文缩写标注也不同（如 Y /PB/PR 、Y /B −Y /R −Y、Y /Cb/Cr），按相应的标注顺序连接即可。

② DVD 与外置音响设备的连接（有两种方法）。

a. 数字连接。数字连接可获得高保真三维环绕效果。连接方法为数字音频输出（Digital Audio Out）通过专用音频数码光缆接入带有数字解码器的放大器数字音频输入（Digital Audio In）中，再由放大器功率输出端通过音箱线分别接入相应的音箱中。

b. 模拟连接。模拟连接可获得立体声和虚拟环绕声效果。连接方法为 DVD 音频输出（Audio Out R L）接入放大器音频输入（Audio In R L）中，再由放大器通过音箱线分别接入左右音箱中。

4. DV 数码摄像机

家用数码摄像机（Digital Video），简称 DV，自其问世以来，以其高解晰度、接近激光唱盘的音质、携带方便、复制无信号损失、能够与计算机联机并进行编辑等优点，被摄像爱好者广泛采用，如图 2.27 所示。此外，DV 还有照片拍摄功能，可选择多种特殊效果拍摄，可手动、自动调节白色平衡，还可手动调节光圈等。

图 2.27　SONY 高清数码摄像机

（1）DV 摄像机的构造及原理。DV 数码摄像机工作的基本原理是进行光—电—数字信号的转变与传输，即通过感光元件将光信号转变成电信号，再经过模/数转换将模拟电信号转变成数字信号，并储存在储存卡中。

DV 摄像机主要由镜头、主机、寻像器、储存卡和附件（三脚架、数据线等）构成。DV 摄像机的镜头指安装在摄像机上的，由许多光学玻璃镜片及镜筒等组合而成的光学装置，它用来收集从物体对象反射过来的光，使其聚焦并投射到摄像器件的受光面上。主机是 DV 摄像机的主体部分，可将镜头形成的光学图像转变为适当的电信号，再通过模/数转换器件将模拟的光信号转换成数字信号，并记录到储存卡中。寻像器是当 DV 摄像机运行时，连续显示摄像机所拍摄的图像的微型监视器，它为摄像人员查看机器运行状态、取景构图、调焦和回放查看所拍摄的画面提供了一个不可缺少的便捷平台。储存卡是 DV 摄像机存储数据的介质，目前几乎所有的 DV 数码摄像机都采用闪存作为储存介质，闪存具有小巧轻盈、抗震性强、反应迅速、耗电量低、可靠性高等优点。

（2）DV 摄像机的基本操作。

① 开机，通过按电源开关键进行开机，有的 DV 直接打开画面监视器就会自动开启电源。

正常开机后，可进行剩余电量、剩余储存空间和系统时间的检查和确认。

② 设置拍摄模式，按“Auto”键打开自动光圈、自动增益、自动白平衡跟踪。也可根据实际需要进行手动设置。

③ 掌握“开始/停止”按钮，这个按钮一般是红色的或带有红色圆点标记，按一下该按钮摄影开始，再按一下摄影停止。

④ 掌握变焦手柄，这个手柄上一般标有 W/T 字样，通过近景或广角拍摄，可产生特殊效果。用于广角拍摄即“拉远”时，把手柄推向“W”位置；用于特写镜头拍摄即“推近”时，把手柄推向“T”位置。这里的“拉远”和“推近”指的是被摄目标不动，而镜头焦距产生的变化。

⑤ 掌握录影寻像按钮，此按钮的旁边一般标有一个弯曲的箭头。在摄像机开机的状态下，开始新的拍摄之前一定要按一下这个按钮，查看并确认刚才所拍摄的影像的效果和保存情况。

⑥ 掌握拍照按钮，这个按钮旁边一般都标有“Photo”字样，在摄像机开的状态下，可以按动该按钮拍摄照片。

（3）DV 摄像机的持机姿势和注意事项。手持 DV 的方式基本分为双手和单手两种。现在厂商推出的新款 DV 在设计方面都更为轻巧、简易，更有利于单手操作。但是无论是什么样的 DV，最好还是用双手操作。因为如果单手操作时，DV 上的变焦操作钮、录像/停止按键等一些工作按键都是靠手指操作的，而关节的活动必然会影响机器的稳定，产生抖动。所以建议最好用双手持 DV 拍摄。

具体的手持技巧如下。

① 右手握紧 DV 摄像机，注意 DV 上用于右手操作的功能键，清楚各功能键的位置，以免在拍摄时按错键。在按键时要干脆、轻巧，防止用力过大。

② 一般情况下最好使用取景屏，使右臂尽量紧贴身体，增加拍摄时的稳定性。

③ 左手应该帮助把握 DV 或者握住右手，使左手、右手和身体形成一个稳固的三角形支撑。切勿一只手拿着 DV，一只手做其他的事情。

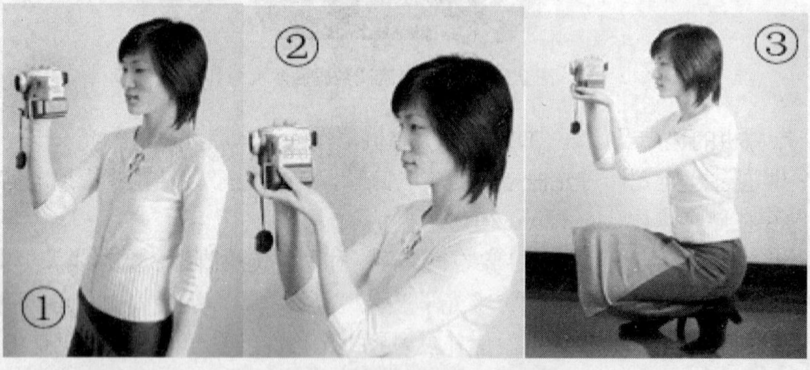

图 2.28　DV 摄像机的持机姿势

DV 摄像机在操作时的注意事项如下。

① 掌握正确的持机姿势。

② 拍摄时尽量使摄像机放平。

③ 不要频繁移动镜头。

④ 暂停状态不宜过长。

⑤ 在需要时才变焦。

⑥ 拍摄素材注意考虑不同景别的搭配。

⑦ 开始拍摄第一个镜头时应用广角方式。

⑧ 转拍另一个画面前最好让镜头停留 5~10 秒。

⑨ 拍摄每个镜头前应提前录制 5~10 秒，以便后期剪辑和处理。

⑩ 尽量采用顺光或侧顺光拍摄。

5．视听媒体在教学中的应用

归纳起来，视听媒体在教学中主要有以下 5 个方面的应用。

（1）用于辅助教学。将视听媒体与传统教学媒体相互配合用于辅助课堂教学，是一种常见的模式。通过教学设计充分发挥教师的主导作用和学生的主体作用，适时地发挥视听媒体的动态呈现、声画逼真的优势，以形象描述传统课堂上教师很难讲清楚的抽象的内容，优化教学效果。

（2）用于远程教学。利用卫星广播电视系统和多媒体输入平台，将精心编制的整门课程的视听教材传播到千家万户，呈现给学习者，进行远距离的教学。

（3）用于示范教学。示范教学是指在教师指导下，利用视听教材为学生提供典型的示范，供学生观察仿效，以培训学生实践技能的一种教学模式。

（4）用于微格教学。微格教学是一种利用视听技术手段来培训教学实践能力的教学方法。通常是将学生分成若干小组，进行模拟教学，每个小组的学生轮流扮演教师和学生的角色，并当场利用视听设备将实践过程录制下来。然后在教师指导下，反复观看录制的模拟教学过程的视频，进行分析、评价和总结，可以是自我评价也可以是他人评价，还可以自我总结，最后由教师进行总评。接着再进行模拟教学，再记录，再评价，再总结，反复进行，从而提高学生的教学技能和技巧。

（5）用于个别化学习。视听教材不仅提供了丰富的感知材料，而且还有教师在屏幕内外做分析与讲解。因此，学生可以根据自己的学习需要，利用视听教材自学，这比自学文字教材更容易被学生所接受。这种学习模式十分方便灵活，能充分发挥学生学习的主动性和潜力，有利于因材施教。

2.1.4 交互媒体

前面提及的视觉媒体，听觉媒体和电视、电影、录像等媒体在传播教学信息的过程中，都只能是由传播者向受传者的单向传播，因而也可以总称为“单向传播媒体”。但教学是一个师生双向互动的过程，要想获得理想的教学效果，就需要在教学的传播者和接受者之间建构起一个双向沟通的通道，使媒体与学习者处在积极的相互作用中，交互媒体正是为了解决这一问题而发展起来的。

交互媒体也称综合媒体，它除了能处理和提供声音、图形图像、文本等多种信息之外，还能与使用者进行人机交互，并为学习者的学习结果提供反馈信息，使得学习过程成为一种全新的模式。交互媒体的教学模式表现为：媒体呈现刺激，学习者对其产生反应，而这一反应又会引起媒体的反应形成交互过程，媒体和学习者都同时作为信息的发送者和接收者，互相刺激并做出反馈。因此，交互媒体的教学过程是双向的、连续的和相互交流的。

交互媒体包括早期出现的程序教学机器、多媒体计算机和网络交互工具（在第 4 章中具体介绍）等。

1. 早期的程序教学机器

教学机器种类繁多，形态各异。从最简单的印刷文字（如经过特殊设计编排的课本），到复杂的电脑，再到尖端科技的军用飞行训练系统，都可以算做“教学机器”。但无论技术原理和造型外观怎样变化，教学机器所秉承的教学工作方式是一样的，即机器呈现问题、学习者做出回答、机器再呈现预设的正确答案。早期的程序教学机器如图 2.29 所示。

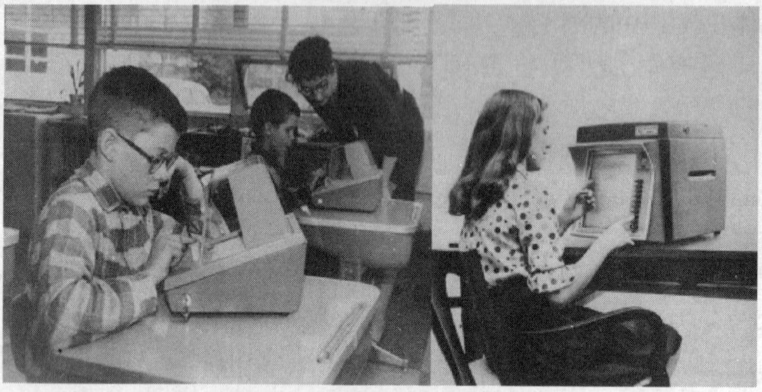

图 2.29 早期的程序教学机器

（1）程序教学机器的优点和局限。程序教学机器在教学中确实有不少优点，尤其对于需要反复练习的学科，如算术、外语等更是如此，简单列举如下。

① 学生可以自己控制学习进度。

② 机器计分可以及时评价学习效果。

③ 减轻教师负担，使之有精力关注个别学生和进行难点教学。

④ 节省学习时间（已通过实验验证，大约节省 1/3 时间）。

⑤ 提高教学效果（已通过实验验证，效果更好或无差异）。

⑥ 增加学习的趣味性。

⑦ 开发成本很高，但如果批量投入使用，则能极大降低教学成本。

但程序教学机器也有局限性。例如，不易携带；要求学生具有自律能力，实际上很多学生并不具备，不适合这种学习方式。

（2）程序教学机器的原理及使用方法。程序教学机器是把印有问题和答案的一叠卡片放进“机器”，在窗口中呈现选择题，学生通过按键选择答案，选对了可以按照程序进入下一道题。更复杂的机器可以利用电子屏幕呈现内容。拼写、历史、地理等多个学科的教学内容都可以用这种方式进行教学。目前在语音室里使用的计算机和录音装置也是这种原理。教学机器的核心思想是：小步子，用成功做激励，及时反馈，及时强化。

2. 多媒体计算机

多媒体计算机（MPC）是能够同时输入、处理、编辑、存储和输出两种以上不同类型信息媒体的计算机，它是计算机技术与声像技术相结合的产物，能够把声音、文本、音乐、图形、动画、静止图像、活动图像等多种信息通过计算机进行数字化集成处理，并对信息进行采集、加工、编辑、存储和展示。它还能够使多种信息建立连接，集成为一个交互式系统。多媒体计算机是计算机技术发展到一定阶段的成果，目前，一般家庭和学校中所配置的计算机都具备多媒体功能，因此都可以称为多媒体计算机。

（1）多媒体计算机的优点和局限。多媒体计算机在教学中的优点如下。

① 使用多媒体计算机教学有利于激发学生的学习兴趣和动机。

② 色彩、声音、动画、图形图像等能够增加学习材料的形象性和真实性，并能够使练习、实验、模拟等教学活动具有更大的吸引力。

③ 利用计算机能够方便地记录学生的学习行为和过程，建立学生学习的电子档案袋。

④ 计算机所设计的耐心的、个性化的教学方式为学生提供了一个积极有效的气氛，特别是对那些后进的学生作用更大。

⑤ 计算机有利于进行个别化教学。

⑥ 教师和学生可以更容易地使用和支配更多的信息资源。

多媒体计算机在教学中的局限性如下。

① 购置硬件的费用比较贵。

② 计算机的种类繁多，各有差异，造成计算机的使用及保养的困难。

③ 缺乏高质量的教学软件。

④ 在计算机辅助教学中，学生按照计算机所安排的程序学习，不利于培养学生的创造性及解决问题的能力。

⑤ 进行计算机辅助教学，教师必须事先接受有关计算机技术的培训。

（2）计算机的使用与维护。

① 计算机要放置在阳光直射不到的地方，周围无腐蚀气体，环境干爽，无尘通风，有条件的最好装空调。

② 计算机使用的交流电要求相对稳定在220±10V，有条件的可安装不间断电源（UPS）。

③ 计算机的供电线尽可能不与大型家电（如电冰箱、电视机、空调等）用同一线路，并且要接地线，以免受到干扰。

④ 计算机使用前，应熟悉各按钮及其正确操作方法；开机时，先开外围设备的电源（如打印机、显示器等），再按主机的电源按钮启动计算机；关机时，操作顺序要与开机相反，即先关主机，后关外围设备。不要频繁开关计算机的电源按钮，关机后应稍等片刻才能再开启计算机，切勿关机后立刻开机，这样容易损坏硬盘。

⑤ 计算机在通电运行过程中要避免搬动，否则，容易损坏硬盘。

⑥ 从安全和合法角度出发，应该使用正版软件。一定要在计算机系统装入正版的杀毒软件，监视或防止病毒的侵入。外来软件和文件必须用防病毒软件检测或病毒扫描后再使用。

⑦ 自己的重要文件要经常复制备份。

⑧ 接入网络时，应采用严密的安全防范措施。上网时，不打开来历不明的电子邮件，注意避免登录和浏览一些不安全、不健康的网站。

（3）在教室中使用多媒体计算机应注意的事项。通常，教师在上课时，所使用的教学课件等材料是预先准备好的，利用移动存储工具如U盘、移动硬盘甚至MP3等带有存储功能的移动介质进行保存，注意在插U盘或移动硬盘时，应注意盘要插实以后再打开盘，如果在虚插时读盘的话，容易造成硬件损坏。

在结束想要拔出U盘或移动硬盘时，要首先停止读取或者存储数据的操作，关闭打开U盘的窗口，然后使用计算机系统提供的移动工具管理功能，首先停止工具的使用，然后在指示灯灭了以后再拔出。为保护你的文件安全，如果具备写保护功能，应尽量关闭U盘的写入数据功能，避免病毒或其他不安全程序感染U盘文件。

多媒体教室中的计算机主机的信号一般通过分配器或者系统控制台分成两路，一路给显示器，一路给投影机，分配器是有开关的，如果开关不开的话，则显示器、投影机都没有信号。当出现屏幕不显示的情况，就需要检查线路连接和控制开关。

使用笔记本电脑连接投影机时，可以通过笔记本电脑键盘上的功能键进行屏幕的切换。

（4）计算机的教学应用。计算机用于学校教育，称为计算机辅助教育（Computer-Based Education），简称 CBE，是指以计算机为主要媒介所进行的教育活动。计算机辅助教育主要有两种类型：计算机辅助教学（CAI）和计算机管理教学（CMI）。也就是使用计算机来帮助教师教学，帮助学生学习，帮助教师管理教学活动和组织教学等。

① 计算机辅助教学（Computer Assisted Instruction，CAI），是以计算机为主要教学媒介所进行的教学活动，即利用计算机帮助教师或学习者进行教学活动。与之相关联的还有计算机辅助训练（CAT）与计算机辅助学习（CAL）。计算机辅助教学主要有 3 个应用范围：计算机支持的课堂教学、计算机支持的个别化学习和计算机支持的协作化学习。

计算机支持的课堂教学是计算机辅助教学在学校教育领域中应用最为广泛的一种形式。计算机和其他各种教学媒体有机结合，共同参与课堂教学过程，以优化课堂教学效果。利用计算机强大的图文音像综合处理和模拟能力，通过大屏幕投影在课堂上做直观演示，通过多种感官刺激使学生获得印象深刻的教学信息。

计算机支持的个别化学习主要指计算机可以帮助学生进行自学。这种自学可以是独立的没有教师参与的行为，也可以作为课堂学习的补充和巩固，总之，利用计算机的存储和自动化功能将各种教学信息经过计算机处理后通过人机交互的方式递送给学习者，可以帮助学习者实现学习目标。

计算机支持的协作化学习是以计算机为通信媒介发展起来的学习模式，它注重人与人之间的协同，强调老师直接参与，通过同学之间的互助、竞争促进学习，通过网络使分布在不同地方的学生和教师共同完成某一学习任务。

② 计算机管理教学（Computer Managed Instruction，CMI），是以计算机为主要处理手段所进行的教学管理活动，包括用计算机帮助教师监测和评价学生的学习进展情况，收集反映学生学习的各种信息，提供帮助教学决策的信息，指导学生的学习过程，存放和管理教学材料、教学计划及学生成绩记录，并向教师做出报告等。它的作用主要是为学生规定教学计划，并提供学习进展报告；存放和管理教学材料，以供师生选用或按学生进度进行教学；对学生能力和进展程度进行分析评价，以给出处方，对学生进行补救或加以强化，帮助学生更好地掌握所学知识。

计算机多媒体正在被越来越广泛地应用于教学中，并已形成各种不同的教学模式，主要有课堂教学模式、小组互动合作学习模式、个别化学习模式以及开放学习模式、网络学习模式和虚拟现实教学模式等。多媒体技术将会是未来媒体的发展方向，将会有越来越多的多媒体计算机运用于教学领域。

2.2 常见教学环境及其教学应用

现代教学环境是指在教与学的实践活动中，为优化教学效果而建立的系统化的现代教育技术设施与条件。建立学校现代教学环境，是推动教育信息化的必要条件。随着多媒体技术和网络技术的发展以及校园网络的逐渐普及，学校的现代教学环境大为改善，为教师运用现代教育理论、教学模式和教学方法提供了优良的支持平台，十分有利于高素质、创造性人才的培育与成长。

2.2.1 校园网及其教学应用

搞好校园网建设，构建现代化教育环境，是教育现代化的重要组成部分。以现代化的教育技术手段取代落后的教学手段，实现网络教学、远程教学、教育资源共享是时代的需要。建好校园网，用好校园网，是摆在我们面前的新课题。

1．校园网概述

（1）计算机网络，是指将地理位置不同的具有独立功能的多台计算机及其外部设备，通过通信线路连接起来，在网络操作系统、网络管理软件及网络通信协议的管理和协调下，实现资源共享和信息传递的计算机系统。

① 计算机网络的特点。

a. 能实现数据信息的快速传输和集中处理。

b. 可共享计算机系统资源。

c. 提高了计算机的可靠性及可用性。

d. 能均衡负载互相协作。

② 计算机网络的分类，按照网络的覆盖面划分，可分为局域网（Local Area Network，LAN）、城域网（Metropolitan Area Network，MAN）、广域网（Wide Area Network，WAN）。

局域网是我们最常见、应用最广的一种网络。局域网在计算机数量配置上没有太多的限制。在网络所涉及的地理距离上一般来说可以是几米至 10 公里，一般位于一个建筑物或一个单位内，不存在寻径问题，不包括网络层的应用。局域网的特点：连接范围窄、用户数少、配置容易、连接速率高。

城域网属宽带局域网，是在一个城市范围内（10~100 公里），以 IP 和 ATM 电信技术为基础，以光纤作为传输媒介，集数据、语音、视频服务于一体的高带宽、多功能、多业务接入的多媒体通信网络。城域网能满足政府机构、金融保险、大中小学校、公司企业等单位对高速率、高质量数据通信业务日益旺盛的需求，特别是快速发展起来的互联网用户群对宽带高速上网的需求。由于采用具有有源交换元件的局域网技术，网中传输时延较小，它的传输媒介主要采用光缆，传输速率在 100Mbit/s 以上。

广域网也称远程网（Long Haul Network）。通常跨接很大的物理范围，所覆盖的范围从几十公里到几千公里，它能连接多个城市或国家，或横跨几个洲并能提供远距离通信，形成国际性的远程网络。通常广域网的数据传输速率比局域网低，而信号的传播延迟却比局域网要大得多。广域网的典型速率是从 56kbit/s 到 155Mbit/s，已有 622Mbit/s、2.4 Gbit/s 甚至更高速率的广域网；传播延迟可从几毫秒到几百毫秒（使用卫星信道时）。

局域网或广域网通常是为了一个单位或系统服务的，而城域网则是为整个城市而不是为某个特定的部门服务的。

③ 互联网，又称因特网（Internet)，即广域网、城域网、局域网及单机按照一定的通信协议组成的国际计算机网络。互联网是指将两台计算机或者是两台以上的计算机终端、客户端、服务端通过计算机信息技术的手段互相联系起来的结果，人们可以与远在千里之外的朋友相互发送邮件、共同完成一项工作、共同娱乐。

（2）校园网（Campus Network)，是在学校范围内，在一定的教育思想和理论指导下，为学校教学、科研和管理等提供资源共享、信息交流和协同工作的计算机网络，是一个宽带、具有交互功能和专业性很强的局域网络，多媒体教学软件开发平台、多媒体演示教室、教师备课系统、电子阅览室以及教学、考试资料库等，都可以在该网络上运行。

2．校园网的功能

校园网是为学校师生提供教学、科研和综合信息服务的宽带多媒体网络。首先，校园网应为学校教学、科研提供先进的信息化教学环境，其次，校园网应具有教务、行政和总务管理等功能。

（1）信息发布。学校可以通过 Web 主页及时准确地向公众发布学校的各种重大事件、公告通知、工作安排等信息，这样既提高了工作效率和透明度，又向人们充分展示了学校的形象。

（2）教学应用。校园网的主要功能就是教学应用，它可以由网络教学平台提供支持，以网络教学信息资源库作为信息来源，运用多种网络工具完成网络教学任务。

网络教学支持平台：学校开展网络教学活动的支撑系统，它可以包括网络备课、网络授课、网上课程学习、网上练习、在线考试、虚拟实验室、网络教学评价、作业提交与批改、课程辅导答疑、师生交流、教学管理等模块。因此，一个完整的网络教学平台应具备以下功能。

① 具备支持教师备课、授课、提问答疑与讨论、作业布置与批改、题库维护、组织考试与活动、试卷分析等功能。

② 具备支持学生选课、学习、递交作业、提问、讨论、实验、资料查阅、考试等功能。

③ 具备支持基于流媒体的网络实时与非实时授课系统。

④ 具备支持教务人员进行学生管理、课程管理、资料管理、教学质量分析等功能。

⑤ 具备支持教师通过各种网络工具，相互之间或与外校的教师之间进行教学方法、教学艺术的交流与探讨的功能。

⑥ 具备支持连接 Internet ，实现远程教育的功能。利用远程教学方式，使得那些受客观条件限制的学校的学生学习别的学校的课程成为可能。

教学信息资源库：学校进行网络教学的重要组成部分，它包括多媒体素材库、教案库、课件库、试题库、学科资料库等。同时，资源库还应为师生提供全文检索、属性检索，提供资源的增减与归类，还可以提供压缩打包下载等功能。

（3）管理应用。建立在校园网基础上的学校管理信息系统（MIS）可以为学校在人事、教务、财务、日程安排、后勤管理等方面，提供一个先进的分布式管理系统。将会使原有的管理模式从纵向、单通道的简单模式，发展成为现代的多向的、多通道的网络状的复杂模式，从而提高管理效率，达到事半功倍的效果。

基于校园网的计算机管理信息系统，在功能上具有以下一些特点。

① 共享数据库资源。可以避免同样的数据在多处重复存储的浪费现象，如全校学生、教职工的基本信息就可以为校内各个管理部门所共享。

② 共享软硬件资源。可以在本系统没有相应资源或本系统负载已满时，将新任务交给其他系统处理，并且避免了某些软件研制上的重复劳动。

③ 提高系统可靠性。当某个计算机系统因故障停止工作时，可由别处的计算机系统代为处理。

④ 提高办公效率。校园网还给学校建立办公自动化提供了技术基础，可以通过校园网迅速地传递、复制或保存各类信息，将大大节约人力、时间、纸张印刷或交通差旅费用。

2.2.2 多媒体教室及其教学应用

多媒体教室也称多媒体演示室，是根据现代教育教学的需要，将多媒体计算机、投影、录音、录像等现代教学媒体结合在一起而建立起来的综合教学系统。它能使教师方便、灵活地应用多种媒体实施多媒体组合教学，可使教学过程更加符合学生的认知、理解和记忆规律，从而提高教学效果和效率。

1．多媒体教室基本功能

一个多媒体教室应该具备下列基本功能。

① 能与多种信息网相联，如校园网、卫星电视网和互联网等，使教师能方便地调用网络资源，实现网络联机教学。

② 能播放各种多媒体教学课件，以及文本、图像、动画、视频、音频等多种媒体信息。

③ 能利用实物展示台展示实物、模型、图片、文字等教学资料。

④ 能利用大屏幕投影仪显示计算机信息和各种视频信号。

⑤ 具有集中控制能力，操作简单、方便。

2．多媒体教室基本组成

多媒体教室一般由多媒体计算机、投影仪、视频展示台、中央控制系统、投影屏幕、影音设备等多种现代教学设备组成。表2.1所示是提供参考的多媒体教室基本配置表。

（1）多媒体计算机，是多媒体教室的核心，一方面可以作为教学媒体辅助教学，另一方面，可以将集成控制软件安装于其中，作为中央控制系统的操作平台，用以控制设备系统各项功能。由于其多数时间处于多任务工作状态，所以应尽量选配运行速度快、内存大、配有声卡、网卡、光驱，纠错能力强，且工作稳定可靠的计算机。

（2）视频展示台，又称实物展示台，是通过CCD（ Charge Couple Device，电荷耦合器件）摄像机以光电转换技术为基础，将实物、文稿、图片、过程等信息转换为图像信号输出在投影机、监视器等显示设备上展示出来的一种演示设备。视频展示台常用于教育教学培训、电视会议、讨论会等各种场合，可演示文件、幻灯片、课本、笔记、透明普通胶片、商品实物、零部件、三维物体、实验动作等，还可进行远距离摄像、现场书写等高级功能。

视频展示台使用中的注意事项如下。

① 避免将视频展示台放置在不稳定的推车、台面或桌子上。

② 避免在移动、保管或使用中对展示台造成强烈的冲撞、挤压和震动。

③ 避免频繁开关电源，以免缩短摄像头寿命。

④ 避免在展示台上摆放过重的物体。

⑤ 使用展示台时远离液体、热源，严禁将摄像头对准强光源，如日光。

⑥ 移动设备时，先将后面板的电源开关放到“O”位，拔掉电源线，放下支臂后再移动。

⑦ 在清洁视频展示台之前要切断电源，用潮湿软布擦拭展示台，避免使用酸性或碱性液体。

⑧ 严禁用手或尖锐物体触碰摄像镜头。

⑨ 雷雨天气或停止使用时需切断电源，设备长时间不用时应收起放好，避免灰尘进入。

⑩ 每次使用完毕后，先关闭视频展示台前面板电源开关，再关闭后面板的电源总开关。

⑪ 不要自行拆卸展示台。

（3）投影仪，又称投影机，是整个多媒体教室中最重要也是价格最贵的设备，它连接着计算机系统、所有视频输出系统及视频展示台，把视频、数字信号输出显现在投影屏幕上。投影仪被广泛应用于家庭、办公室、学校和娱乐场所，根据工作方式不同，有 CRT 投影仪、LCD 投影仪和 DLP 投影仪等不同类型。

投影仪使用中的注意事项如下。

① 注意防尘、防潮、防腐蚀、防震动。除投影仪外，投影盒上部不得放置其他东西。

② 使用过程中不得搬动投影仪，使用完毕后，也要等到灯丝冷却后再搬动。

③ 不要用手及坚硬物触摸投影仪的光学部件。不得擅自打开投影仪盖板，因投影仪内部有电。

④ 在投影仪使用过程中，不得阻挡投影仪的进、出风口。

⑤ 投影教学中，投影台上投影片的四周要遮光。

⑥ 使用投影仪时，反射镜的张角要调整到使投影光轴与银幕垂直。

⑦ 一般情况下尽量只使用电源开关，不开亮度选择开关，如需使用，也要在打开电源开关 1~2 分钟后再打开亮度选择开关。

⑧ 一定要注意安全，不要以拽线方式拔电源插头。

⑨ 在不接电源的情况下，投影柜、投影仪盖板平台表面可以用拧干或干的干净软布擦拭，除此之外的部分由专业人员清洁，防止漏电事故。

投影仪安装中应注意合理设置投影距离。投影距离是指投影镜头到投影屏幕之间的距离，不同型号投影仪的投影距离没有统一的参考标准，可通过查阅说明书并结合人体工程学原理合理确定投影距离。

（4）中央控制系统，是指用系统集成的方法，把整个多媒体教室的设备操作集成在一个平台上，所有设备的操作均可在这个平台上完成。它的最大的特点就是让复杂繁琐的操作过程简单化，让使用者在使用各种设备的过程中轻松、从容。中央控制系统一般由用户界面、中央控制主机、各类控制接口、受控设备 4 部分组成。

中央控制系统一般应用在多媒体教室、多功能会议厅、指挥控制中心、智能化家庭等，用户可用按钮式控制面板、计算机显示器、触摸屏和无线遥控等设备，通过计算机和中央控制系统软件控制投影机、展示台、影碟机、录像机等设备。它可实现资源共享、影音互传和相互监控。它可以协同控制计算机、影碟机、录像机、视频展台等现代视听设备，并集中控制电动窗帘、灯光、幕布等设备，通过大屏幕投影，营造出一个高清晰、高保真、受控声光背景的现代化多媒体视听教学环境。

（5）影音系统，主要包括影音播放设备（如 VCD、DVD、录像机、录音机等）、传声设备（如麦克风，无线麦克风系统）、扩声设备（如功放、音箱）、调音设备（如调音台、混响器等），实现多媒体教室的现场扩音、播音，配合大屏幕投影系统，提供优良的视听效果。

多媒体教室中的音响应选择频响宽、保真度高的系统，以适合多媒体教学，并具有话筒混响功能，使教师能在播放媒体内容的同时进行评论和讲解。其他音视频媒体设备选用具有红外遥控的市场主流机型即可。媒体设备接入多媒体系统后，将红外线码读入中控系统主机，所有功能的操作即可由中控系统集中控制执行了。

多媒体教室设备的基本配置如表 2.1 所示。

表 2.1　　　　多媒体教室设备的基本配置

设备名称	单位	数量		
		增强型	标准型	简易型
投影仪	台	1	1	1
视频展示台	台	1	1	
投影幕	幅	1（电动）	1	1
多媒体计算机	套	1	1	1
Internet 接入设施	套	1	1	
监视器	台	1	1	
中央控制系统	套	1	1	
VCD 或 DVD	台	1	1	
录像机	台	1	1	
功放	台	1	1	1
音箱	对	2 ~ 3	1	1
音视频切换器	台	1	1	1
有线话筒	套	2	1	1
无线话筒	套	2	1	
电子教鞭	支	1	1	1
无线鼠标	套	1	1	
多功能讲台	张	1	1	

3．多媒体教室的新成员——交互式电子白板

近年来，随着教学改革的进一步深化，多媒体教室也在朝着使用方便、操作简单、交互性强的方面发展，多媒体教室中电子白板的使用越来越普遍，特别是课堂教学中交互式电子白板的应用，已成为全球教学活动多媒体化发展的趋势。

交互式电子白板可以与电脑进行信息通信，将电子白板连接到计算机，并利用投影机将计算机上的内容投影到电子白板屏幕上，在专门的应用程序的支持下，可以构造一个大屏幕、交互式的协作式教学环境。可以在白板上直接操作，对文件进行编辑、注释、保存等在计算机上可以实现的任何操作。

交互式电子白板的教学平台（主要包括计算机、投影机、交互式电子白板），比之黑板平台和传统的多媒体教室平台，具有更强的互动性和资源的丰富性，可以实现真正意义上的互动式教学模式，即师师、师生、生生、师生与课件之间全方位多角度的互动，最大化地提高教学效率。电子白板详细介绍参见上一节。

4．多媒体教室的教学应用

在多媒体教室中，教师可通过高清晰的大屏幕和投影仪显示教学信息和各种视频信号，用音响系统播放各种声音信号，开展计算机辅助教学等，多媒体技术在教学中得到了充分的应用，其优势主要体现在以下几个方面。

（1）动静相宜，增强了学生的学习兴趣，弥补了传统教学的不足。在传统课堂教学模式下，由于受到教学条件的限制，教学组织较为单一呆板，知识讲解较为抽象，学生注意力容易分散，课堂效果往往不理想。而多媒体集文字、图形、图像、声音、动画、影视等各种信息传输手段为一体，具有很强的真实感和表现力，可激发和提高学生学习的兴趣，是提高教学质量的前提，也是改善课堂教学环境的重要环节，有助于调动学生的学习积极性。

（2）变抽象为具体，使教学更加形象、直观，便于学习者理解和掌握。多媒体教室中图文并茂的教学信息传输方式可以使学生能在轻松愉快的情境中进行学习，教师则可以充分发挥多媒体教学的优势设计多层次的教学，使用仿真图形、模拟动画、情境音效等教学资源在课堂上加深学生临场学习印象，不仅为学生的观察提供了丰富的画面，还能够给予学生分析问题、解决问题的方法。

（3）合理利用教学空间，充分调动学生全身心投入学习，提高教学效果。在多媒体教室中，多媒体的各种信息传输手段作用于学习者，可以同时调动视、听、说等多种感官，形成合理的教学过程体系，使学习者在最佳的学习环境中学习，使之达到教学的最佳效果。

但是，多媒体教学作为一种现代化的教学方式，教师只有正确有效地加以运用才能达到良好的课堂效果，以目前较为普遍的以教师为中心的多媒体教室为例，教师在使用多媒体教室时应做到以下几点。

（1）了解各种媒体的功能特性和使用方法，合理利用多种媒体组合，优化教学过程，提高教学质量与效率。

（2）熟悉电子备课的方法，学会设计制作多媒体课件，有效利用各种媒体辅助教学活动。

（3）积极开展基于多媒体的新型教学模式研究，加强在多媒体教室中互动式教学活动的设计，切忌不能将多媒体教室变成以播放演示为主的“电影院”。

（4）必须具备分析评价和应用多媒体教学的基本能力。

2.2.3　网络教室及其教学应用

网络教室又称网络机房或网络多媒体教室，是目前国内各类学校，尤其是中小学较为普遍、应用广泛的一种网络教学系统。它集普通的计算机机房、语音室、视听室、多媒体演示室等功能于一体，是利用网络技术和多媒体技术将若干台多媒体计算机及相关的网络设备互联而成的小型教学网络。它为提高教学质量、建构协作化学习环境创造了良好的技术基础。

1．基本组成与布局

网络教室一般由服务器、交换机、教师机、学生机、网络教学系统等组成。网络教室一般是一个小型局域网络，该网络可以通过代理服务器与校园网或 Internet 连接。

网络教室中学生机及教师机等网络设备的布局，通常有普通教室型、 U 字形、小组协作型、综合型等，如图 2-30 所示。具体实施时可依据教室空间结构、学生群体的特征以及教学活动的内容和模式等因素设计摆放格局，以满足实际教学需求。

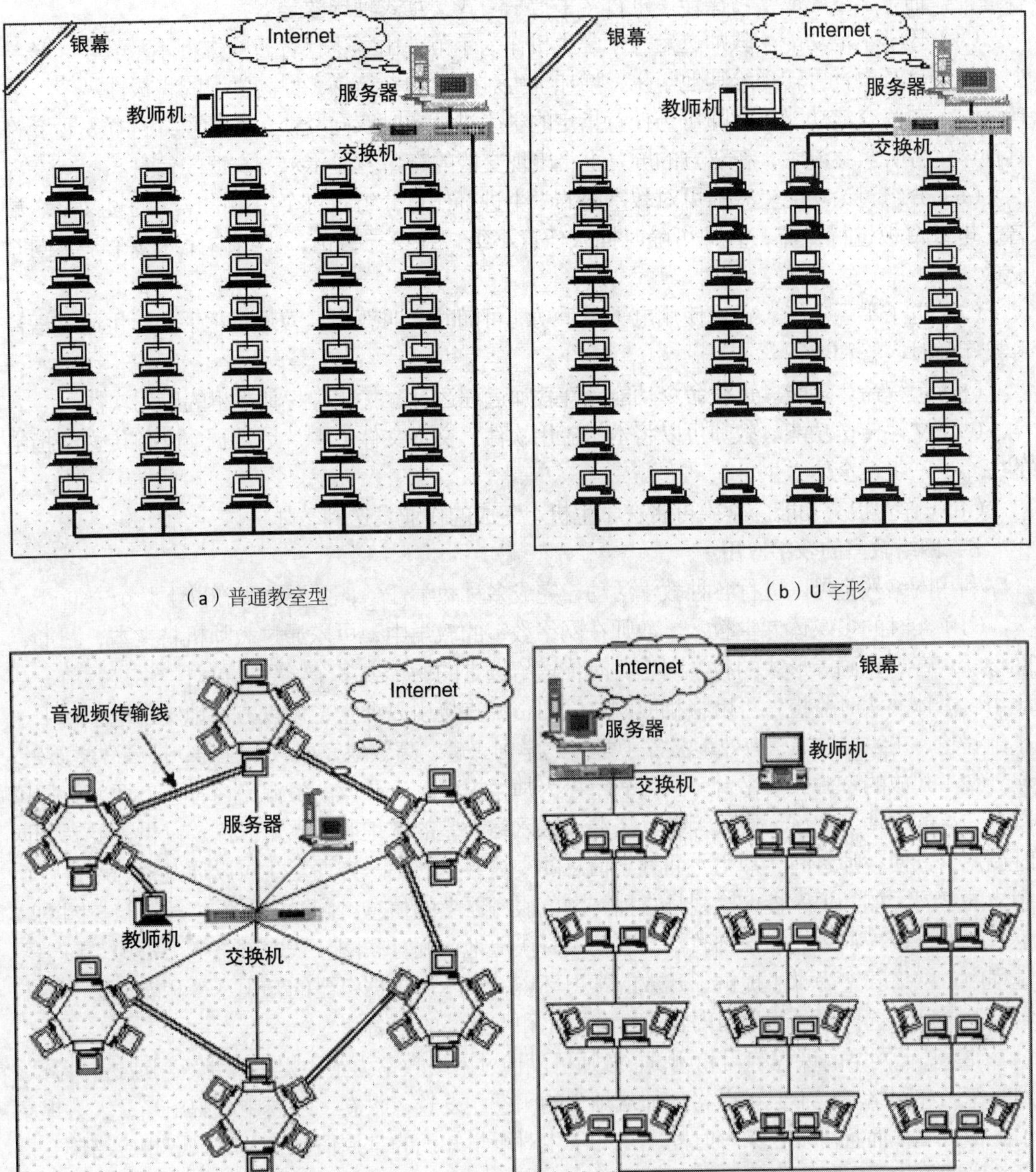

（a）普通教室型　（b）U字形

（c）小组协作型　（d）综合型

图 2.30 网络教室的设备布局方案

2．网络教室主要功能

一般情况下，网络教室应具备以下功能。

（1）广播教学功能。可将教师机的计算机屏幕画面、语音等多媒体信息实时广播给全体、群组或单个学生。

（2）屏幕监视功能。教师可在教师机上实时监视每个学生的计算机屏幕，观察学生的学习情况。可对单一、群组或全体学生进行多画面和单一循环监视。

（3）远程遥控功能。教师可远程接管选定的学生机，控制学生机的键盘和鼠标，对学生远程遥控，辅导学生完成学习操作，进行“手把手”式交互式辅导教学。

（4）教学示范功能。教师选定一个学生机作为示范，由学生代替教师进行示范教学，该学生机的屏幕及声音可转播给其他学生，增加学生对教学的参与感，提高学习的积极性。

（5）在线交流功能。教师可与任意指定的学生进行实时双向交谈，教师可以选择是否允许其他学生旁听。交流时，在双方的屏幕上将出现交谈的窗口，显示双方交谈的信息。

（6）分组讨论功能。教师可对教室内的学生进行任意分组，每个小组的学生通过文字、语音、电子白板进行交流，教师可随时插入任意小组，并参与讨论，小组内允许多个学生同时交谈。

（7）电子举手功能。学生使用电子举手功能可随时呼叫教师。教师对举手的学生通过语音和文字随时应答和查看。

（8）远程命令功能。远程命令功能允许教师远程运行、关闭学生计算机的应用软件。

（9）文件传送功能。教师可以将本机应用软件、文本文件、图片等数据、文件传送给指定的一个、一组、全体学生。

（10）作业提交功能。学生可将在学生机上完成的作业发送到教师机。

3．网络教室的教学应用

利用网络教室可以进行各种教学活动，完成多种教学任务，主要体现在以下几个方面。

（1）实时的多媒体课堂教学。教师在网络教室的教学中，可以通过教师机将文本、图形、图像、声音、动画等形式的教学内容实时传送给选定的一个或多个学生，可对学生进行单一、小组、全体的实时监控，可以将相应网络学习资源直接引入课堂，可以方便地实现电子举手、小组讨论、在线辅导等，有效地激发了学生的学习兴趣，高效地完成教学任务，提高教学质量。

（2）开放的资源共享平台。网络教室可为师生提供一个开放的资源平台，一方面，教师可以把自己的课件、案例、讲义等教学资源放入网络教室的本地服务器资源库，以供需要者上课时调用，方便教师之间、师生之间教学信息的交流共享；另一方面学生可以通过资源库进行个别化的学习，如知识库查询、视频点播、浏览服务器上的信息；同时通过网络教室与校园网、互联网的连接，师生们能根据教学需要，实时快捷地访问互联网，获取网络学习资源。在学习过程中，网络教室为学生提供了开放的学习环境，学生可根据自己的知识水平和能力层次控制学习的进度，选择不同的学习内容进行个别化和交互性的学习。

（3）基于网络的课程练习和测试。教师可以通过网络教室为学生提供课堂练习或进行考试。网络练习和网络考试不但可以将教师从烦琐的印卷、发卷、收卷、改卷中解脱出来，大大提高了工作效率，而且可以在第一时间里得知学生对所学知识的掌握情况，及时采取相应措施，提高教学效果。

2.2.4 微格教室

微格教学（ Microteaching ）又称微型教学，是由美国斯坦福大学艾伦（D.Allen）教授等人创立的一种利用现代视听设备（摄像机、录像机等），专门训练学生掌握某种技能、技巧的小规模教学活动。进行微格教学的一般方法是：由受训者（人数以 10 人为宜）用 10~15 分钟的时间，对某个教学环节，如“组织教学”或“授新课”进行试讲。试讲情况由录像机记录，指导教师和受训者一起观看，共同分析优缺点，然后再做训练，直至掌握正确的教学技能。由于这一训练活动只有很少人参加，时间很短，而且只训练掌握某一教学技能，所以称之为微格教学。

微格教室是在装有电视摄像、录像系统的特殊教室内，借助摄像机、录像机等媒体，进行技能训练和教学研究的教学环境。一般用于师范院校的学生和在职教师教学技能训练的模拟教学活动。在20世纪70年代末，微格教学已逐步被一些国家作为培训教师教学技能、技巧的一种有效方法而采用。在英国，有90%以上的教师培训院校开设了微格教学课程。这门课一般安排在大学四年级，经过微格教学的学习后再到中学进行教学实习。我国从20世纪80年代开始引进这种教学方法。微格教学依照教育学与心理学理论，以现代视听技术为手段，对学生和教师进行模拟教学训练，对学生和教师教学行为的训练起到显著的作用。

1．微格教室的结构

从技术模式来看，微格教室可分为视听型和多媒体型。视听型微格教室一般由摄像机、录像机、视音频切换器、混音器、监视器、云台控制器和话筒等多种视听设备构成，并通过视听技术手段实现教学实况录像、播放、转播、监控和示范教学等功能。多媒体型微格教室是在视听技术基础上引进多媒体技术和通信控制技术，通过多媒体计算机实现对各室的录像、播放、转播和监控，并实现对各室摄像机云台的控制。

不同类型的微格教室，其系统结构稍有不同，最简单的微格教室可由模拟教室（微型教室）和控制室组成，但从系统的组成原理来看，微格教室都是由视频摄像系统、音频系统、切换、转播系统和录像播放系统等部分构成的，如图2.31所示。

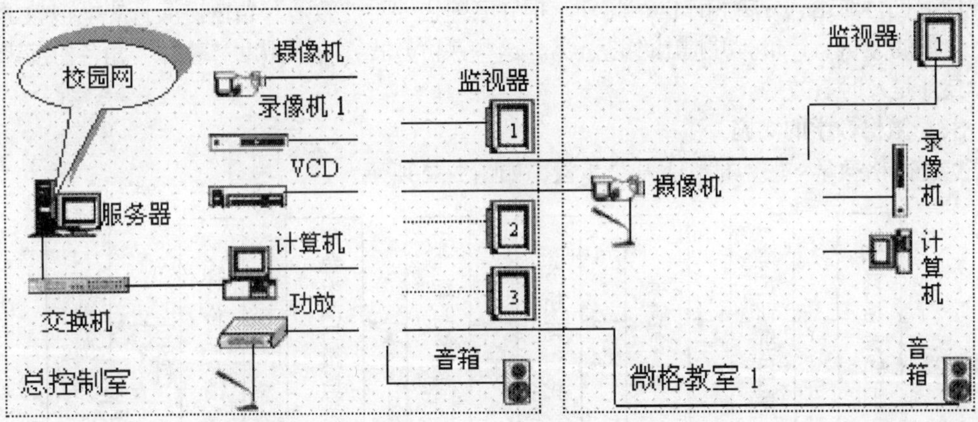

图 2.31 微格教室基本结构

2．微格教室的功能

（1）教学功能

① 教学模拟。微格教室可以同时开展一组或多组微格教学活动，同时对一个或多个学生进行模拟教学（或其他技能）训练。教师课堂教学基本技能包括导入教学技能、应变教学技能、讲解教学技能、板书板画教学技能、媒体演示操作教学技能、提问教学技能、反馈强化教学技能、归纳总结教学技能、课堂组织教学技能等，微格教室都应该具备训练这些技能的功能。

② 示范观摩。利用示范观摩室（也可兼作模拟教室使用），可以让全班学生集中观摩教师的教学示范。往往在学生模拟教学之前，指导教师通过示范观摩室进行示范讲解，分析典型课例，组织学生观看优秀教师课堂教学录像，给受训学生或教师提供示范，以便仿效。

（2）管理功能

① 实况录像与播放。微格教室具有实况录像与播放功能，在中心控制室可以对各个模拟教室进行教学实况录像，并重播录像节目供各模拟教室观看，各室可以播放同一节目内容，也可以根据需要，不同室播放不同节目内容。

② 教学转播。微格教室具有转播功能，在中心控制室可以转播任一模拟教学现场供其他模拟教室或示范观摩室的师生观看。

③ 监视。微格教室具有全方位的监视功能，在控制室的监视器中，可监视各模拟教室的教学活动实况。

④ 控制。在控制室中，利用云台控制器可以控制各模拟教室的摄像头上下、左右移动和摄像头的调焦、变焦及光圈大小；利用矩阵切换器和录像播放系统，可以实现各路视频、音频信号的切换、转播和录像等功能。所有的控制操作均在控制台上完成。

⑤ 对讲。在控制室，教师可以与任一模拟教室进行双向对讲，以便于学生遇到问题时，教师能提供及时的指导。

（3）反馈评价

① 反馈及时、准确。在微格教室中，教师借助摄像监控系统可以实时掌握每一组学生的训练状况，学生在模拟教学训练后，通过及时重播录像，也可了解自己训练的情况。

② 评价客观、全面。在微格教学训练过程中，具有多种形成性评价方式：可以是“教师”角色扮演者通过重播自己训练的录像，肯定成绩，分析问题，进行自我纠正和评价；也可以是同组训练的“学生”角色扮演者通过听课、一起观看重播录像，对“教师”角色扮演者的模拟教学情况进行讨论、分析和评价；此外，指导老师也要对“教师”角色扮演者的模拟教学情况进行全面的分析、评价，并提出改进意见。这些评价方式，对于帮助“教师”角色扮演者提高教学技能是及时有效的。

3. 微格教学的实施

实施微格教学一般包括以下几个步骤，如图 2.32 所示。

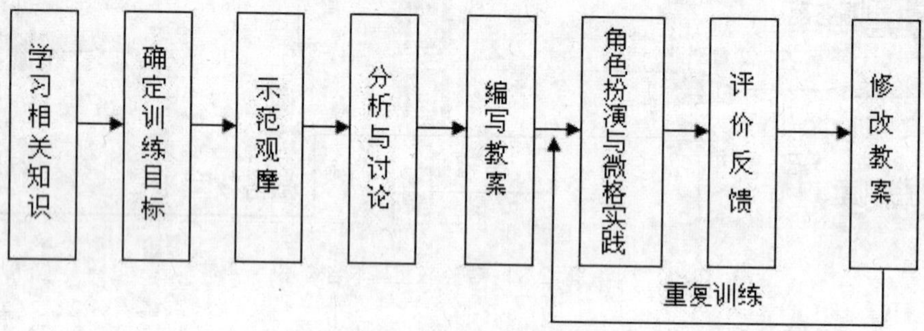

图 2.32 微格教学实施步骤

（1）学习相关知识。在实施微格教学训练前教师应组织学生学习现代学习理论、教育理论等相关知识。通过理论学习形成一定的认知结构，利于以后相关学习内容的同化与顺应，提高学习信息的可感受性及传输效率，以促进学习的迁移。

（2）确定训练目标。在进行微格教学之前，指导教师首先应该向受训者讲清楚本次教学训练的具体目标、要求、注意事项等，使学生明确训练规范和任务目标。

（3）示范观摩。教师可以为学生提供生动、形象和规范的微格教学示范影像材料，也可组织学生现场观摩示范教学。在观摩过程中，指导教师应根据实际情况给予必要的提示与指导。示范可以是正面的也可以是反面的，这样可帮助学生从多方面建立正确的认知。在指导过程中要注意培养受训者勤于观察、善于观察的能力，吸收、消化他人的教学经验的能力。

（4）分析与讨论。在观摩之后及时组织学生进行讨论，分析示范教学的优点及存在的问题。通过相互交流、沟通，集思广议，引导学生思考在课堂教学中应用教学技能的最佳方案，为下一步编写教案做准备。

（5）编写教案。确定教学技能、教学目标和教学内容后，学生进行相应教学设计，选择合适的教学媒体，编写详细的教案。教学时长一般为10~15分钟，教案中应强调教学技能的运用，还要注明教师的教学行为、时间分配及可能出现的学生学习行为及对策等。

（6）角色扮演与微格实践。将参加训练的学生以5~10人为标准分组，角色扮演即学生自己走上讲台，扮演教师实施教学，由小组的其他成员充当学生，是微格教学实践的重要组成部分。讲课时间视教学技能的要求而定，一般为10~15分钟。整个教学过程将由摄录系统全部记录下来，指导教师做好教学评价和指导工作。

（7）评价反馈。评价反馈是微格教学中最重要的一步。在教学结束后，指导教师要组织学生共同观看教学实况录像，分析存在的问题，指出有待改进的地方，检查实践过程是否达到了预期目标，是否掌握了所培训的教学技能。评价反馈可以分为个人自评、小组成员互评和教师评价。

（8）修改教案。评价反馈结束后，学生需在老师指导下，根据评价反馈环节中总结出的问题和反思，修改、完善教案，再次实践。在单项教学技能训练告一阶段后，要有计划地开展综合教学技能训练，以实现各种教学技能的融会贯通。

2.2.5 语言实验室

语言实验室（Language Laboratory，LL）又称语言学习系统，是一种装有录音系统和其他电化教育手段的供语言教学用的教室。语言实验室主要用于对学生进行听力、口语或翻译训练，以提高学生语音独立学习的能力。

1．语言实验室的分类

语言实验室的主要类型如下。

（1）简易型。一般分为两种：① 听音型(Audio-passiveLL，简称A-P型)，学生用耳机收听录音教材，是一种仅有单向语音传输功能的语言实验室，也称听音室；② 听说型(Audio-Active LL，简称A-A型)，师生均有耳机和传声器，因而是一种能进行问答对话、具有双向语音传输功能的语言实验室，一般还设有隔音座位。

（2）听说对比型(Audio-Active Comparative LL，简称A-A-C型)。除师生对话外，学生还可录制教师放送的录音教材和自己的口头练习，以进行对比。在有的听说对比型语言实验室，教师还可以遥控学生的录音机或监听、监录学生的作业。

（3）视听型(Audio Visual LL，简称A-V型)。可同时播放幻灯、电影、录像等视觉形象，以创造真实、生动的语言情景。视听型语言实验室也适用于多种学科的教学。

2．语言实验室的教学应用

目前，语言实验室在教学中主要用于语言教学，特别是外语教学。它已被认为是外语教学中不可缺少的手段，在促进外语教学、提高教学质量和效率方面，显示出了明显的优势。数字化语言实验室在教学中的作用如下。

（1）创造良好的语言环境。语言环境对于语言学习十分重要，学外语尤其如此。语言实验室可以利用各种视听设备，为学生创造出一种近似所学语种的国家的语言环境，通过视、听媒介获得图文并茂、声色俱全、形象逼真、情境生动的真实信息，使学习者仿佛亲耳听到外国人地地道道的语言，亲眼看到他们的实际活动，从而更好地模仿、练习外国人的语音、语调、动作甚至表情，学到地地道道的外语。这种身临其境的感觉，还有利于学生听力的培养和语言技巧的形成，使学生的学习自主化。

（2）增加学生实践机会，提高课堂教学效率。学习外语的目的在于运用，用学到的外语知识来表达自己的思想，开展文化和学术交流。对学习外语过程中的每个单词、每个句型、每种语法，都要通过大量的练习和实践，才能熟练掌握和灵活运用。语言实验室教学中，全班学生都可以各自精力集中，同时又不互相干扰，这样能使学生保持互不干扰而精力集中的积极状态，可以大大提高学习的效率和效果。所以语言实验室既可以增加学生的实践机会，又可以提高课堂教学的效率。

（3）便于因材施教，进行个别教学。语言实验室教学可以同时播放几套水平和进度各不相同的教材，这就为在同一班级内不同程度和水平的学生提供了程度不同的教学内容，改变了全班学生学习统一内容和同一进度的单一现象。教师通过平时的了解和课堂上的监听，可以掌握每个学生的学习情况，从而可向学生提供个别指导或符合其水平的教学内容，学生也可以根据自己需要去选择相应水平的教学内容，自定学习进度，还可以通过呼叫与教师取得联系，请求教师的个别解答或指导。

（4）提供有利的学习条件，便于学生自学。在语言实验室中学习，学生除接受教师的直接指导、听到标准录音外，可以根据自己的实际情况自定学习计划，选择适合自己水平和需要的内容，还能进行对比练习，对自己的练习做出客观的评判。这些有利的学习条件，使学生能够进行有效的自学。而且，通过语言实验室，学生可以从录音教材或视听教材那里获得教师的直接或间接的指导，充分发挥自己的主观能动性，从而更好地提高自学的效果。

（5）便于组织教学，促进教师改进教学方法。语言实验室的先进设备和灵活多样的功能，为教师活跃课堂教学提供了有利的物质条件。同时，课堂教学形式的改变和学生自学能力的提高，也要求教师改进教学方法。

2.2.6 基于多媒体教学环境的应用——计算机支持的协作学习

计算机支持的协作学习（Computer Supported Collaborative Learning，CSCL），是指利用计算机技术（尤其是多媒体技术和网络技术）建立协作学习的环境，使教师与学生、学生与学生在讨论、协作与交流的基础上进行协作学习的一种学习方式。CSCL 强调利用计算机来支持学生同伴之间的交互活动，在计算机网络通信工具的支持下，学生可突破地域和时间上的限制，进行同伴互教、小组讨论、小组练习、小组课题等合作性学习活动。

CSCL 是传统合作学习的延伸和发展，在协作学习中，教师的角色发生了变化：教师成为学生中的一员，其角色转变成指导者、咨询者、设计者、调解者；教师要掌握的不仅仅是教学内容的逻辑序列和目标的合理安排，更多的是学生的协作情况、学习进程的规划设计；教师进入 CSCL 环境要明白如何才能成为学生学习的得力助手，并适应新的环境。

1. CSCL 的特点

（1）交互性

① 传输信息丰富。

② 交互人数可变化(一对一、一对多、多对一、多对多)。

③ 交互的控制权可以均衡分配（高度集中或设计安排）。

④ 同步、异步交互均可。

⑤ 交互的过程可以记录保存。

（2）协作性

① 支持共享信息。

② 支持共享活动（如集体讨论、轮流发言）。

③ 支持角色扮演（调停者、指导者、组织者）。

④ 支持创造行为。

⑤ 支持控制管理。

2．CSCL 的基本步骤

从协作作学习的特征来看，采用计算机支持合作学习的教学设计，其目的不仅是让学生在合作气氛下获得更有效的学习，也是进一步由分工合作的学习经验，培养学生走向社会所需的各种能力。因此，在实施合作学习之前，教师在平常教学时，即应教导学生有关合作学习的常规进行程序。一般协作学习中，应当依照以下步骤进行。

（1）协作准备。为协作的发起和进行做初始准备，包括申请(或邀请)参与学习、确定协作目标和主题以及商定协作的其他事项。在确定学生进行合作学习所采用的课题时，必须考虑下列几个条件：① 适合学生能力；② 容易搜集资料；③ 教师或其他人员容易指导；④ 没有安全顾虑；⑤ 具有教育价值和社会意义。

（2）协作发起。首先，各合作成员注册并进入协同合作环境。其中，在多级分工协同环境中，应对不同的学习者限定不同的权限，以便约束他们对数据库的访问以及参与合作的层次。其次，根据合作目标和合作项目的要求，由教师决定合作的形式，即是教师指导下的合作学习还是学生自主式的合作学习。如果是教师指导下的合作学习，则由教师主持合作分工等工作；如果是学生自主式的合作学习，则应由合作群体成员协商确定(或由教师指定)合作主持人，确定分工等。对分工及交流，网络应加以记录，允许成员及时查询。

（3）群体设计。合作学习的性质，基本上是一种联合作业的方式。从心理学的观点讲，要使团体作业真正产生优于个人作业的效果，必须设法使团体中每个成员都有参与感。否则名为团体作业实则少数人主导的做法，就失去了合作学习的真谛。因此，合作学习开始时题目的选定，以及学习进行中各个步骤的安排，都要由各团体成员一致参与讨论形成团体设计。团体设计时教师可以参与，随时给以必要的帮助。

（4）协作进行。按团体计划，分工合作，各司其职，逐步实施。在合作学习的过程中的关键信息，如成员间通信内容、工作进度等，都应及时记录，以便综合利用，为合作学习的评价提供依据。同时，在合作学习的过程中应建立教师指导下的定期（不定期）总结机制，对总结结果及时通报，便于大家了解合作进度和成绩，确定合作目标，充分发挥成员能力。

（5）资料整理。合作学习取得的成绩、资料应进行整理。将所得的资料以最简单的统计方法做分门别类的处理。

（6）协同成果集成。合作学习以分组方式进行。每组以 3~7 人为宜。每组学习结果要定时向教师通报，以展现合作学习成就，并共同讨论以扩大其他学生的知识领域。通报结果时，自然也包括了检讨与批评。从咨询与辩解中，培养学生团体合作与随机应变的思维能力。

（7）协同结束。在总结合作学习的成果之后，由主持人宣布合作结束，合作成员退出本次合作学习过程。

2.3 教学实践案例

未来课堂——华东师范大学“未来课堂实验室”

华东师范大学“985 工程”、“教师教育创新基地和优势学科平台建设”项目子项目“教师实践创新的主阵地——未来课堂”课题研究中，进行了未来课堂实验室的开发与建设，实体图如图 2.33 所示。

图 2.33 未来课堂实验室实体图

作为未来课堂实验室，主要进行未来课堂教学设备的选型测试，桌椅组合样式的比较，环境、设施等的组合评价以及进行教学活动的设计、实验等。未来课堂实验室的主要空间布局包括教学展示区、小组合作学习区、游戏（体验）学习区等，如图 2.34 所示。

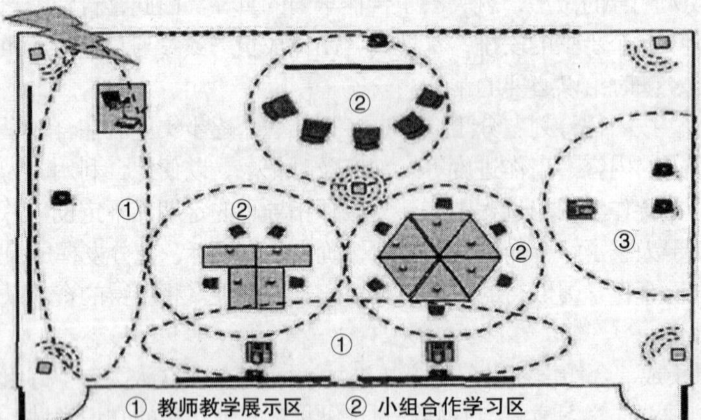

图 2.34 未来课堂实验室的主要空间布局

由于未来课堂实验室的空间限制，考虑到每个学习者所占的空间不少于 2.5m²，按照 15 人左右的规模进行建置。将学生分成 3 个组，每个组采用不同的桌椅，有桌椅一体的，有长方形的可移动桌，也有三角形的课桌，这样可以形成不同的小组组合样式，可以进行比较。由于未来课堂实验室中，在教室的前端设立了 2 台电子黑板（触控一体机），在一侧墙面上设置了两块交互白板，未来课堂教学中，教师的教学展示区就可以有两个，教师可以在教室的前端，也可以在侧面的两块白板（作为教学展示屏）前。教室两侧设置的 2 块交互白板和 1 台触控一体机在小组学习时分别供3个小组使用，教室后端有一个投影仪（具有光触控功能），主要供教学过程中进行视讯会议或是在进行游戏（体验学习）时创设情境之用，所以在教室的后端，设置了一个游戏（体验学习区），给学生提供一个可以进行游戏、角色扮演、体验学习用的小舞台，方便教师根据教学需要加以利用。

在技术配置上，未来课堂实验室除主要选用了两块交互白板和3台电子黑板（触控一体机）构成多屏显示学习空间外，基于无线路由和无线投影路由还实现了实验室的无线覆盖，实现了学习终端和显示终端的无线接入；为每一位学习者和授课教师提供交互终端，这些终端都可以借助于无线网络接入未来课堂云学习支持系统；未来课堂云学习支持系统主要实现教师与学生的学习资源的上传与下载，还提供即时反馈互动系统和在线测试系统，教师与学生亦可以利用云学习支持系统的反思工具进行反思、利用协同工具进行学习的交流与合作；智能实录系统的记录视频也可以自动上传到云学习支持系统中，供教师和学生课后使用。云学习支持系统在教学过程中可以即时给出老师组织的即时反馈活动和在线测试的结果分析，并对学生的学习情况进行汇总分析，为课后给学生进行个性化的学习资源推送提供支持。

未来课堂教与学的特点如下。

（1）教与学的形式是混合的。在未来课堂中，既有教师利用多显示屏进行集中讲授，也有学习者利用自己的交互学习终端进行自主学习，或是利用小组公用展示屏来进行小组交流、合作探究学习。未来课堂在教学设计上要充分综合利用这些教与学的方式组织教学活动，以促进学习者的学习与发展。

（2）教与学的活动是在一个多屏的环境下进行的。未来课堂是一个多屏的学习空间，包括给教师教学使用的双教学显示屏，为小组合作学习使用提供的小组公用屏，以及为师生提供的人手一台的交互终端显示屏。未来课堂中大部分教与学活动都需要和这些显示屏发生交互，教师在进行教学时可以充分运用这些显示屏来进行信息呈现、情境创设或教学活动组织等。

（3）教与学的过程具有一定的智能性。未来课堂中的设备通过无线连接到学习支持系统中，设备通过情境感知能够感知到学习者的学习需求，并能根据学习者学习状态的变化，进行智能调节，学习支持系统可借助于对学习者学习过程的智能分析实现学习者学习的个性化资源的智能推送。

（4）教与学的过程是高互动的。教师与学生使用的终端、教师教学用的教学展示设备（交互白板或电子黑板）、学生小组合作学习用的公用展示终端等都具有良好的互动性能，在教学课后练习过程中，教学者、学习者与课堂中的技术、资源和环境等相互之间都会产生互动，这些互动的存在都是为了支持未来课堂教与学活动的顺利实施。

（5）学习者的学习是有意义的学习。有意义的学习具有主动的、建构的、意图的、真实的和合作的5个彼此相互联系的特性。未来课堂中学习者的学习更多的是以学习者的个体学习与小组合作学习为主，在未来课堂云学习支持系统的支持下，学习者可以很容易将自己已有的知识与先前的经历联系起来，通过自主探究和小组合作探究过程可以在问题解决的过程中对自己的学习和发展有一个比较清醒的认识，也很容易对学习内容产生兴趣。

（6）教与学的过程是开放的。在未来课堂的教与学的过程中，可以借助于视讯会议技术实现远程课堂或实际工作、生活场景的接入，课堂中的学习者可以实现跟远程课堂、实际工作、生活场景中的个体之间的互动和交流。

（7）教与学是关注反思的。未来课堂的实录系统记录的视频以及交互终端记录下来的交互过程的生成性资源能为教师与学生进行课后反思提供素材，通过反思，有助于教师的专业发展和学生的深度学习。

（8）教与学的过程是课前、课中、课后一体化设计的。借助基于云端技术开发的未来课堂学习支持系统和为师生配置的人手一个交互终端，未来课堂的教与学活动的设计可以实现课前、课中、课后的一体化设计。

思考与练习

1. 教学媒体可以分为哪几类，分类依据是什么？

2. 简述常见的视觉媒体有哪些？它们在教学实践中是如何应用的？

3. "没有任何一种技术适合于任何场所，同样也没有任何一种媒体适合于任何教学"，请结合自己的专业和你的教学媒体观谈谈对这句话的理解。

4. 现代教学环境有哪些？请结合自己的专业和学习经历选择一种现代教学环境谈谈它对教与学的作用与影响。

5. 请介绍你所在学校中常见的教学媒体都有哪些（至少列举 3 种），它们具有哪些教学功能？并结合你所学的专业谈一谈如何利用各种教学媒体来促进和优化课堂教学。

6. 你认为在多媒体教室上课，教师的教学会有哪些变化？在多媒体教室组织教学时应注意哪些问题？

7. 简述网络教室的组成。结合自己的专业学习经历谈谈应用网络教室进行教学的注意事项。

8. 实施微格教学的基本步骤有哪些？实施微格教学时需要注意哪些问题？

PART 3

第 3 章 数字化教学资源

【学习目标】

- 了解数字化教学资源的概念、特点、标准及评价。
- 掌握数字化教学资源的分类、设计与开发的原则。
- 掌握数字化教学资源的获取与处理。
- 掌握数字化教学资源的应用原则。
- 在教学中能有效应用数字化教学资源。

【学习导图】

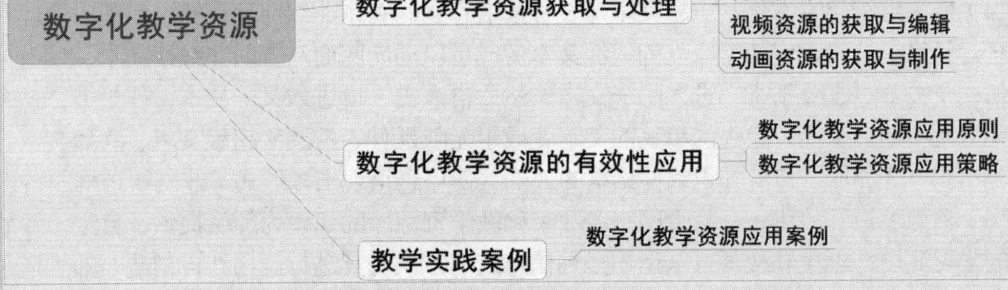

3.1 数字化教学资源概述

随着数字化技术的不断发展，教学资源日益呈现多元性、交互性、集成性的特点，基于网络的数字化教学资源库的建设，使教学时空得以延伸，为师生提供了丰富、灵活的教学资源和学习环境。了解教学资源的种类和特性，掌握教学资源的获取和应用方法，是教师应具备的重要基本功之一。

3.1.1 教学资源的概念

为了更好地认识数字化教学资源，必须先对教育资源和教学资源进行界定。

教育资源是人类社会资源之一。教育资源包括自有教育活动和教育历史产生以来，在长期的文明进化和教育实践中所创造积累的教育知识、教育经验、教育技能、教育资产、教育费用、教育制度、教育品牌、教育人格、教育理念、教育设施以及教育领域内外人际关系的总和。

随着教育事业的发展，教学资源作为学习与教学活动中必不可少的组成部分日益受到教师们的关注，资源建设也成为各个学校教学工作的重点之一。广义的教学资源是指在教学活动和学习活动中进行服务的各种人力和物力，它包括非生命的实物和信息，也包括具有能动性的有生命的人力资源，如教师的言语、动作表情、电视等。狭义的教学资源是指在教与学的过程当中所使用的各种硬件媒体以及承载信息的各种软件媒体，如图书，投影仪，视频展台，VCD，录像机，教学挂图，教学模型，网络上的各种音频、视频、动画等。

数字化教学资源是指经过数字化处理，可以在多媒体计算机及网络环境下运行的多媒体教学材料。与传统的教学资源相比，数字化教学资源具有以下特点。

（1）处理技术数字化——数字化处理技术将声音、文字、图形、图像、视频等教学信息经过转换器抽样量化，使其由模拟信号转换成数字信号，存储在信息技术设备（如计算机）上，供师生查询使用。

（2）呈现形式多媒体化——指利用多媒体计算机技术将教学信息以声音、文本、图形、图像、动画等多种形式有机组合，与传统的纯文字或图片处理信息的方式相比，经多媒体计算机处理的教学资源更加丰富多彩，能给学生提供多感官的信息刺激，提高教学效果。

（3）资源传输网络化——数字化教学资源可以通过网络实现远程传输，教师可以把相关知识和信息通过网络传输出去，学习者可以在异地任何一台联网计算机上获取自己需要的信息，拓宽了教学资源的时效性和使用范围，使教学资源真正实现了跨时空的资源共享。

（4）资源组织超文本化——超文本是一种按信息之间关系非线性地存储、组织、管理和浏览信息的计算机技术，它使得原先的线性文本变成可以通向四面八方的非线性文本，读者可以在任何一个关节点上停下来，进入另一文本，然后再点击、再进入又一文本，理论上，这个过程是无穷无尽的。从而，原先的单一的文本变成了无限延伸、扩展的超级文本、立体文本，这种资源组织方式克服了传统知识线性结构的缺陷，使信息呈现出多形式、非网状结构的特点。

（5）资源建设开放化——基于网络的数字化教学资源库的建设为师生提供了自主、开放、交互的学习环境，学生和教师可以运用多种信息处理方式对其进行运用和再创造，师生还可将自己制作的资源（如多媒体课件、教学案例、电子作业等）加入数字化资源库中。

数字化教学资源是教育信息化的产物，是推动教育教学改革、构建新的教学模式的基本前提。数字化教学资源的有效利用是每一位教育工作者应具备的基本能力，也是每一位教师信息素养的集中体现。加强数字化教学资源管理与应用的最终目的是优化教学，促进师生共同发展。

3.1.2 数字化教学资源分类

对于数字化教学资源目前较为权威的分类依据是《教育资源建设技术规范（征求意见稿）》。根据该规范，我国目前可建设的数字化教学资源主要包括：媒体素材（包括文本、图形、图像、音频、视频和动画）、试题库、试卷、课件与网络课件、案例、文献资料、常见问题解答、资源目录索引和网络课程。

1．媒体素材

媒体素材是传播教学信息的基本材料单元，可分为5大类：文本类素材、图形/图像类素材、音频类素材、动画类素材、视频类素材。

（1）文本资源。文字是我们进行信息交流的一种重要手段，是我们通过一定的符号来表达信息的一种工具。不同的媒体，呈现文字功能的能力也不一样。如报纸和杂志是以文字符号作为主要传播手段的媒体；电视也使用文字符号作为传播手段，但并不常使用，没有报纸杂志那样频繁，变化也不及报纸杂志那样多；网络传播在使用文字时，不仅有字体和字号大小的变化，而且还有新的拓展，IT 界一般用“文本”这个词来代表网络上的“文字”这个词。

（2）图形/图像资源。图形是教与学的过程中比较特殊的一种资源。因其是一种抽象化的图形，所以在传播中承载的信息量比较少。图形有数据量小、不易失真的特点。也正因为如此，图形在多媒体教学和网络传播中应用得比较多。

图像是一种比较常用的教学资源，是图片的主要表达形式之一。在信息技术环境下所使用的图片，与报纸杂志和电视使用的图片相比，有如下特点。

① 信息量大。信息技术环境下所用的图片，色彩比较丰富，层次感强，可以真实地重现生活环境（如照片）。

② 选择性强。静态图像非常逼真、生动、形象，可以提供较高质量的感知材料。由于图片多，传递的信息也多，受众在通过图片来获得信息时的选择余地就很大。受众可以根据自己的需要和爱好来挑选图片。

③ 受众可以对图片进行缩放和编辑。报纸、杂志在刊登图片时，其大小是固定的，不能变动，受众更不能对图片进行编辑。信息技术环境下所使用的图片，受众可以点击将图片放大或缩小，也可以用专门的软件对图片进行编辑和修改。显然，这是报纸杂志在使用图片时无法做到的。

（3）音频资源。音频即声音。音频包括波形音频、CD-DA 音频和 MIDI 音频。波形音频是记录声音的最直接形式，对记录与播放的环境要求不高，因此在媒体教学软件中应用最多，缺点是数据量比较大。CD-DA 音频又称数字音频光盘，是高质量立体声的一个国际标准。MIDI 音频的播放需要借助解释器，因此对环境要求比较高。但由于其数据量比较小，非常适合在呈现背景音乐的场合使用。音频属于过程性信息，有利于限定和解释画面。此外，在教学中利用音频传递教学信息，是调动学生使用听觉接收知识的必要前提。标准的解说、动听的音乐有利于集中学生学习的注意力、陶冶学生的情操、激发学生学习的潜力。

（4）动画资源。动画是通过连续播放一系列画面，给视觉造成连续变化的感觉的图画，是对事物运动、变化过程的模拟。它的基本原理与电影、电视一样，都是视觉原理。一般来说，用来传递信息的动画都需要借助专门的工具进行制作。按动作的表现形式来区分，动画大致分为接近自然动作的“完善动画”和采用简化、夸张的“局限动画”。如果从空间的视觉效果上看，又可分为平面动画和三维动画。从播放效果上看，还可以分为顺序动画（连续动作）和交互式动画（反复动作）。从每秒放的幅数来讲，还有全动画和半动画之分。

动画在制作过程中，忽略了事物运动、变化过程中的次要因素，突出强化了其本质要素，因此，有利于描述事物运动、变化过程。此外，经过创造设计的动画更加生动、有趣，有利于激发学习者学习的兴趣和积极性。

（5）视频资源。同动画媒体相比，视频是对现实世界的真实记录。借助计算机对多媒体的控制能力，可以实现视频的播放、暂停、快速播放、反序播放、单帧播放等功能。视频具有表现事物细节的能力，适宜呈现一些对学习者感觉比较陌生的事物。它的信息量比较大，具有更强的感染力。通常情况下，视频采用声像复合格式，即在呈现事物图像的时候，同时伴有解说效果或背景音乐。当然，视频在呈现丰富色彩的画面的同时，也可能传递大量的无关信息，如果不加鉴别，便会成为学生学习的干扰因素。

2．试题库

试题库是按照一定的教育测量理论，在计算机系统中实现的某个学科题目的集合，是在数学模型基础上建立起来的教育测量工具。

3．试卷

试卷是用于进行多种类型测试的典型成套试题。

4．课件与网络课件

课件与网络课件是对一个或几个知识点实施相对完整教学的用于教育教学的软件，根据运行平台划分，可分为网络版的课件和单机运行的课件，网络版的课件需要能在标准浏览器中运行，并且能通过网络教学环境被大家共享。单机运行的课件可通过网络下载后在本地计算机上运行。

5．案例

案例是指由各种媒体元素组合表现的有现实指导意义和教学意义的代表性事件或现象。

6．文献资料

文献资料是指有关教育方面的政策、法规、条例、规章制度，对重大事件的记录、重要文章、书籍等。

7．常见问题解答

常见问题解答是针对某一具体领域最常出现的问题给出的全面的解答。

8．资源目录索引

该索引列出某一领域中相关的网络资源地址链接和非网络资源的索引。

9．网络课程

网络课程指通过网络表现的、某门学科的教学内容及实施的教学活动的总和，它包括两个组成部分：按一定的教学目标、教学策略组织起来的教学内容和网络教学支撑环境，其中网络教学支撑环境特指支持网络教学的软件工具、教学资源以及在网络教学平台上实施的教学活动。网络课程顺应人们需要终身学习这一趋势，给人们随时获取新知识提供了便利和强有力的支持。

3.1.3 数字化教学资源设计

1．数字化教学资源选择与设计的原则

随着各种信息技术的发展及其在教育中的广泛应用，如何有效选择和开发恰当的数字化教学资源已成为当前信息化教学的迫切需求。在选择和设计数字化教学资源时，首先应考虑现成的资源中是否有合适的，若已有资源不甚合适，则考虑是否可对其进行修改完善以满足教学需要，若直接选取和修改都不行，就要设计开发符合教学要求的教学资源。在选择和设计数字化教学资源时一般应遵循以下原则。

（1）教学性原则。数字化教学资源应能满足教与学的需求，要有助于解决教学中的重点、难点、关键内容或文字教材难以解决的问题。另外，在学习进度的安排上和教学信息的呈现上要符合教与学的原理。

（2）科学性原则。数字化教学资源应能正确反映科学知识原理和现代科学技术。作为传授科学知识的教学资源，必须内容正确、目标明确。要达成这一原则，设计数字化教学资源时必须注意以下几点。

① 资源所呈现的知识内容、采用的图片以及配制的解说、音效等必须真实。

② 资源所论证的原理和定义必须准确。

③ 资源包含的模拟实验、动画等要符合科学原理。

（3）开放性原则。由于数字化资源以教学素材的形式提供给师生重组和使用，因此资源库应确保在任何时候、任何地方、任何师生都可以将电子作品纳入或取出重组使用。

（4）规范性原则。数字化教学资源的建设必须遵从一个统一的规范原则，在统一的技术标准规范下，教学资源应能适用于不同的教学情境和多种形式的学习。即从用户的角度，为方便地使用这些素材，需要对素材标注哪些属性，同时从可操作性的角度，规范属性的数据类型及编写类型，从效益的角度，避免重复建设。

（5）层次性原则。为保证资源库满足学习者按自己的知识水平和学习需求进行方便使用的目的，数字化教学资源应实行模块化管理，使学习者通过对不同层次资源的使用和重组，最大限度地发挥资源的个性化潜能。

（6）经济性原则。数字化教学资源的开发还需考虑具体经济条件，应以最少的投入开发出高质量、高性能的教学资源。对此，要强化对现有资源的数字化改造，避免资源的重复建设而造成的浪费。

2．数字化教学资源的设计思想

以教学资源管理和使用的便捷性为出发点，将所要开发和建设的数字化教学资源可分两大模块：一是教学资源本身，二是教学资源的描述信息。

教学资源模块即数字化视频、音频、多媒体等资源。该模块包括 3 个大类：第一类是以知识点为基础的、经过数字化技术处理的教学素材，包括图形、表格、公式、曲线、文字、声音、动画、视频等多维信息的素材型资源；第二类是为帮助教师讲授某一教学难点或帮助学生学习某一知识技能而设计的类似于小型课件的教学单元；第三类是动态资源，它是指在数字化学习环境下学生和教师的若干学习成果和作品的汇集，这类学习成果或作品是在一定教学目标的指导下师生进行创新思维和问题解决的学习成品，具有一定的教学性，并可在计算机上存储、传输、演示和应用。

设计数字化教学资源时，为达到资源在更大范围内的相互操作性和可重组性，还必须对其进行相关的描述。这些描述性信息构成了数字化教学资源的第二大模块，即资源的描述信息模块。该模块涉及 8 个要素，即① 资源的整体特征描述：用于对教学资源进行整体描述的通用信息；② 历史和现状描述：用于对数字化教学资源的历史和现状的有关属性描述；③ 元描述：提供描述信息本身（注意不是教学资源）的一些信息；④ 相关技术描述：描述建设数字化教学资源所使用的相关技术要求和特征；⑤ 教学特性描述：描述教学资源的教育和教学特征；⑥ 知识产权描述：有关数字化教学资源知识产权和使用条件的信息；⑦ 类属信息描述：描述该教学资源在特定的分类系统中所处的位置；⑧ 评价信息描述：提供在教学使用上对该教学资源的一些评价，以及这些评价的作者和时间等。基于这种分类方法的数字化教学资源的开发范式如图 3-1 所示。

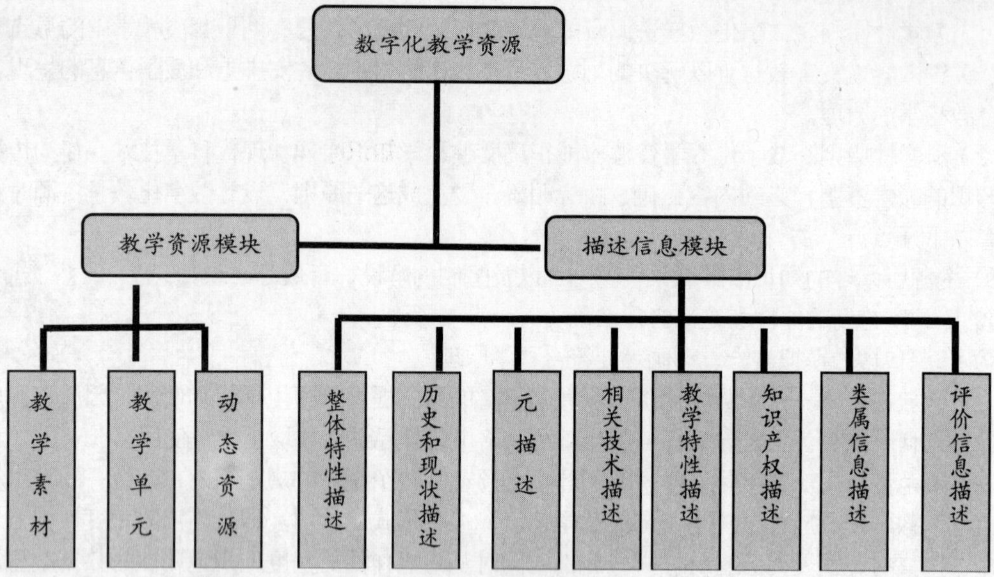

图 3-1　数字化教学资源开发范式图

3．数字化教学资源来源途径

数字化教学资源的来源主要有 3 个途径：一是将现有的教学资源进行数字化改造；二是师生创作的电子作品；三是由专业人员开发建设的资源。

（1）现有教学资源的数字化改造。我国现存的教学资源中，除近几年开发的数字化教学资源外，大部分还是在几十年教育教学实践中积淀的印刷品、音像制品等传统教学资源。这些资源数量庞大，且其中不乏精品，即使在今天也仍有较高的教学价值。对这些教学资源进行数字化改造既有经济效益又有社会效益，在挽救一大批有教学价值资料的同时，对于节约有限的教育经费、缓解优秀教学资源匮乏的现状意义重大。

现有教学资源中的图片和文字材料可通过数码技术，如数字相机、数字扫描仪，转化为可在计算机上加工、处理、传输的数字化教学资源。音像教材也可借助相关的设备和计算机应用软件进行数字化改造。随着数字技术的进步，传统的广播电视教学所使用的模拟设备逐渐被取代，数字化音像资源在教学中的应用将越来越广泛。

（2）师生创作的电子作品。这部分动态教学资源是在数字化学习环境中产生的一种新型教学资源。电子作品有 3 种基本类型，即① 展示型作品，这是学生作业的电子稿，教师可选择最优秀、最典型的学生电子作品，将其发布到网上供其他同学观摩学习；② 师生交流作品集，这类作品往往称为教学作品集，主要来源于教师与学生之间相互交流，交流作品可能是师生就某一问题的讨论结果，也可能是教师对学生疑难问题的答复；③ 教师对学生进行评价的作品集，这部分资源来源于教师对学生作品进行评价并给出分数等级的教学评价活动。

（3）由专业人员开发建设的资源。这是数字化教学资源的主要来源，其设计与开发一般有以下几个步骤。

① 初期制作。

a．搜集素材。由于各种媒体在信息呈现形式上互不相同，为满足不同的教学需求，需搜集各种形式的媒体素材。对此，可采取购买、自行创建、网络共享等方式来获取文本、图形、图像、动画、音频、视频等所需素材。

b. 对素材进行分类与描述。即按照某种标准对各种素材资源进行分类，并对每类素材对象的类别、格式等属性做出清晰的描述。

② 素材集成。经过初期制作的各种素材，在形式上还比较零散，教学功能也比较差，因而需要将各种零散的素材集成为完整的教学资源单元。创作人员可应用多媒体集成软件对文本、图形、图像、声音、动画及影像等素材集成编辑。目前可用于集成多媒体素材的软件有很多，比较常用的有 PowerPoint、Authorware、方正奥思等。经集成后的多媒体素材教学功能强，可直接应用于教学之中。

③ 对资源内容标引。经上述加工的素材，还需有专业人员要对其进行标引。标引工作包括分析资源内容、给出主题、对资源内容置标等。

④ 质量检查。检查的内容包括标引的正确性，图像、声音及视频质量，文件大小、格式等。

⑤ 归档。当资源制作完成后，需要将全部数字化文件归档，存入资源库。将数字化教学资源做入库处理时，一方面要注意对资源进行分类，以利于快速检索；另一方面还要对资源进行相应的说明，指出其获取手段、来源以及适用于解决的问题等。

同时，在资源建设过程中应注意 3 个方面的问题：① 知识产权的保护； ②要使用一些通用的标准对教学资源进行规范管理；③ 为了防止资源的流失和损坏，应做好管理和维护工作。

4．数字化教学资源建设中存在的问题

在当前各级各类数字化教学资源建设中，普遍存在以下问题。

（1）缺乏统一标准，兼容性差。虽然教育部为规范教育资源建设制定了一系列规范，特别是在资源的结构、资源类型和资源属性等方面制定了统一的标准，要求按照统一的资源建设标准来建设资源。但许多学校在资源建设中，缺乏统筹规划和规范管理，资源形式单一、通用性差，内容凌乱重复，无法从资源所描述的内容和知识点上进行管理。而软件公司开发的教学资源，由于每个公司开发理念的不同或技术保护的需要，内部结构和接口都不一样，用户无法将不同资源进行有效的组合，兼容性较差。因此，形成统一的资源建设标准，是当前急需解决的首要问题。

（2）缺乏有效流通，共享性差。网络教育的最大优势就是它能实现教学资源的共享。但现在的各个学校的教学资源多为内部使用，相互之间缺乏交流沟通，故步自封，各校资源互相独立，出于经济利益等方面的原因，许多资源只允许本地用户或者缴费用户使用，大大削弱了资源的可用性，易造成教学资源的重复建设和资源的严重浪费。因此一方面要加强可行的资源建设标准制订，另一方面要考虑采用何种管理机制有效管理分散存储的资源，实现优质教学资源的共享共建。

（3）缺乏专业技术支持，实用性差。一般情况下，学校数字化教学资源的建设的主要途径一是自行开发，二是直接购买或通过网络下载。学校普遍缺乏专业的制作队伍，由各学科老师针对自身教学需要自行开发的教学资源大都差强人意；而目前市场上出售的教学资源由于商家将开发策略更多地放在了“量”上，而不是“质”，将数据容量大作为卖点，资源内容与教学实际需求还有一定差距，许多资源并不符合教学实际的需要，资源的实用性不强；另一方面，从网络上下载的教学资源要拿为已用，需要使用者具备一定的信息技术处理技能和教育理论知识，对资源进行适当的修改调整，才能更好地用于教学实践中。

（4）缺乏有效反馈，缺少评价。教学资源的评价是对资源建设质量的把关，在资源建设和使用过程中，是一个不可缺少的重要环节。对资源进行评价主要从资源的教育性、科学性、技术性、艺术性等方面进行。而中小学在资源建设时并未建立起实用的评价体系和评价方法，对所建资源的实际应用价值缺乏应有的认识，没有很好结合实际教育教学的需要来收集制作整合资源。

3.2 数字化教学资源的获取与处理

3.2.1 文本资源的获取

1．文本资源的格式

文本是最容易获取和采用的一类媒体资源。多数教学平台和课件制作工具都对文本资源提供了良好的支持。比较常见的文本资源格式见表 3.1。

表 3.1　　文本常用格式一览表

文件扩展名	文件说明	常用打开软件
.txt、.inf	纯文本文件	记事本等
.doc、.docx	Word 文档	Microsoft Word
.wri	文本文件(Write）	写字板、Microsoft Word 等
.wps	WPS 文件	金山 WPS 等
.rtf	Rich Text Format 格式，是由微软公司开发的跨平台文档格式	写字板、Microsoft Word 等

2．文本资源的获取

文字是经常使用的媒体素材。在计算机中，获取文字的主要方法一是用键盘直接输入，二是采用 OCR 识别技术将图像文本转换为文本文字（如用扫描仪、数码照相获取的文字图像），三是利用语音录入技术输入文字素材（如语音录入王），四是从现有的文件中复制（网络或其他文件中）。下面对第二种方法即 OCR 文字识别技术做简单介绍。

OCR （Optical Character Recognition，光学字符识别）是指电子设备（如扫描仪或数码照相机）检查纸上打印的字符，通过检测暗、亮的模式确定其形状，然后用字符识别方法将形状翻译成计算机文字的过程；即对文本资料进行扫描，然后对图像文件进行分析处理，获取文字及版面信息的过程。

OCR 是一种非常快捷、省力的文字输入方式，也是在文字量比较大的今天，很受人们欢迎的一种输入方式。目前国内较流行的 OCR 文字识别软件有：云脉 OCR、文通 OCR、尚书 7 号 OCR（Shocr）等。图 3.2 所示是尚书 7 号 OCR 的窗口界面。

在尚书 7 号 OCR 中，只要按照“扫描/打开图像→版面分析→文字识别→输出结果” 4 个步骤进行，就可以很容易将图像文件或纸质文档中的文字转换成文本文件，实现文字的自动输入。

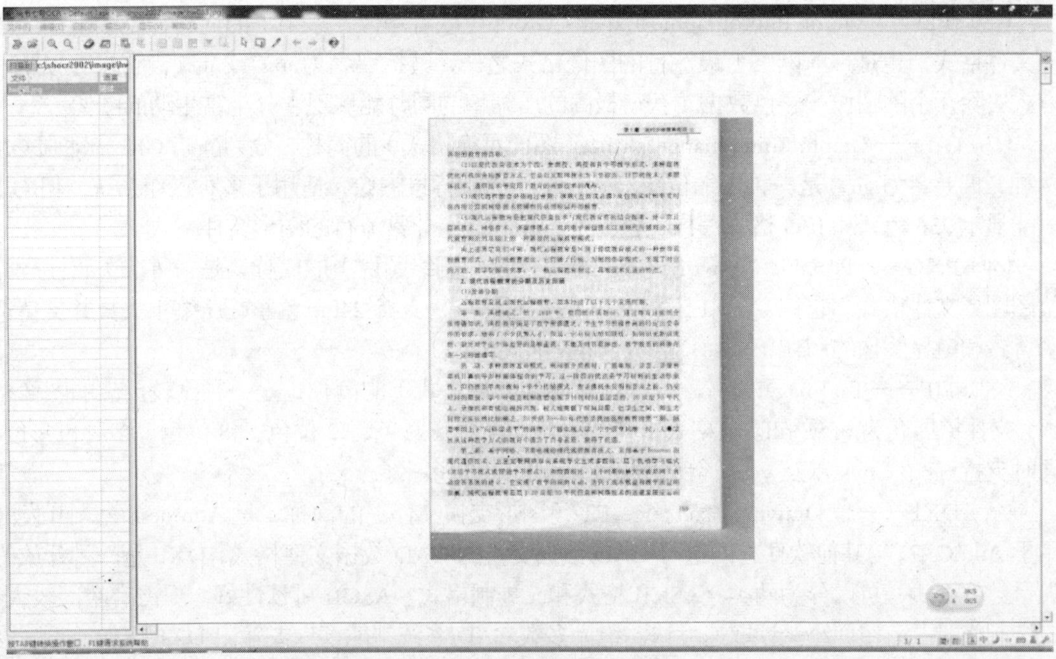

图 3.2 尚书 7 号 OCR 工作界面

3.2.2 图形/图像资源的获取与处理

教学资源中的图形/图像主要用于传递教学信息、美化界面或用作导航标志等。图形/图像是学习者比较容易接收的信息表达方式，它色彩丰富，生动形象，承载的信息量远远大于文本，可以提供高质量的感知材料，可以创设生动的课堂教学情境，真实地重现生活情境，使学习者产生身临其境的效果，从而达到激发学生学习兴趣、提高学习效果的目的，是课堂教学和多媒体课件中常用的媒体元素之一。

1．图形和图像的区别

在计算机科学中，图形和图像这两个概念是有区别的：图形一般指用计算机绘制的画面，如直线、圆、圆弧、任意曲线和图表等；图像则是指由输入设备捕捉的实际场景画面或以数字化形式存储的任意画面。

图像是由一些排列的像素组成的，在计算机中的存储格式有 BMP、PCX、TIF、GIFD 等，一般数据量比较大，它除了可以表达真实的照片外，也可以表现复杂绘画的某些细节，并具有灵活和富有创造力等特点；图形只保存算法和特征点，所以相对于位图（图像）的大量数据来说，它占用的存储空间也较小，常用的矢量图形文件有 3DS（用于 3D 造型）、DXF（用于 CAD）、WMF（用于桌面出版）等，它最大的优点就是容易进行移动、压缩、旋转和扭曲等变换，主要用于表示线框型的图画、工程制图、美术字等；另外，由于每次屏幕显示时都需要重新计算，故图形显示速度没有图像快；在打印输出和放大时，图形的质量较高而点阵图（图像）常会发生失真。

2．常见图形/图像格式

（1）BMP——Bitmap（位图）的简称，它是 Windows 操作系统中的标准图像文件格式，能够被多种 Windows 应用程序所支持。其特点是包含的图像信息较丰富，几乎不进行压缩，主要缺点是占用磁盘空间过大。

（2）JPEG——Joint Photographic Experts Group（联合图像专家组）的简称，是最常用的图像文件格式，也是目前网络上最流行的图像格式之一，其扩展名为.jpg 或.jpeg，它用有损压缩方式去除冗余的图像和彩色数据，获得极高的压缩率的同时能展现十分丰富生动的图像。

（3）GIF——GraphicsInterchangeFormat（图像互换格式）的简称，分为静态 GIF 和动画 GIF 两种，扩展名为.gif，是一种压缩位图格式，支持透明背景图像，适用于多种操作系统。但 GIF 只能显示 256 色，和 JPG 格式一样，也是一种在网络上非常流行的图形文件格式。

（4）PNG——Portable Network Graphics（便携式网络图片）的简称，是一种非失真性压缩位图图形文件格式。它综合了 JPG 和 GIF 格式的优点，支持 24bit 色彩，压缩不失真并支持透明背景和渐显图像的制作，是目前较为新型的图形格式。

（5）TIF——TagImageFileFormat（标签图像文件格式）的简称，是一种比较灵活的图像格式，文件扩展名为.tif 或.tiff。该格式支持 256 色、24 位真彩色、32 位色、48 位色等多种色彩位，同时支持 rgb、cmyk 以及 ycbcr 等多种色彩模式，支持多平台。

（6）DXF——是 Drawing Exchange File（图形交换文件）的简称，是 Autodesk 公司开发的用于 AutoCAD 与其他软件之间进行 CAD 数据交换的 CAD 数据文件格式，DXF 是一种开放的矢量数据格式，可以分为两类：ASCII 格式和二进制格式。ASCII 可读性好，但占有空间较大；二进制格式占有空间小、读取速度快。绝大多数 CAD 系统都能读入或输出 DXF 文件，不同类型的计算机可通过交换 DXF 文件来达到交换图形的目的，由于 DXF 文件可读性好，用户可方便地对它进行修改,编程，达到从外部图形进行编辑、修改的目的。

（7）CDR——CorelDraw 软件使用的一种图形文件保存格式。CorelDRAW 作为一个图形图像工具和矢量绘图软件，功能大致分为绘图与排版两大类，其非凡的设计能力被广泛地应用于商标设计、标志制作、模型绘制、插图描画、排版及分色输出等诸多领域，它给设计师提供了矢量动画、页面设计、网站制作、位图编辑和网页动画等多种功能，是目前被人们普遍认为最好的平面广告设计软件。

3．图形/图像素材的获取

图形/图像素材来源较广，获取方法主要有如下几种。

（1）利用抓图软件或 Windows 截图工具获取，常用的软件如下。

① 红蜻蜓抓图精灵（RdfSnap）：一款完全免费的专业级屏幕捕捉软件，能够让用户比较方便地捕捉到需要的屏幕截图。捕捉图像方式灵活，图像输出方式多样。具有屏幕取色、捕捉历史、捕捉光标、自定义捕捉热键、图片编辑、外接图片编辑器、实用工具等功能。捕捉到的图像能够以保存图像文件、复制到剪贴板、输出到画图、打印到打印机等多种方式输出。红蜻蜓抓图精灵官方网站 http://www.rdfsnap.com/。

② 超级屏捕（SuperCapture）：一款非常强大的专业图像捕捉软件，适用于任何需要对屏幕图像进行处理的用户，使用 SuperCapture 能极大节省处理屏幕图像的时间，提高工作效率。

③ HyperSnap: Windows 旗下使用较为广泛的一种抓图软件，它功能强大，使用方便，支持 DirectX 和 3Dfx GLIDE 游戏，以及 DVD 影像技术。

④ SnagIt:一个非常著名的优秀屏幕、文本和视频捕获、编辑与转换软件。可以捕获 Windows 屏幕、DOS 屏幕；RM 电影、游戏画面；菜单、窗口、客户区窗口、最后一个激活的窗口或用鼠标定义的区域。

⑤ UltarSnap：一个强大的屏幕捕捉工具，提供多种截取方式及自定义快捷键功能，对捕捉的截图提供强大的修饰工具，包括裁剪、更改大小、边框、阴影、亮度等功能，还可以自由输入文字及加入鼠标指标，支持 BMP、JPG、GIF、PNG 等多种图形文件。

⑥ Windows 7 截图工具： Windows 7 系统自带的一款小巧的截图工具，让用户无需借助第三方软件也可方便截图，在 Windows 开始菜单中单击“所有程序→附件→截图工具”即可启动，为用户提供了任意截图、矩形截图、窗口截图和全屏截图 4 种可选模式，操作简单，使用方便。

（2）运用外部设备获取图像。

① 使用扫描仪获取图像。可以通过扫描仪将图扫描转换成计算机数字图像文件，对这些图像文件，还可使用 Photoshop 等图像处理软件进行一些诸如颜色、亮度、对比度、清晰度、幅面大小等方面的调整，以弥补扫描时留下的缺陷。

② 使用数码照相机直接获取。利用数码照相机拍摄后再把拍摄的照片通过计算机的通信接口将数据传送到计算机上，再在计算机中使用 Photoshop、iSee 等软件进行处理之后应用到教学中。

（3）从视频中捕捉。利用暴风影音、RealPlayer、Windows Media Player、QuickTime、QQ 影音等视频播放软件，可以将屏幕上显示的视频图像进行单帧捕捉，变成静止的图形存储起来。如果电脑已装有图像捕捉卡，还可以利用它采集视频图像的某一帧而得到数字图像。这种方法简单灵活，但产生的图像质量一般难以与扫描质量相比。

（4）从素材光盘和教学资源库中获取。素材光盘和教学资源库中有丰富的背景图、按钮、插图、标志、纹理材质、风光照片和与教学内容相关的图像素材，如各种植物图片库、动物图片库、办公用品图片库等，这些图片清晰度高、制作精良，而且同一幅图还以多种格式存储，光盘可以在书店等处买到，从素材库光盘和教学资源库中选择所需要的图像是一条捷径。

（5）网上下载。网络中提供了各种各样非常丰富的资源，特别是图像资源。对于网页上的图像，可以用“图片另存为”选项把网页上的图片下载存储在本地机中使用；而对于有些提供了素材库的网站，都提供下载工具，可以直接把素材库中的图像素材下载到本地机中使用。

（6）使用专门的图形图像制作工具制作。对于那些确实无法通过上述方法获得的图形素材，就不得不使用绘图软件来制作。常用的有 FreeHand、Illustrator、CorelDRAW 等，这些软件中都提供了强大的绘制图形的工具、着色工具、特效功能（滤镜）等，可以使用这些工具制作出教学所需要的图像。

4．图形/图像素材的处理

图片处理软件是对数字数字图形/图像进行修复、合成、美化等各种处理的软件的总称。目前，常用的图片处理软件有 Photoshop、CorelDRAW、Flash、FreeHand、Adobe Illustrator、Firework、ACDSee 等。

（1）ACDSee，能方便地对图片进行获取、管理、浏览、优化等操作。使用 ACDSee 图片浏览器，可以从数码照相机和扫描仪高效获取图片，并进行便捷的查找、组织和预览。作为最重量级的看图软件，它能快速、高质量显示图片，再配以内置的音频播放器，就可以享用它播放出来的精彩幻灯片了。ACDSee V8.0 以上还能处理如 MPEG 之类常用的视频文件。此外，ACDSee 是一款实用的图片编辑工具，能够轻松处理数码影像，拥有去除红眼、剪切图像、锐化、浮雕特效、曝光调整、旋转、镜像等功能，还能进行批量处理。图 3.3 所示是 ACDSee 10 的工作界面图。

图 3.3 ACDSee 10 工作界面

（2）Photoshop，是 Adobe 公司旗下最为有名的图像处理软件之一，集图像扫描、编辑修改、图像制作、广告创意、图像输入/输出于一体，深受广大平面设计人员和电脑美术爱好者的喜爱，也是多媒体素材制作的好帮手。Photoshop 的应用领域很广泛，在图像、图形、文字、视频、出版各方面都有涉及，如平面设计、修复照片、广告摄影、影像创意、艺术文字、网页制作、建筑效果图后期修饰、绘画、绘制或处理三维贴图、婚纱照片设计、视觉创意、图标制作、界面设计等。图 3.4 所示是 Adobe Photoshop CS5 的窗口界面。

从功能上看，Photoshop 可分为图像编辑、图像合成、校色调色及特效制作部分等。

① 图像编辑是图像处理的基础，可以对图像做各种变换如放大、缩小、旋转、倾斜、镜像、透视等，也可进行复制、去除斑点、修补、修饰图像的残损等，这在婚纱摄影、人像处理制作中有非常大的用途。

② 图像合成则是将几幅图像通过图层操作、工具应用合成完整的、传达明确意义的图像，这是美术设计的必经之路。该软件提供的绘图工具让外来图像与创意很好地融合。

③ 校色调色可方便快捷地对图像的颜色进行明暗、色偏的调整和校正，也可在不同颜色进行切换以满足图像在不同领域如网页设计、印刷、多媒体等方面的应用。

④ 特效制作在该软件中主要由滤镜、通道及工具综合应用完成。包括图像的特效创意和特效字的制作，如油画、浮雕、石膏画、素描等常用的传统美术技巧都可由该软件特效完成。

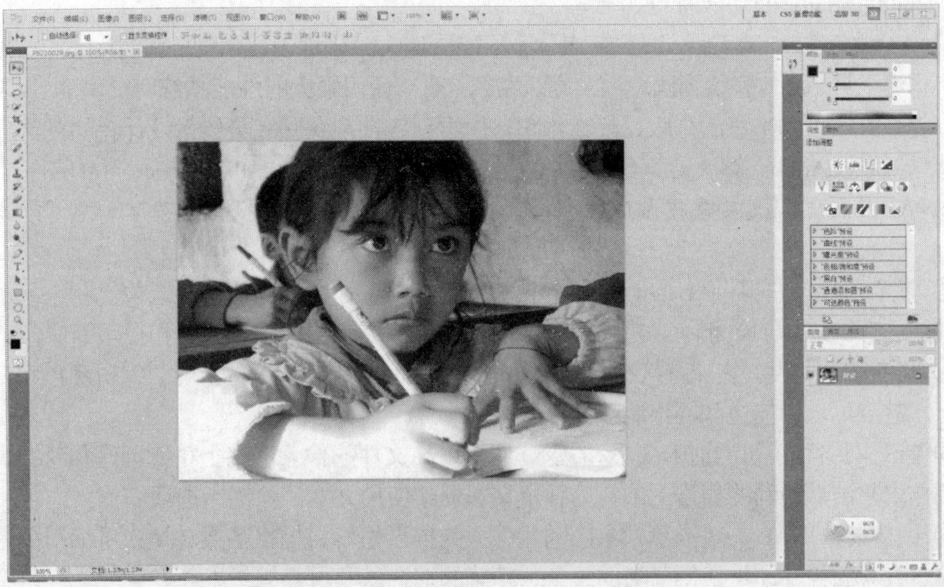

图 3.4 Adobe Photoshop CS5 窗口界面

（3）CorelDRAW，它是加拿大 Corel 公司出品的矢量图形制作工具软件，这个图形工具给设计师提供了矢量动画、页面设计、网站制作、位图编辑和网页动画等多种功能，其非凡的设计能力被广泛地应用于商标设计、标志制作、模型绘制、插图描画、排版及分色输出等诸多领域。

CorelDRAW 的功能特点如下。

① 界面设计友好，操作精微细致。它提供给设计者一整套的绘图工具包括圆形、矩形、多边形、方格、螺旋线，并配合塑形工具，对各种基本图形可以做出更多的变化，如圆角矩形、弧、扇形、星形等。同时也提供了特殊笔刷如压力笔、书写笔、喷洒器等，以便充分地利用电脑处理信息量大，随机控制能力高的特点。

② 智慧型绘图工具可充分降低用户的操控难度。该软件提供了一整套的图形精确定位和变形控制方案允许用户更加容易精确地创建物体的尺寸和位置，减少点击步骤，节省设计时间，这给商标、标志等需要准确尺寸的设计带来极大的便利。

③ 颜色是 CorelDRAW 美术设计的视觉传达重点。该软件的实色填充提供了各种模式的调色方案以及专色的应用、渐变、位图、底纹填充，颜色变化与操作方式更是其他软件都不及的，而该软件的颜色批管理方案使显示、打印和印刷达到颜色的一致。

④ 文字处理与图像的输出输入构成了排版功能。CorelDRAW 的文字处理功能是迄今图像处理软件中最为优秀的，其支持了大部分图像格式的输入与输出，几乎与其他软件可畅行无阻地交换共享文件。所以大部分用电脑作美术设计的设计者都直接在 CorelDRAW 中排版，然后分色输出。

（4）Adobe Illustrator（AI），是出版、多媒体和在线图像的工业标准矢量插画软件。作为全球最著名的图形软件，Illustrator 以其强大的功能和体贴用户的界面已经占据了全球矢量编辑软件中的大部分份额。无论是生产印刷出版线稿的设计者和专业插画家、生产多媒体图像的艺术家，还是互联网页或在线内容的制作者，都会发现 Illustrator 不仅仅是一个艺术产品工具还为线稿提供了无与伦比的精度和控制，适合生产任何从小型设计到大型的复杂项目。

Adobe Illustrator 的功能特点如下。

① 完善的矢量绘制工具。在任何媒体中均能快速又精确地创建生动的矢量图形。借助精准的形状构建工具、流体和绘图画笔以及高级路径控件，运用强大的性能系统所提供的各种形状、颜色、复杂的效果和丰富的排版，能让用户自由尝试各种创意并完美传达设计者的创作理念。

② 与其他 Adobe 解决方案集成。由于与行业领先的 Adobe Photoshop、InDesign、After Effects、Acrobat 和其他更多产品的紧密结合，使得项目从设计到打印或数字输出得以顺利地完成。

③ 多个画板。它提供给用户整理和查看多达 100 个大小不同的重叠或位于同一平面的画板，并能进行快速添加、删除、重新排序和命名，单独或一起存储、导出和打印等操作。

④ 渐变和透明度。它能直接在对象上处理渐变，定义椭圆渐变的尺寸、编辑颜色和调整不透明度。甚至可以为描边和网格制造渐变效果。

⑤ 针对网络和手机的清晰图形和文本。它可以在文件的像素网格上精确创建和对齐矢量对象，制作出整洁、锐利的栅格图形，为各个文本框架使用文本消除锯齿选项。

⑥ 图像描摹。AI 矢量描摹效果图利用强大的描摹引擎将栅格图像转换为可编辑矢量。使用简单、直观的控件即可获得清晰的线条、精确的拟合以及可靠的结果。

⑦ 透视绘图。在精准的 1 点、2 点或 3 点直线透视中使用透视网格绘制形状和场景，它可以创造出真实的景深和距离感。

⑧ 图案创建。它利用可随时编辑的不同类型的重复图案自由尝试各种创意，轻松创建无缝拼贴的矢量图案，可使设计达到最佳的灵活性。

⑨ 面板内外观编辑。在“外观”面板中直接编辑对象特征，无需打开填充、描边或效果面板。

⑩ 行业标准的图形文件格式。它可以使用几乎任何类型的图形文件，包括 PDF、EPS、FXG、Photoshop (PSD)、TIFF、GIF、JPEG、SWF、SVG、DWG、DXF 等。

⑪ Adobe PDF 文件创建工具。它可以创建更安全、多页、包含丰富图形的 PDF 文件并保留 Illustrator 图层。与了解 Illustrator 支持 PDF/X 标准的服务提供商分享机密文件。

⑫ 提高工作速度和稳定性。新的 Performance System 具备 Mac OS 和 Windows&reg 的本地 64 位支持，能够完成打开、保存和导出大文件以及预览复杂设计等原本无法完成的任务。

3.2.3 音频资源的获取与处理

在教学应用中，声音素材是多媒体课件和课堂教学的重要组成部分，按照声音的内容不同，可以将多媒体教学应用中的声音分为解说、效果声与背景音乐 3 大类。解说用于说明事物和现象，对学习者给予指导和引导；效果声用作模拟在特定场合中产生的音效，用于丰富教学内容所涉及的事物和现象，增加内容的表现力，不仅让学生观其形，还能闻其声；背景音乐用于烘托特定的内容情节的气氛，对学习的节奏和氛围给予一定程度的调节。

1．常见的音频格式

（1）WAV，是微软公司（Microsoft）开发的一种声音文件格式。WAV 文件作为最经典的 Windows 多媒体音频格式，应用非常广泛，它符合 RIFF(ResourceInterchangeFileFormat)文件规范，用于保存 Windows 平台的音频信息资源，被 Windows 平台及其应用程序所广泛支持，该格式也支持 MSADPCM、CCITTALAW 等多种压缩运算法，支持多种音频数字、取样频率和声道。标准格式化的 WAV 文件和 CD 格式一样，也是 44.1k 的取样频率，16 位量化数字，因此声音文件质量和 CD 相差无几。WAV 打开工具是 Windows 的媒体播放器。

(2) MP3 (Moving Picture Experts Group Audio Layer III，动态影像专家压缩标准音频层面 3)，是一种音频压缩技术，简称为 MP3。它被设计用来大幅度地降低音频数据量。利用 MPEG Audio Layer 3 的技术，将音乐以 1:10 甚至 1:12 的压缩率，压缩成容量较小的文件，而对于大多数用户来说，重放的音质与最初的不压缩音频相比没有明显的下降。

(3) RA (RealAudio)，是一种可以在网络上实时传送和播放音乐文件的音频格式的流媒体技术。RA 文件压缩比例高，可以随网络带宽的不同而改变声音质量。适合在网络传输速度较低的互联网上使用，此类文件格式有以下几个主要形式：RA (RealAudio)、RM (RealMedia，RealAudio G2)、RMX (RealAudio Secured)。这些格式统称为“Real”。

(4) WMV(Windows Media Video)，是微软推出的一种流媒体格式，是由 ASF (Advanced Stream Format) 格式升级延伸来的。在同等视频质量下，WMV 格式的体积非常小，因此很适合在网上播放和传输。AVI 文件将视频和音频封装在一个文件里，并且允许音频同步于视频播放。

(5) MIDI，即 MusicalInstrumentDigitalInterface (音乐设备数字接口)。它的作用就是让电子乐器之间、电子乐器和电脑之间通过一种通用的 MIDI 通信协议进行通信，从而方便作曲、编曲等操作。它的最大特点就是体积极小。

2. 音频资源的获取

获取音频素材的方法很多，一般有以下几种。

(1) 从光盘或网络上下载。

这是应用最为普遍的一种方法，在音像店出售的专业光盘和互联网上有着各种类型的丰富的声音素材，可以根据自身需要选择用于课堂教学和多媒体课件的制作中。这里需要强调的是如果从网络上下载，在查找所需声音素材时应注意查询技巧，灵活运用相应搜索引擎，如百度、Google、360 搜索等，高效准确地找到所需资源。

现将网络搜索引擎使用技巧介绍如下，这些技巧同样适用于其他网络资源的查找。

① 简单查询。在搜索引擎中输入关键词，然后点击“搜索”就行了，系统很快会返回查询结果，这是最简单的查询方法，使用方便，但是查询的结果却不准确，可能包含着许多无用的信息。

② 使用双引号。给要查询的关键词加上双引号（半角，以下要加的其他符号同此），可以实现精确的查询，这种方法要求查询结果要精确匹配，不包括演变形式。如在搜索引擎的文字框中输入“电音”，它就会返回网页中有“电音”这个关键字的网址，而不会返回诸如“电子音乐”之类网页。

③ 使用加号（+）。在关键词的前面使用加号，也就等于告诉搜索引擎该单词必须出现在搜索结果中的网页上，例如，在搜索引擎中输入“+大学+小学+中学”就表示要查找的内容必须要同时包含“大学、小学、中学”这 3 个关键词。

④ 使用减号（-）。在关键词的前面使用减号，也就意味着在查询结果中不能出现该关键词，例如，在搜索引擎中输入“背景音乐-自然音效”，就表示查询不包含“自然音效”的背景音乐。

⑤ 使用通配符。通配符包括星号（*）和问号（?），*表示任意个字符，? 表示任意一个字符。例如，输入“*.mp3”，表示查询全部的 MP3 文件，而输入“??.mp3”，则表示搜索的是文件名为两个字符的 MP3 文件。

⑥ 使用布尔检索。布尔检索允许同时输入多个关键词且各个关键词之间的关系用逻辑关系

符与（and）、或（or）、非（not）来表示。逻辑“与”表示所连接的两个词必须同时出现在查询结果中；逻辑“或”表示所连接的两个关键词中任意一个出现在查询结果中就可以；逻辑“非”表示所连接的两个关键词中应从第一个关键词概念中排除第二个关键词。

⑦ 使用括号。当两个关键词用另外一种操作符连在一起，而你又想把它们列为一组时，就可以对这两个词加上圆括号。

⑧ 使用元词检索。大多数搜索引擎都支持“元词”（metawords）功能，依据这类功能用户把元词放在关键词的前面，这样就可以告诉搜索引擎你想要检索的内容具有哪些明确的特征。例如，你在搜索引擎中输入“title:校园民谣”，就可以查到网页标题中带有校园民谣的网页。其他元词还包括：image，用于检索图片；link，用于检索链接到某个选定网站的页面，URL:用于检索地址中带有某个关键词的网页。

⑨ 区分大小写。这是检索英文信息时要注意的一个问题，许多英文搜索引擎可以让用户选择是否要求区分关键词的大小写，这一功能对查询专有名词有很大的帮助，例如，Web 专指万维网或环球网，而 web 则表示蜘蛛网。

（2）录制声音。可以通过麦克风自行录制声音文件，或者转录正在运行中的程序中的声音的方法来录制声音。利用声音处理软件 Goldwave、Cool Edit 等和 Windows 自带的“录音机”均可完成此项录制工作，在录制过程中要保证录制环境的相对安静，尽可能选用高质量的麦克风和声卡，以保证所录制的声音效果。

（3）从 CD、VCD 中获取声音素材。CD、VCD 是多媒体教学所需音乐的重要来源之一，它资源丰富、采集方便。可利用“格式工厂”等软件截取所需的声音素材并将其保存成 WAV 或 MP3 文件。

3．音频资源的处理

在获取了相应的音频资源后，我们还需要掌握一些基本的声音编辑处理功能，对声音文件进行一定的编辑、删减、插入、混入等处理，使其更好地用于教学实践中。

编辑声音文件的软件很多，如 Windows 中的录音机、Cool Edit Pro、Cakewalk、Goldwave 等。在这里，对 Windows 的录音机、Cool Edit Pro 、Goldwave 三种较常用的声音编辑处理软件做简单介绍。

（1）Windows 的录音机

Windows 7 自带的录音机是一个操作简单、功能一般的音频工具。它可以利用机内或机外话筒进行录音，是初学者进行声音录制的工具，操作较为简单，功能也较单一。图 3.5 所示是 Windows 7 自带的录音机的窗口。

图 3.5　Windows 7 录音机窗口

（2）Cool Edit Pro

Cool Edit Pro 是一款功能强大、效果出色的多轨录音和音频处理软件。它是一个非常出色的数字音乐编辑器和 MP3 制作软件，不少人把 Cool Edit 形容为音频“绘画”程序，可以用声音来“绘”制音调、歌曲的一部分、声音、弦乐、颤音、噪声或是调成静音，而且它还提供有放大、降低噪声、压缩、扩展、回声、失真、延迟等多种特技，可为作品增色。使用它可以生成的声音有：噪声、低音、静音、电话信号等。该软件还包含有 CD 播放器。它还可以在 AIF、

AU、MP3、Raw PCM、SAM、VOC、VOX、WAV 等文件格式之间进行转换，并且能够保存为 RealAudio 格式。图 3.6 所示是 Cool Edit 的窗口界面。

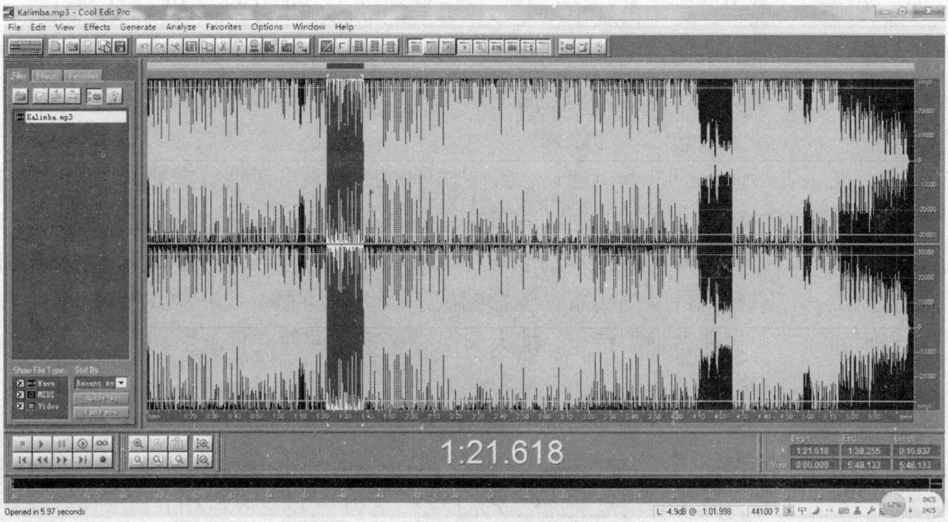

图 3-6 Cool Edit Pro2.1 主界面

（3）GoldWave

GoldWave 是一个功能强大的数字音乐编辑器。作为一个集声音编辑、播放、录制和转换功能一体的音频工具，它体积小巧，可以打开 WAV、OGG、VOC、 IFF、AIFF、 AIFC、AU、SND、MP3、 MAT、 DWD、 SMP、 VOX、SDS、AVI、MOV、APE 等音频文件格式，也可以从 CD、VCD、DVD 或其他视频文件中提取声音；它内含丰富的音频处理特效，从一般特效如多普勒、回声、混响、降噪到高级的公式计算均可处理。图 3.7 所示是 GoldWave 的主界面。

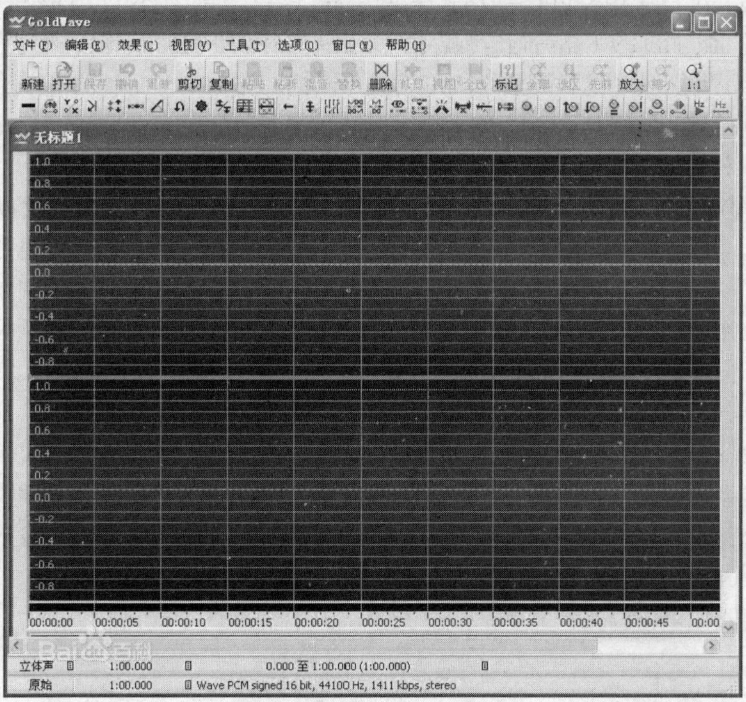

图 3.7 GoldWave 主界面

3.2.4 视频资源的获取与编辑

视频能客观记录现实，真实再现事物发生、发展的动态变化过程，表现事物细节，跨越时空限制，展现比较陌生的事物，拓宽人的视野，具有画面形象逼真，声画同步，变抽象理论为形象画面等特性，能帮助学生构建知识理解的情景，丰富知识内容，吸引学生的注意力，刺激学生的视听感官，提高学习的效率与效果。

视频影像来源于摄像机或录像机信号，经图像压缩后形成多媒体数据文件。它们的采集及加工需专门的视频编辑软件，常见的视频编辑软件有 Adobe Premiere、Video For Windows 和 Digital Video Producer(DVP)等。视频作为多媒体家族中的成员之一，在多媒体课件制作中占有非常重要的地位。它本身就可以由文本、图形图像、声音、动画中的一种或多种组合而成，利用其声音与画面同步、表现力强的特点，能大大提高多媒体课件的直观性和形象性。

1．常见视频文件格式

（1）AVI 格式，它是 Audio Video Interleaved（音频视频交错格式）的缩写，是将语音和影像同步组合在一起的文件格式。它对视频文件采用了一种有损压缩方式，但压缩比较高，因此尽管画面质量不是太好，但其应用范围仍然非常广泛。AVI 支持 256 色和 RLE 压缩。AVI 信息主要应用在多媒体光盘上，用来保存电视、电影等各种影像信息。

（2）MPEG/MPG 格式，MPG 又称 MPEG（Moving Pictures Experts Group），即动态图像专家组，由国际标准化组织 ISO(International Standards Organization)与 IEC(International Electronic Committee)于 1988 年联合成立，专门致力于运动图像（MPEG 视频）及其伴音编码（MPEG 音频）标准化工作。

MPEG 是运动图像压缩算法的国际标准，现已被几乎所有的计算机平台支持。它包括 MPEG-1、MPEG-2 和 MPEG-4。MPEG-1 被广泛地应用在 VCD（Video Compact Disk）的制作，绝大多数的 VCD 采用 MPEG-1 格式压缩。MPEG-2 应用在 DVD（Digital Video/Versatile Disk）的制作方面、HDTV（高清晰电视广播）和一些高要求的视频编辑、处理方面。MPEG-4 是一种新的压缩算法，使用这种算法的 ASF 格式可以把一部 120 分钟长的电影压缩到 300 M 左右的视频流，可供在网上观看。MPEG 格式视频的文件扩展名通常是.mpeg 或.mpg。

2．视频素材的采集

视频采集是将摄像机、录像机、LD 视盘机、电视机等输出的视频数据或者视频音频的混合数据输入电脑，并转换成电脑可辨别的数字数据，存储在电脑中，成为可编辑处理的视频数据文件。在视频采集工作中，视频采集卡是视频数字化和数字化视频编辑后期制作中必不可少的硬件设备。它分为专业和家用两个级别。专业级视频采集卡不仅可以进行视频采集，并且还可以实现硬件级的视频压缩和视频编辑。家用级的视频采集卡只能做到视频采集和初步的硬件级压缩。视频采集的主要途径有以下几种。

（1）利用视频采集卡从外部采集。转换流程如图 3.8 所示，通过视频采集卡，把摄像机拍摄的视频模拟信号转换成视频数字信号，转存到计算机中，利用相关的视频编辑软件，再对数字化的视频信号进行后期编辑处理，如剪切画面，添加滤镜、字幕和音效，设置转场效果以及加入各种视频特效等，最后将编辑完成的视频信号转换成标准的 VCD、DVD 以及网上流媒体等格式，方便传播和保存。

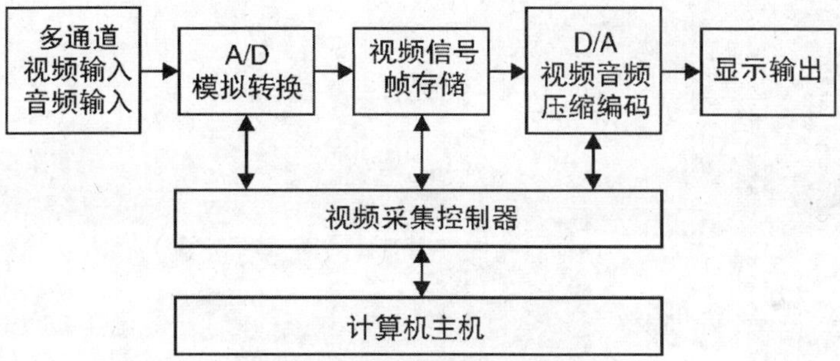

图 3.8　视频采集卡 A/D 转换流程

（2）用暴风影音软件从影碟或光盘上截取视频素材。利用暴风影音等软件来截取 VCD 上的视频片段，得到的视频画面的清晰度要明显高于用一般视频捕捉卡从录像带上采集到的视频画面。

（3）利用视频捕捉工具软件录制计算机操作制作视频教程。常用的屏幕录像工具软件有 ViewletCam、SnagIt、HyperCam 等，它们可用来记录屏幕的动态显示及鼠标操作，以获得视频素材。

其中，ViewletCam 是由 Qarbon 公司推出的操作简单、功能丰富的多媒体制作工具，使用它可以快速地录制、编辑与修改由计算机屏幕上录制下来的完整动态图像。ViewletCam 支持 AVI、GIF、SWF 等格式输出，可以自行添加图片声音解说，是一个可以快速、简单，又节省成本的制作高品质播放与高互动性动态内容的屏幕录像工具。

（4）从网上下载视频素材。互联网上也有大量的视频素材，也可以下载后在多媒体教学中使用。

3．视频的编辑处理

（1）视频格式转换。每一种格式的视频文件需要有对应的播放器：如 MOV 格式文件用 QuickTime 播放，RM 格式的文件用 RealPlayer 播放等。视频格式转换是指通过相应的视频编辑处理软件，将视频的格式互相转化，使其达到用户的需求。如通过“格式工厂”软件，可以任意转换各种格式的视频、音频等素材。

格式工厂（Format Factory）是一款由国人开发的，并免费使用、任意传播的多功能多媒体格式转换软件，适用于 Windows，可以实现大多数视频、音频以及图像不同格式之间的相互转换。转换可以具有设置文件输出配置、增添数字水印等功能。

格式工厂主要功能如下。

① 所有类型视频可转换为 MP4、3GP、MPG、AVI、WMV、FLV、SWF、RMVB（rmvb 需要安装 RealPlayer 或相关的译码器）等常用格式（包括开放格式）。

② 所有类型音频可转换为 MP3、WMA、AMR、OGG、AAC、WAV 等常用格式（包括开放格式）。

③ 所有类型图像可转换为 JPG、BMP、PNG、TIF、ICO、GIF、TGA 等格式（包括开放格式）。

④ 转换过程中可修复某些损坏的视频，进行媒体文件压缩，可提供视频的裁剪，支持 iPhone、iPad、PSP 等媒体定制格式，转换图像档案支持缩放、旋转、数码水印等功能，支持从 DVD 复制视频，支持从 CD 复制音乐，支持 60 个国家语言。图 3.9 所示为格式工厂窗口界面。

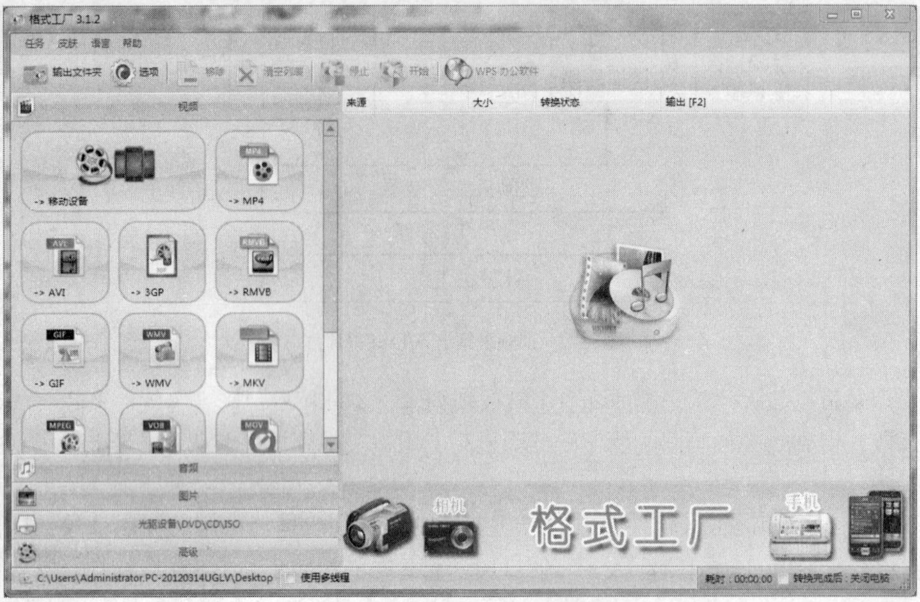

图 3.9　格式工厂窗口界面

（2）视频编辑。视频编辑软件是对视频源进行非线性编辑的软件，软件通过对加入的图片、背景音乐、特效、场景等素材与视频进行重混合，对视频源进行切割、合并，通过二次编码，生成具有不同表现力的新视频。常用的有 Adobe Premiere、Ulead MediaStudio Pro、Ulead Video Studio(会声会影)等。

① Adobe Premiere，是由 Adobe 公司推出的一款基于非线性编辑设备的视音频编辑软件，是一款编辑画面质量比较好的软件，不仅功能十分强大，又有较好的兼容性，且可以与 Adobe 公司推出的其他软件相互协作。Premiere 提供了采集、剪辑、调色、美化音频、字幕添加、输出、DVD 刻录的一整套流程，目前这款软件被广泛应用于广告制作和电视节目制作，也可以用于教学视频的编辑与制作，已成为应用最为广泛的视频编辑软件。

② Ulead MediaStudio Pro，ULEAD 公司推出的 MediaStudio Pro 是专为所有追求最新、最强、最高质量数字影片技术的用户所设计的超强软件，提供同级产品中唯一囊括影片捕捉、剪辑、绘图、动画及音频编辑 5 大模块的功能，支持最新 DV 与 IEEE 1394 应用及 MPEG-2 影片格式，可以轻松制作出具有专业水准的影片、录影带、光盘、网络影片。MediaStudio Pro 主要的编辑应用程序有 Video Editor(类似 Premiere 的视频编辑软件)、Audio Editor(音效编辑)、CG Infinity、Video Paint，内容涵盖了视频编辑、影片特效、2D 动画制作，是一套整合性完备、面面俱到的视频编辑套餐式软件。

③ Ulead Video Studio(会声会影)。对于普通非专业用户而言，Premiere 和 MediaStudio Pro 还显得太过专业、功能繁多，并不是非常容易上手。Ulead 公司推出的另一套编辑软件会声会影，便是一款完全针对普通用户的简便型编辑视频软件。

会声会影是一个功能强大的视频编辑软件，具有图像抓取和编修功能，可以抓取，转换 MV、DV、V8、TV 和实时记录抓取画面文件，并提供有超过 100 多种的编制功能与效果，可导出多种常见的视频格式，甚至可以直接制作成 DVD 和 VCD 光盘。它支持各类编码，包括音频和视频编码，是最简单好用的 DV、HDV 影片剪辑软件。

会声会影主要的特点是操作简单，适合家庭日常使用，具有完整的影片编辑流程解决方案，从拍摄到分享、新增处理速度加倍。适合普通大众使用，操作简单易懂，界面简洁明快。该软件还具有成批转换功能与捕获格式完整的特点，虽然无法与 EDIUS、Adobe Premiere、Adobe After Effects 和 Sony Vegas 等专业视频处理软件媲美，但其以简单易用、功能丰富的作风赢得了良好的口碑，在国内的普及度较高。

会声会影具有影片制作向导模式，只要 3 个步骤就可快速做出 DV 影片，入门新手也可以在短时间内体验影片剪辑。同时，会声会影编辑模式从捕获、剪接、转场、特效、覆叠、字幕、配乐，到刻录，全方位剪辑出好莱坞级的家庭电影。

其成批转换功能与捕获格式完整支持，让剪辑影片更快、更有效率；画面特写镜头与对象创意覆叠，可随意做出新奇百变的创意效果；配乐大师与杜比 AC3 的支持，让影片配乐更精准、更立体；同时还具有酷炫的 128 组影片转场、37 组视频滤镜、76 种标题动画等丰富效果。会声会影软件官网 http://www.huishenghuiying.com.cn。

3.2.5 动画资源的获取与制作

动画是通过把人物的表情、动作、变化等分解后画成许多动作瞬间的画幅，再用摄影机连续拍摄成一系列画面，给视觉造成连续变化的图画。它的基本原理与电影、电视一样，都是视觉暂留原理。动画技术较规范的定义是采用逐帧拍摄对象并连续播放而形成运动的影像技术。不论拍摄对象是什么，只要它的拍摄方式是采用逐格方式，观看时连续播放形成了活动影像，它就是动画。动画具有虚拟性，善于描绘想象和夸张的形象与运动，善于表现抽象事物，更能提炼和概括物体的形象与运动。

在教学中，使用动画可以对不易表现的现象做模拟演示，有利于揭示复杂事物的本质和发展规律，为提高教学质量创造了条件。同时，动画形象、生动，能够引起学生的注意力。动画节目对幼儿及少年有特别的吸引力，适合该年龄阶段学生的认知水平。

1. 常见动画文件格式

（1）AVI（Audio Video Interleaved），即音频视频交错格式，是将语音和影像同步组合在一起的文件格式。它对视频文件采用了一种有损压缩方式，但压缩比较高，由此尽管画面质量不是太好，但其应用范围仍然非常广泛。一般 AVI 格式的动画是用转换软件将其他的文件转换为该格式的动画文件。

（2）GIF (Graphics Interchange Format)，即“图像互换格式”，是 CompuServe 公司在 1987 年开发的图像文件格式。GIF 文件格式采用了一种经过改进的 LZW 压缩算法，通常我们称之为 G1F- LZW 算法。这是一种无损的压缩算法，压缩效率也比较高，并且 GIF 支持在一幅 GIF 文件中存放多幅彩色图像，并且可以按照一定的顺序和时间间隔将多幅图像依次读出并显示在屏幕上，这样就可以形成一种简单的动面效果。尽管 GIF 最多只支持 256 色，但是由于它具有极佳的压缩效率并且可以做成动画而早已被广泛接纳和采用。

（3）SWF，是 Macromedia 公司的动画设计软件 Flash 的专用格式，SWF 文件通常也被称为 Flash 文件，是一种支持矢量和点阵图形的动画文件格式。具有缩放不失真、文件体积小等特点，它采用了流媒体技术，可以一边下载一边播放，目前被广泛应用于网页设计、动画制作等领域。

2. 动画资源的获取

获取动画资源的方法一是从网络下载或从光盘等资源库直接获取；二是利用 Flash、Animator、3ds Max 等多媒体软件设计与制作。动画制作分为二维动画与三维动画技术，Flash、GIF 动画属于二维动画；我们见到的动画大片、电视广告、建筑动画等则运用了三维动画技术。

3．动画的制作

在模拟实验、仿真场景构建、运动轨迹等的学习中均离不开动画，下面对教学应用中最为普遍的二维动画制作软件 Ulead GIF Animator 和 Flash 做简单介绍。

（1）Ulead GIF Animator。很多软件都可以制作 GIF 格式的文件，如 Macromedia Flash、Microsoft PowerPoint 等，相比之下，Ulead GIF Animator 的使用更方便，功能也很强大。Ulead GIF Animator 不但可以制作静态的 GIF 文件，还可以制作 GIF 动画，这个软件内部还提供了 20 多种 2D 或 3D 的动态效果，使制作的 GIF 动画栩栩如生，足以满足网页和多媒体动画教学的要求。

与其他图形文件格式不同的是，一个 GIF 文件中可以储存多幅图片，这时，GIF 将其中存储的图片像播放幻灯片一样轮流显示，这样就形成了一段动画。 GIF 文件还有一个特性：它的背景可以是透明的，也就是说，GIF 格式的图片的轮廓不再是矩形的，它可以是任意的形状，就好像用剪刀裁剪过一样。GIF 格式还支持图像交织，当你在网页上浏览 GIF 文件时，图片先是很模糊地出现，然后才逐渐变得很清晰，这就是图像交织效果。

（2）Flash，是一种动画创作与应用程序开发于一身的创作软件，其为创建数字动画、交互式 Web 站点、桌面应用程序以及手机应用程序开发提供了功能全面的创作和编辑环境，设计人员和开发人员可使用它来创建演示文稿、应用程序和其他允许用户交互的内容。Flash 可以包含简单的动画、视频内容、复杂演示文稿和应用程序以及介于它们之间的任何内容。通常，使用 Flash 创作的各个内容单元称为应用程序，即使它们可能只是很简单的动画，也可以通过添加图片、声音、视频和特殊效果，构建包含丰富媒体的 Flash 应用程序。图 3.10 所示是 Macromedia Flash 8 的主界面。

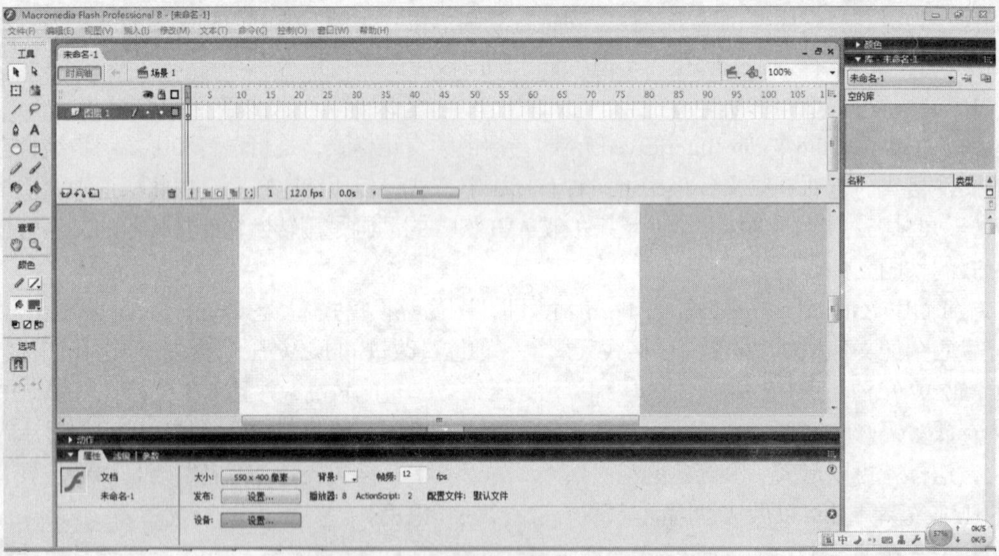

图 3.10 Macromedia Flash 8 主界面

Flash 动画设计的 3 大基本功能：绘图、编辑图形、补间动画和遮罩。

① 绘图。Flash 包括多种绘图工具，它们在不同的绘制模式下工作。许多创建工作都开始于像矩形和椭圆这样的简单形状，因此，能够熟练地绘制它们、修改它们的外观以及应用填充和笔触是很重要的。对于 Flash 提供的 3 种绘制模式，它们决定了“舞台”上的对象彼此之间如何交互，以及用户能够怎样编辑它们。默认情况下，Flash 使用合并绘制模式，但是用户可以启

用对象绘制模式，或者使用“基本矩形”或“基本椭圆”工具，以使用基本绘制模式。

② 编辑图形。绘图和编辑图形不但是创作 Flash 动画的基本功，也是进行多媒体创作的基本功。在绘图的过程中要学习怎样使用元件来组织图形元素，这也是 Flash 动画的一个巨大特点。Flash 中的每幅图形都开始于一种形状。形状由两个部分组成：填充（fill）和笔触（stroke），前者是形状里面的部分，后者是形状的轮廓线。

③ 补间动画和遮罩。

a. 补间动画是整个 Flash 动画设计的核心，也是 Flash 动画的最大优点，它有动画补间和形状补间两种形式。用户学习 Flash 动画设计，最主要的就是学习“补间动画”设计。在应用影片剪辑元件和图形元件创作动画时，有一些细微的差别，应该完整把握这些细微的差别。

b. 遮罩是 Flash 动画创作中所不可缺少的——这是 Flash 动画设计 3 大基本功能中重要的出彩点。使用遮罩配合补间动画，用户更可以创建更多丰富多彩的动画效果：图像切换、火焰背景文字等都是实用性很强的动画。并且，从这些动画实例中，用户可以举一反三创建更多实用性更强的动画效果。

在 Flash 中，遮罩就是通过遮罩图层中的图形或者文字等对象，透出下面图层中的内容。在 Flash 动画中，“遮罩”主要有两种用途：一种是用在整个场景或一个特定区域，使场景外的对象或特定区域外的对象不可见；另一种是用来遮罩住某一元件的一部分，从而实现一些特殊的效果。被遮罩层中的对象只能透过遮罩层中的对象显现出来，被遮罩层的对象可以是按扭、影片剪辑、图形、位图、文字、线条等，而遮罩层中的对象不能是按钮和线条。

3.3 数字化教学资源的有效性应用

数字化教学资源已成为现代教学的有力支持，具有其他教学手段无法比拟的优势，例如，场景再现、渲染氛围、简化步骤、动态演示、模拟实验等，对于培养学生发现问题、解决问题的能力等起着很重要的作用，但并不是说数字化教学资源就可以替代其他的教学手段，在具体教学实践中，如果数字化教学资源选择不当或应用不恰当，反而会适得其反，影响教学效果。因而应保证数字化教学资源在教学中的有效性应用。

3.3.1 数字化教学资源应用原则

要保证数字化教学资源的有效性应用，必须遵循以下原则。

1．目标控制原则

教学目标是贯穿教学活动全过程的指导思想，它不仅规定教师进行教学活动的内容和方式，指导学生对知识内容的选择和吸收，而且还控制资源类型和媒体内容的选择。以外语教学为例，让学生掌握语法规则和要求学生能就某个情境进行会话，是两种不同的教学目标。前者往往通过文字讲解并辅以各种实例来帮助学生形成语法概念；后者则往往通过反映实际情境的动画和语声使学生在具体的语言环境中去掌握正确的言语技能。不同的教学目标决定不同的资源类型和资源内容的选择。

2．内容符合原则

学科内容不同，适用的教学资源也不同；即使同一学科，各章节的内容不一样，对教学资源的要求也不一样。以语文教学为例，散文和小说体裁的文章最好通过能提供活动影像的教学资源来辅助教学，使学生有身临其境的感觉以加深对人物情节和主题思想的理解。对于数理学科中的某些定理和法则，由于概念比较抽象，最好通过动画过程把事物的运动变化规律展现出来(或把微观的、不易观察的过程加以放大)以帮助学生对定理和规律的掌握。同是化学学科，在讲解化学反应时最好用动画一步步模拟反应的过程；而在讲解分子式、分子结构以及元素周期表等内容时则以图形或图表的配合为宜。总之，对教学资源的选用和设计应依据教学内容来进行。

3．对象适应原则

不同年龄阶段的学生其认知结构有很大差别，教学资源的应用必须与教学对象的年龄特征相适应，否则不会有理想的教学效果。按照皮亚杰的儿童认知发展理论，小学生(6~12 岁)正好处于认知发展的第三阶段即“具体运算阶段”，其认知结构属“直觉思维图式”；而初中学生(12~15岁)则处于认知发展的第四阶段即“形式运算阶段”，其认知结构属“运算思维图式”，处于这一阶段的学生，思维能力有了较大发展，且抽象思维占优势地位。但是对初中学生来说，这种抽象思维仍属经验型，还需要感性经验的直接支持；而对高中学生(16~18 岁)来说，其抽象思维能力已得到进一步发展，逐渐由经验型过渡到理论型，即能在有关理论的指导下分析处理某些实际问题，并能通过对外部现象的观察归纳出关于客观世界的某些知识。

在教学资源的教学应用中应充分考虑上述不同年龄段的认知特点，绝不能用某种固定的模式。在小学低年级阶段，各学科教学资源应用的重点应放在如何实施形象化教学，以适应学生的直观、形象思维图式，因而应多采用图形、动画和音乐之类的资源素材使图、文、声并茂；在小学高年级阶段，则要把重点放在如何帮助学生完成由直观、形象思维向抽象思维的过渡，因而这一阶段的形象化教学可适当减少；在中学阶段，则应着重引导学生学习抽象概念，学会运用语言符号去揭示事物的内在规律，逐步发展学生的逻辑思维能力。在初中阶段尽管形象化教学仍不可缺少，但是只能作为一种帮助理解抽象概念的辅助手段，而不能像小学那样以形象化教学为主。否则将会喧宾夺主，达不到教学目标的要求。数字化教学资源的选择应用必须与教学对象的年龄特征相对应才会有理想的教学效果。

4．最小代价原则

最小代价原则就是在教学设计的过程中选择教学资源时，要根据能得到的效能和需要付出的代价来做决定，力求做到以最小的代价，得到最大的收获。研究表明，人们总是根据最小代价律来选择信息的，接受者对信息的预期选择率=可能得到的好处/需要付出的代价，要增加信息让人接受的可能性，要么增加好处值，要么减少付出的代价，而对于物化的教学资源而言，其传递教学信息的效果也即接受者得到的好处因其物理特征会受到限制，因而数字化教学资源不仅要包含较多的信息量，而且应该深入浅出、通俗易懂，以使学生能够只花较少代价就获得这些信息。

5．最优化原则

教师选择应用数字化教学资源时，应充分考虑最优化原则。随着各机构各学校教学资源库的不断建设和完善，网络强大的资源共享和数据通信功能让教师在进行教学设计时能很容易就获取到诸多与教学相关、内容丰富的教学资源，但这些丰富的资源没有必要全部应用于教学实践中，而是应围绕自己所讲授的内容——教学目标，根据教学对象——学生的心理与生理特点，精心选择那些具有针对性、科学性、趣味性、思想性、时代性的教学资源，要学会取舍，严防滥用。

除遵循上述原则之外，数字化教学资源的选择和应用还应该符合心理学原理，尤其是视听心理学原则和规律，选择符合学习者认知特点和视听心理特点的教学材料用于教育教学中，保证数字化教学资源能将所要表达的信息有效地呈现给学习者，以实现教学资源的有效性应用。

3.3.2 数字化教学资源应用策略

数字化教学资源应用的基本策略，可归结为一句话即“需要时应用”。在这句常识性的话中，蕴涵了教学资源应用时必须考虑的必要性、针对性、可行性和有效性等。

首先，要考虑教学目标，紧扣目标应用数字化教学资源。同时要考虑教学内容的设置、学生的心理特征、视听特征及学生的接受能力。

其次，依据应用数字化教学资源的原则：目标控制原则、内容符合原则、对象适应原则、最小代价原则、最优化原则；如果有现成的教学资源，尽可能利用现成的资源，这样可以省时省力；当已有的现成教学资源不太相符时，可进行适当删改，以便利用。

再次，尽可能地让同类数字化教学资源能够共享，这样可大大提高准备工作，即建立相关的数字化教学资源网，让同类学校可以借鉴，共用。

总之，保证数字化教学资源的应用的有效性，才能保证数字化教学资源的高效使用，才能体现数字化教学资源在现代教育教学中的价值。

当然，如何有效应用数字化教学资源，并没有固定模式，教师应该学会如何根据教学内容、学生实际、教学条件等灵活运用。在此，通过一个初中语文教学案例，让大家更好地感悟教学资源应用的基本策略和方式。

3.4 教学实践案例

数字化教学资源应用案例

【教学内容】

人教版八年级上册语文第三单元第12课《桥之美》

【教学目标】

1. 知识目标

（1）把握课文内容——桥之“美”，美在哪。

（2）形象优美的语言。

2. 能力目标

学习一种新的审美视角。

3. 情感目标

关注生活，关注自然，做生活的有心人。

【教学重难点】

1. 教学重点

（1）学习一种新的审美视角。

（2）品味形象优美的语言。

2. 教学难点

理清本文说明顺序，把握说明方法，探究作者说明的技巧。

【教学方法】

演示法、朗读法、讨论法、陶冶法、探究法。

【教学突破】

通过数字化教学资源和阅读，直观呈现如画的桥，让观者感受桥的美。

【教学课时】

1 课时。

【教学环境】

多媒体教室、投影仪、计算机、音响系统及多媒体课件、教学视频、图形图像等教学资源。

【教学过程】

教学环节	教师活动	学生活动	数字化教学资源应用设计	设计意图
导入	导入语：马致远的“小桥流水人家”让人联想到家的温馨;徐志摩的“再别康桥”使人产生无限的惆怅……今天就让我们跟随当代画家吴冠中走进桥的世界去感受“桥之美”	观看屏幕投影、进入学习情景	播放教师事先准备好的“小桥流水人家”、“再别康桥”以及世界各地著名的美丽的桥的图片	创设学习情景，引发学生学习兴趣
学习新课	1. 教师配乐朗读课文（也可事先录制好朗诵音频文件直接播放），要求：注意语气、语速、语调及重音的把握	聆听、观看、感受桥的美	播放背景音乐或教师事先准备好的课文朗读音频文件。同时投影上可循环播放各种美丽的桥的图片	
	2.指导学生朗读课文并思考问题	学生自由朗读课文	屏幕上显示学生朗读时要思考的问题	具体、直接呈现教学信息，加深学生记忆
	3. 组织学生通过小组讨论得出问题结论	小组讨论、思考	根据教学进程，通过多媒体课件或事先准备好的图片、音视屏材料辅助课堂教学，引导学生得出问题结论	通过生动直观的感官刺激，加强学生对教学内容的理解
	4. 研读与赏析 引导学生研读分析课文，找出意蕴丰富的语句，体味句子的情味。然后要求学生用优美的语言描绘自己最欣赏的一幅图片（由教师提供多张和课文内容相关的图片以供选择，并限制描绘的字数和时间）最后点评学生的语言、欣赏的角度	描绘自己最欣赏的一幅图片（小组讨论，然后选派代表完成）	显示和课文内容相关的图片以供学生选择并进行赏析描绘	具体、直接呈现教学信息，加深学生记忆

续表

教学环节	教师活动	学生活动	数字化教学资源应用设计	设计意图
拓展延伸			演示和本课文类似的有说明性质的小品文、美文（Word、PDF 格式或网页均可，要求排版规范，美句美词、重点段落突出显示）	
课堂小结	略			
作业布置	要求学生结合刚才所学的审美方法，选择家乡最熟悉的一座桥，写一写它与周围环境形成的和谐美……		投影显示作业具体要求	

思考与练习

1. 数字化教学资源主要分为哪几类？请对每类资源做说明。

2. 如果你是一名小学老师，请谈谈你会如何积累自己所需要的数字化教学资源？

3. 简述数字化教学资源选择和设计的基本原则。

4. 请对本章中的教学资源应用案例进行评价。

5. 选择你所熟悉的一门课程的教学内容，设计一个数字化教学资源应用的教学方案（格式可参考本章教学案例），在方案中请阐述设计的理由。

6. 你认为在数字化教学资源的应用中应注意哪些因素？

7. 图形/图像素材的获取方法主要有哪些？请结合操作技能训练回答。

8. 请选择自己熟悉的一个计算机应用软件，制作一个关于这个软件某个操作演示的教学视频或动画，格式不限。

PART 4

第 4 章 网络教学

【学习目标】

- 掌握网络教学的含义、特点和形式。
- 掌握现代远程教育的概念及发展趋势。
- 了解远程教育系统的构成。
- 掌握网络课程的概念及特点。
- 了解网络课程的设计与开发。
- 了解 Moodle 平台及应用。
- 掌握常见网络交互工具的应用。

【学习导图】

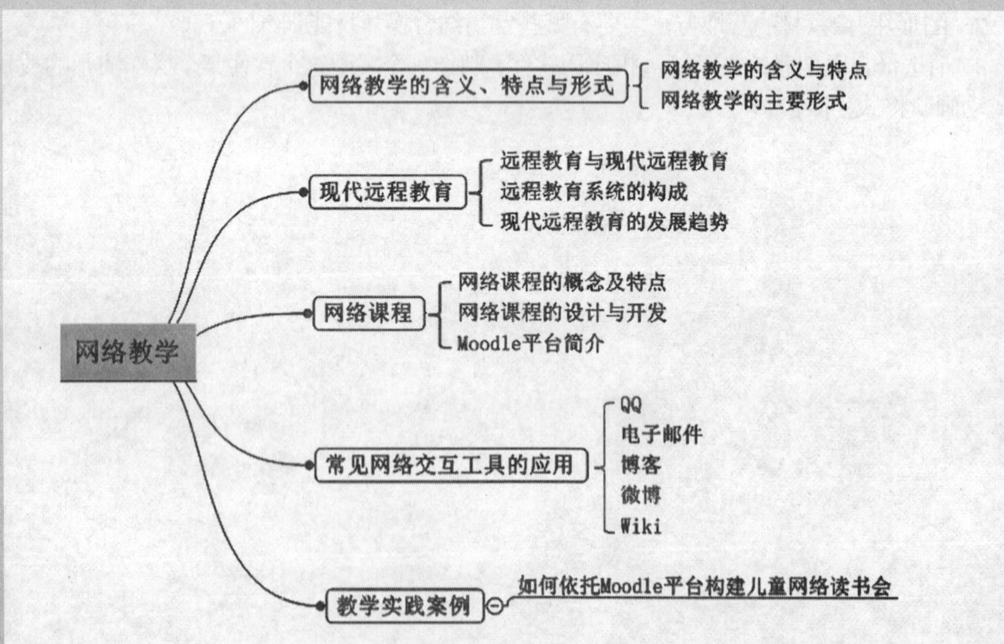

在当今世界，网络教学不再是一种陌生的教学形式。无论是对教师还是对学生，教育正在发生一个根本的转变，网络上的教与学将会和数百年来的面对面的传统教育同等重要。作为学习型社会的一员，有必要比以前更清楚什么是网络教学、网络教学有哪些形式，并能自觉参与到网络教学中去，成为教育与社会革新的一部分，也为终身学习奠定坚实的基础。

4.1 网络教学的含义、特点与形式

4.1.1 网络教学的含义与特点

网络教学是以教育信息化为基础和前提的，它是指以现代教育思想和学习理论为指导，利用计算机和网络等硬件环境，依托网络教学平台和网络教学资源，向教育者和学习者提供教与学的环境，开展交互式的同步或异步的教学模式，是对面对面的传统教学的一种有利补充。

备注：网络教学平台是依据各种教学理论与学习理论，以网络和多媒体技术为依托而构建的一种在线式教学软件系统。网络教学平台有很多种类，目前以 Moodle、WebCT、Blackboard 等较为流行。这些网络教学平台的功能各有不同，应有针对性地进行选择。

与传统教学模式相比，网络教学具有如下显著特点。

（1）网络教学突破了时空限制。在网络教学中，学习时间、学习空间不再被局限于同一时间、同一地点。学习者只要具备了上网的基本条件，就可以通过网络获取所需的学习资源进行学习。

（2）网络教学资源的丰富与共享。网络教学的特点之一就是信息的多样性和共享性。建立在千千万万个知识网站及其数据库系统所提供的“海量”知识资源网络上的网络教学，以其丰富的、多样的、共享的教学资源扩大了学生的视野，知识的获取、加工、处理、表达与存储变得更加灵活而有效。

丰富的网络资源为学生提供了广阔的、自由的选择空间，这对学生创造性思维和个性化的培养是有利的，但同时也要注意到，丰富的网络资源并不是脱离教师让学生上网自学，而是对教师提出了更高的要求，教师必须通过阅读大量的资源来丰富课堂教学内容，利用信息技术指导学生去获取优质的学习资源，扩充知识点，拓展学生的视野，正确引导学生进行自主学习，将学习的主动权发放到学生手里。

（3）网络教学的互动性。

无论是传统教学还是网络教学，师生之间、学生之间的交流是教学成败的关键。在接受式、灌输式的教学模式中，师生、生生之间的交互是可有可无的；而在探究、合作的新型教学模式中则重视教师、学生的双边、多边等形式多样的交互活动，网络正好提供了这样一种良好的交互平台。在网络教学中，网络提供了先进的 BBS、电子邮件、在线聊天等交流技术，为每个学习者都提供了一个平等交流的平台，为他们创设了一种相互交流、信息共享、合作学习的环境。在网络教学中，教师通过网络教学平台或交互工具将教学内容发布给学习者，学生通过网络教学平台或交互工具进行在线课堂交流或提交作业，教师可以根据学生的反馈情况及时调整教学内容。这种良好的互动性，即强调了教师的主导地位，体现了教师的主动性和创造性，也强调了学生的主体地位，增强了学生自主学习和创造的能力。

4.1.2 网络教学的主要形式

比起传统教学的集体授课形式，网络教学具有很大的灵活性，它不要求教师和学生都同时在同一地点进行教学，在不同的时间、不同的地点，只要具备了网络教学的条件，都可以实施网络教学。一般而言，网络教学主要有以下教学形式。

（1）个别化学习。这是网络教学中最主要的形式。学生通过教师在网上提供的课件、教学视频和学习资料进行自主的个别化学习。学生可以根据自己的具体情况有选择、有重点地进行学习，这种方式能有效地实现学生个性的发展，把学习的主动权和控制权交还给了学生。

（2）网上集体教学。在网络教学中也会采用集体授课的形式，主要是针对重点和难点知识的学习，这时进行集体教学是很有必要的。这种形式运用了网络中的一点对多点的广播功能，利用网络直播教师的教学活动对学生进行网上集体授课。这种形式与上述讲到的个别化学习形式结合起来进行网络教学，既保证了教学内容的统一，又提供了个性化的辅导，能有效弥补传统教学中不利于学生自主学习及个性化发展的弊端。

无论个别化学习形式还是网上集体教学形式，学生都可以将学习过程中遇到的问题，利用BBS、电子邮件等多种形式，与教师、同学进行讨论。

（3）混合教学。这种教学通过网络和面对面的混合形式来开展，有相当一部分的课程内容通过网络进行传输，将在线讨论与面对面讨论相结合。

4.2 现代远程教育

4.2.1 远程教育与现代远程教育

现代远程教育就是以网络教与学为主要形式的一种教育模式，它强调在网络环境下，学习者利用现代远程教育机构（如网络教育学院）提供的网络教学平台、网络课程和网络教学资源进行自主学习，学生与教师的交互利用双向通信工具进行，在大多数情况下，教师与学生、学生与学生处于时空分离的状态，学生通常是个别化教学而不是集体教学，但并不排除有时为了教学的需要而组织必要的集体面授交流。

现代远程教育是远程教育发展的第三个阶段。远程教育（Distance Education），也称为远距离教育，是指教师与学生在时空分离的情况下所进行的教育活动，这种教育需要依赖特定的教育组织机构，采用特殊的课程设计、教学技巧、传播方式、组织与行政管理配合才能实现。在不同的历史阶段，人们对远程教育也有着不同的认识。国际著名远程教育专家，德斯蒙德·基更（Desmond Keegan）在1990年版的《远程教育基础》给出了一个描述性的定义，认为远程教育是具有以下特征的教育形态：教师和学生在教与学的全过程中处于相对分离状态（这使它区别于传统教育）；教育组织通过规划和准备学习材料以及提供学习支持服务对学生学习产生影响（这使它区别于个人学习和自我教育项目）；应用各类技术媒体（如印刷媒体、视听媒体和计算机媒体），将教师和学生联系起来并以此作为课程内容的载体；提供双向通信并鼓励学生交流对话并从对话中受益；学生在学习全过程中与学习集体也处于相对分离状态，学生通常接受个别化教学而不是集体教学，但并不排除为了教学和社会的目的组织必要的集体面授交流。我国远程教育专家丁兴富教授结合我国实际情况，认为远程教育有广义和狭义之分。广义的远程教育是指通过远程教学或远程学习实现的教育（包括各类学校和其他社会机构组织的教育和社会生活情境中的教育）的总称。狭义的远程教育是指通过远程教学或远程学习实现的各类学校和其他社会机构组织的教育，也可以称为机构远程教育或学校远程教育。

远程教育起源于欧美，至今已历经数代的演变。根据文献记载，最早的远程教育起源于19世纪中叶的英国，那时的远程教育是以函授教育的形式出现的。1840年，当时的英国人伊萨克·皮特曼（Isaac Pitman）利用函授方式开设速记课程，印刷资料是主要的沟通媒介，包含学习指南及靠邮递往返的作业讨论，之后，英国的一些教育机构和非教育机构也开始启用印刷教材和通信指导相结合的方式进行文化知识教学和职业技能培训，这便是第一代远程教育。第二代的远程教育始于20世纪70年代初期，英国开放大学设立，将整体的系统观融入远程学习的设计与实施。开放大学虽仍大多依赖函授教学，但同时也采用广播与录像媒体，利用收音机、电视机与录音机等设备进行教学。20世纪90年代，新一代的远程教育崛起，利用最新的科技如计算机会议、多媒体工作站、计算机网络等方式进行教学，远程教育逐渐转移到具有交互式远程教学特点的第三代远程教育上来，我们也将其称之为现代远程教育。

现代远程教育又称基于网络的远程教育，这是随着计算机技术、多媒体技术、通信技术，特别是因特网技术的高速发展而出现的。它是在利用印刷教材、录音、录像教材和卫星广播电视的同时将计算机信息网络引入远程教育领域，这一阶段的远程教育可以实现师生之间及学生之间的双向通信的实时交互（即同一时间的双向通信交流）。

现代远程教育的形成和发展与以前的远程教育相比发生了质的飞跃，如下所述。

第一，打破了时空的限制，学习者可以在世界上任何一个地方，在任何时间进行交互式的学习。

第二，改变了学习模式，打破过去学习者只是接受教师讲授的单一学习方式，学习者可以根据自身特点和需要进行个别自主学习和协作学习。

第三，大大扩大了学习群体，使受教育者扩展到了全社会。

综上所述，远程教育从其最初到现在，一共经历了3个阶段的发展，见表4.1。

表4.1　远程教育发展阶段

发展阶段	兴起时间	技术基础	教育形态
第一阶段	19世纪中叶	印刷技术和邮政通信	函授教育
第二阶段	20世纪70年代初	广播、电视、录音、录像等	广播电视教育
第三阶段	20世纪90年代初	以多媒体和网络通信为核心的信息技术	现代远程教育（也称网络远程教育）

4.2.2 远程教育系统的构成

一般而言，我们讨论的远程教育通常是指由院校机构组织实施的远程教育，这些远程教育院校就是远程教育系统。由于远程教育对技术有极强的依赖性，这就使得远程教育系统在解决师生非面对面的教与学时，就要比传统的面对面的单个学校的教育系统复杂得多。

远程教育系统的内部由多个具有一定的层次结构和特定功能的子系统和要素组成，这些组成部分相互关联、相互制约、相互作用，共同实现系统的总体功能和目标。

1981年，凯依和鲁姆博尔提出远程教育系统的结构主要包括4个子系统：课程子系统、学生子系统、管理子系统和后勤子系统。

美国远程教育专家迈克尔·穆尔（(Michael G. Moore）是国际远程教育界著名的理论家和实践家，他在 1996 年提出的远程教育系统构成与我们当前的远程教育发展比较吻合。穆尔所提出的远程教育系统结构图如图 4.1 所示。

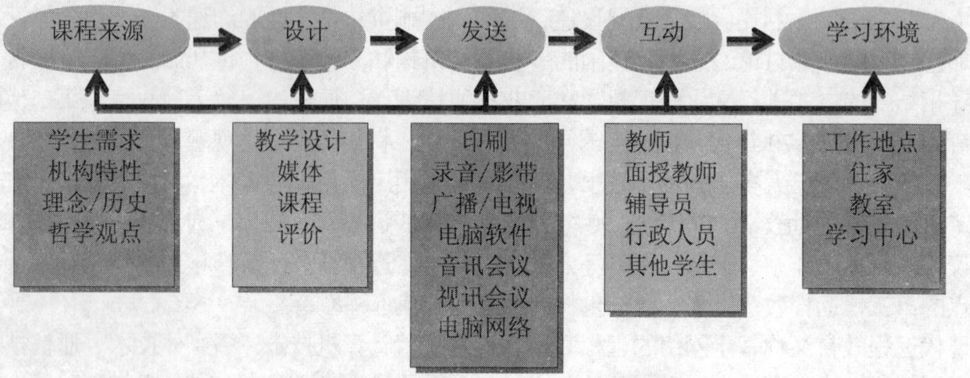

图 4.1 远程教育的系统构成图（穆尔）

下面简述一下远程教育系统的各组成要素。

1．课程来源

提供远程教育的机构或单位，在决定开设课程时通常需要考虑到许多因素，包括其教育使命、学生的需求与特点、机构特性、哲学理念、教师的研究领域或专长等。

2．设计

远程教育课程的产生会涉及许多的设计专家，如学科专家、具有教学设计专长及媒体技术专业知识的人员等。这些专家需在课程目标、学生的作业与活动、教材的版面设计、教学资源的内容及互动过程的问题设计等方面达成共识，共同设计课程。

3．发送

课程设计完成后就需要用到某些技术作为传送教学与师生沟通的桥梁，包括邮政系统、广播电视、电话、卫星、有线电视、计算机网络等软硬件设备，以及运作这些技术的机构与人员等资源。

4．交互

远程课程设计者依据学生人数安排授课教师、辅导教师或助教，并针对教材内容与学习活动来进行师生之间、学习者之间、学习者与教材之间、学习者与媒体技术接口之间的互动。这种互动包括同步与异步的沟通。

5．学习环境

远程学习者的学习时间与场所不定，有可能是在工作地点，也有可能是在家里、教室、社区、各地学习中心等，这就使得学习具有挑战性。有时干扰因素太多，学习容易中断，因此远程教育机构必须善用技术提供支持，远程学习者也必须不断吸收学习技巧、改变学习习惯，以成为有效率的远程学习者。

除以上 5 个要素以外，远程教育系统的构成不容忽视的一个要素还有行政管理。上述 5 个要素间的相互关系与进程的掌控、政策的拟定、学生资料的管理、经费的取得与分配、人力资源的调度与储备、学习进程的安排、反馈与评估、机构革新、应对新的教育模式等方面的事务都需行政管理机构来进行。

4.2.3 现代远程教育的发展趋势

远程教育最初是为了使没有受过高等教育的人接受大学教育，是高等教育的一种补充手段。如今，随着数字化和网络化的发展，远程教育以其灵活、安全、方便等优势，突破了传统教学所受时间和空间的限制，在现代各级各类学校教育中都开始发挥自己独特的影响力，而且现代远程教育也开始广泛地在企业、政府部门中扮演着越来越重要的角色。许多国家的政府都把发展现代远程教育作为重要的战略决策，几乎所有发达国家和很多发展中国家的政府都希望通过研究和制定相关政策，使现代远程教育手段能够在小学、中学、大学教育以及企业培训中得到充分利用。

1．现代远程教育成为终身学习的重要手段

1972 年，联合国教科文组织国际教育委员会发表了具有里程碑性质的报告《学会生存——教育世界的今天和明天》，对终身教育的理论和原则进行了系统论述。20 世纪 90 年代，联合国教科文组织进一步倡导和发展了终身教育的思想，提出学习时间就是人一生的时间，而每种学习又与其他学习相互渗透和补益。终身教育是人格、知识和技能以及判断能力和行为能力的不断构建和完善。终身教育是理想和目标，也是未来学习化社会之必然。

依托互联网技术发展而建立起来的现代远程教育，使得学习不受传统教育时间、空间的限制，这一优势使它成为终身学习的重要手段。

2．混合学习模式在现代远程教育中逐渐成为主流的学习模式

混合学习（Blended Learning）是指把面授学习、依靠印刷媒体自学、依靠技术手段自学和参加网上讨论等学习手段相结合的学习模式。

在现代远程教育中应用混合学习模式将成为一种必然的趋势。

3．移动技术以及掌上移动设备在远程教育中广泛运用

移动设备的强大之处在于发送的信息会在第一时间被其他人所接收，而几乎不用花费任何代价。由于移动技术的发展，使开放与远程教育同时具备了移动学习的特性，并在某些情况下演变为泛在学习。

备注：移动学习是指借助手机、PDA 等工具实现在任何时间、任何地点进行无线连接，从而获取教育服务的一种新型学习形式。

泛在学习（U－Learning），顾名思义就是指无时无刻的沟通，无处不在的学习，是一种任何人可以在任何地方、任何时刻获取所需的任何信息的方式，即利用信息技术提供学生一个可以在任何地方、随时、使用手边可以取得的科技工具来进行学习活动的 4A（Anyone、Anytime、Anywhere、Anydevice）学习方式。

4.3 网络课程

4.3.1 网络课程的概念及特点

网络课程是网络教学的核心要素。国内外关于课程的定义从广义到狭义、从要素到功能、从课程设计者到实施者和受教者、从静态到动态、从过程到结果、从设计到评价有 50 多种，而在这众多的关于课程的概念中，几乎所有的课程概念都包含了 4 个基本要素：课程目标、课程内容、课程实施和课程评价。

网络课程的概念是从课程的概念推导而来的。根据教育部现代远程教育资源建设委员会制定的《现代远程教育资源建设技术规范》(2000)的界定，网络课程是通过网络表现的某门学科的教学内容及实施的教学活动的总和，它包括两个组成部分：第一是按一定的教学目标、教学策略组织起来的教学内容，它们通常以多媒体课件的形式来表现；第二是网络教学支撑环境，它主要由支持网络教学的软件工具、多媒体课件及其他教学资源以及网络教学活动等构成。

备注：学者武法提在2006年的一篇文献中提到上述概念内涵太小而外延太大，几乎成了网络教学系统的代名词。他提出网络课程的定义如下："网络课程是在课程论、学习论、教学论指导下通过网络实施的以异步自主学习为主的课程，是为实现某学科领域的课程目标而设计的网络学习环境中教学内容和教学活动的总和。"从这个定义中，我们可看出，该定义没有提及网络教学支撑环境，注重的是对网络课程的课程属性的描述，明确地界定了网络课程的构成要素，突出了网络环境下的自主学习。

网络课程除了应具备课程的一般特点和要求以外，它作为一种网络教学资源，还应具有开放性、交互性、共享性、协作性、自主性等方面的特点。

(1)交互性：具有良好的交互功能，能让学生在网络环境下进行人机交互学习。

(2)共享性：具有信息资源共享的特点，通过互联网，实现全球性的资源共享，为学习者提供方便、快捷、经济的资源共享方式。

(3)开放性：具有结构开放的特点，不仅可以为学习者展示自身所蕴含的固定的教学内容和教学资源，还可以将链接扩展到整个 Internet 上与课程相关的资源，使学习者能够最大限度地全方位地获取所需的信息资源。网络课程的开放性使教师可以随时更新教学内容和教学信息，也使学习者可以对课程的教学内容和资源进行重组和改造。

(4)自主性：具有自主学习的功能，使学习者按照一定的教学目标和要求，采取适当的学习策略，进行网上学习活动，并在网上进行自主学习评价，获得反馈信息。

(5)协作性：具有协作学习的功能，学习者可以不受时空的限制，不仅能够进行交流研讨，还可以利用适当的软件工具支持协同创作，使分布在不同地区的学习者与教师之间实现一对一、一对多、多对多的信息交流。

备注：网络课程建设时，其主要的设计思想在于将课程内容以科学合理的结构与表现形式呈现给学习者，其最终目标在于促进学习者的学习效果。因此，对网络课程栏目的设置与内容规范主要视设计者对教学内容、学习对象的综合考虑，从而进行系统的思考，并没有固定的要求。

通常的网络课程尽管在具体的名称上有所差异，但基本都会包括以下几个方面的内容：课程简介、课程大纲、授课教案、教学录像、习题与实践、参考资源。

4.3.2 网络课程的设计与开发

网络课程开发遵循课程开发的一般原理，同时因网络课程也是远程教育课程形式中的一种，具有远程教育课程的特点，故网络课程开发也应遵循远程教育课程开发的一般规律。

网络课程的设计与开发一般遵循"需求分析—目标确定—总体设计与原型实现—开发与实施—评估与修改"的过程(如图4.2所示)。其中，"评估与修改"在每一个环节中都有所涉及。当然这并非是固定的模式，制作者可以根据实践需求恰当、灵活地选用合适的方法、技术与流程进行开发。

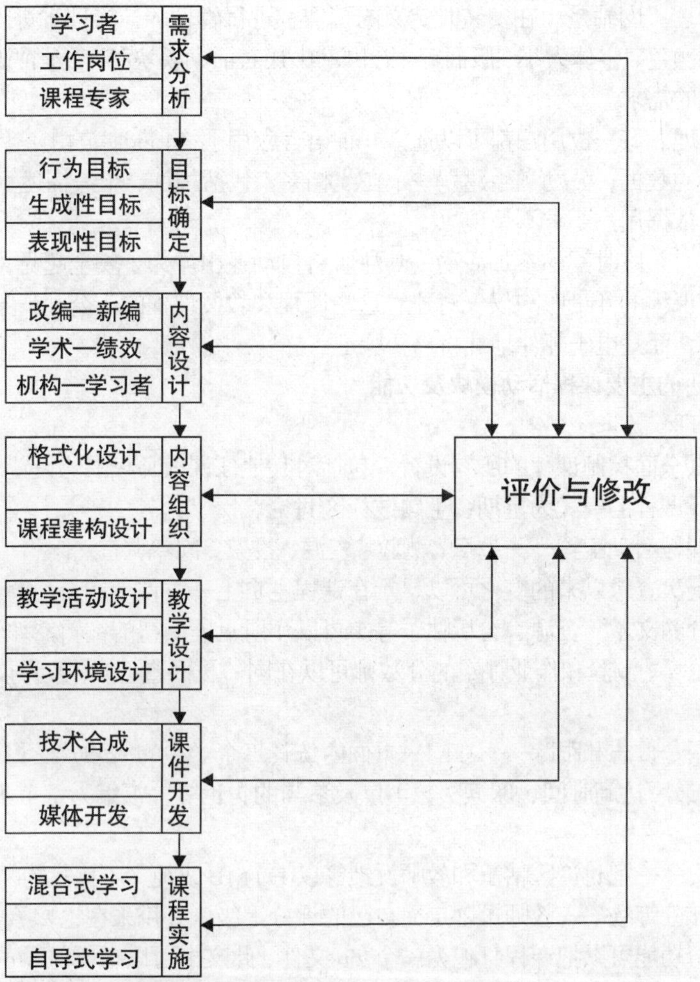

图 4.2 目标导向的网络课程开发模式（来源：武法提，2006，有修改）

4.3.3 Moodle 平台简介

1．什么是 Moodle

在前文提过，Moodle 是目前比较流行的网络教学平台系统之一。Moodle 这个词是 Modular Object-Oriented Dynamic Learning Environment ，即模块化面向对象的动态学习环境的缩写，是一个用来建设基于 Internet 的课程和网站的软件包。Moodle 是澳大利亚教师 Martin Dougiamas 基于建构主义教育理论而开发的网络课程管理系统，是一个免费的开放源代码的软件，目前在各国已广泛应用。所谓网络课程管理系统，是指为基于网络的课程的教与学提供全面支持的软件系统，这类软件系统也称学习管理系统（LMS）或虚拟学习环境（VLE）。Moodle 平台依据社会建构主义的教学思想，即教育者（老师）和学习者（学生）都是平等的主体，在教学活动中，他们相互协作，并根据自己已有的经验共同建构知识。

2．Moodle 的主要特点

作为创设虚拟学习环境的软件包，Moodle 具有如下特点。

（1）总体设计。Moodle 比较容易安装，可以支持大量的多种类别课程，特别重视整个系统的安全性。所有的界面设计风格一致、简单、高效，而且不需要特殊的浏览技能。

（2）网站管理。网站是由在安装时定义的管理者进行管理的。管理者进入"主题"可以设定适合自己的网站颜色、字体大小、版面等。在网站中还有活动模块和 40 多种语言包用以满足不同国家的学习者的需求。

（3）用户管理。每一位用户都可以选择一种语言应用于 Moodle 的用户界面；可以指定自己的时区和相关的数据；鼓励学生建立一个在线档案，包括相片、个人描述、E-mail 地址，而且这些信息可以依据用户要求不呈现。

如果学习者有一段时间不参加活动，其注册将自动退出。为了安全起见，老师可以设定课程的登录密码。课程的开设账户仅仅对建立这些课程和教授课程的人公开。学生可以创建他们自己的登录账号，而其电子邮件地址将需要验证。

3．Moodle 的主要课程活动模块及功能

（1）课程管理

① 教师可以全面控制课程的所有设置，包括对其他任课教师权限的设置。

② 可以选择课程的模式为星期、主题或社区讨论。

③ 灵活的课程活动配置——论坛、测验、资源、投票、问卷调查、作业、聊天、专题讨论。

④ 课程自上次登录以来的变化可以显示在课程主页上——便于成员了解当前动态。

⑤ 绝大部分的文本（资源、论坛帖子等）可以用所见即所得的编辑器编辑。

⑥ 所有在论坛、测验和作业评定的分数都可以在同一页面查看（并且可以下载为电子表格文件）。

⑦ 全面的用户日志和跟踪——在同一页面内统计每个学生的活动，显示图形报告，包括每个模块的细节（最后访问时间、阅读次数）以及参与的讨论等，汇编为每个学生的详细的学习记录。

⑧ 邮件集成——把讨论区帖子和教师反馈等以 HTML 或纯文本格式的邮件发送。

⑨ 自定义评分等级——教师可以定义自己的评分等级，并用来在论坛给作业打分。

⑩ 使用备份功能可以把课程打包为一个 zip 文件，此文件可以在任何 Moodle 服务器恢复。

（2）作业模块

① 可以指定作业的截止日期和最高分。

② 学生可以上传作业（文件格式不限）到服务器。

③ 可以在一个页面、一个表单内为整个班级的每份作业评分（打分和评价）。

④ 教师的反馈会显示在每个学生的作业页面，并且有 E-mail 通知。

⑤ 教师可以选择打分后是否可以重新提交作业，以便重新打分。

（3）聊天模块

① 支持同步的文本交互。

② 聊天窗口里可以包含个人图片。

③ 支持嵌入 URL、笑脸、HTML 和图片等。

④ 所有的谈话都可记录下来供日后查看，并且也可以允许学生查看。

（4）投票模块

① 可以用来进行对某件事表决之类的操作。

② 教师可以在直观的表格里看到谁选择了什么。

③ 可以选择是否允许学生看到更新的结果图。

（5）论坛模块

① 有多种类型的论坛供选择，如教师专用、课程新闻、全面开放和每用户一话题。

② 每个帖子都带有作者的照片，图片附件内嵌显示。

③ 可以以嵌套、列表和树状方式浏览话题，也可以让旧贴在前或新贴在前。

④ 每个人都可以订阅指定论坛，这样帖子会以 E-mail 方式发送。教师也可以强制每人订阅。

⑤ 教师可以设定论坛为不可回复（如只用来发公告的论坛）。

⑥ 教师可以轻松地在论坛间移动话题。

⑦ 如果论坛允许评级，就可以限制有效时间段。

（6）测验模块

① 教师可以定义题库，在不同的测验里使用。

② 题目可以分门别类地保存，易于使用，并且可以"公布"这些分类，供同一网站的其他课程使用。

③ 题目自动评分，并且如果题目更改，可以重新评分。

④ 可以为测验指定开放时间。

⑤ 根据教师的设置，测验可以被尝试多次，并能显示反馈信息或答案。

⑥ 题目和答案可以乱序（随机）显示，减少作弊现象。

⑦ 题目可以包含 HTML 和图片。

⑧ 题目可以从外部文本文件导入。

⑨ 在 Moodle 中设计的各类题目可以备份并导出，可以在任何支持国际标准的学习管理系统中导入。

（7）资源模块

① 支持显示任何电子文档、Word、PowerPoint、Flash、视频和声音等。

② 可以上传文件并在服务器进行管理，或者使用 Web 表单动态建立（文本或 HTML）。

③ 可以连接到 Web 上的外部资源，也可以无缝地将其包含到课程界面里。

④ 可以用链接将数据传递给外部的 Web 应用。

（8）问卷调查模块

① 可利用内置的问卷调查模块生成所需的调查问卷，并要求学习者进行填写。

② 随时可以查看在线问卷的报告，包括含有很多图形的问卷。数据可以以 Excel 电子表格或 CSV 文本文件的格式下载。

③ 问卷界面可防止未完成的调查。

④ 学生的回答和班级的平均情况相比较，作为反馈提供给学生。

（9）互动评价

① 学生可以对教师给定的范例作品文档进行公平的评价，教师对学生的评价进行管理并打分。

② 支持各种可用的评分级别。

③ 教师可以提供示例文档供学生练习打分。

④ 有很多非常灵活的选项。

备注：虚拟学习环境（Virtual Learning Environments,VLES）的创设是网络教学一直探讨的问题，如何建立起一个有效的、交互性强的网上学习环境，使学生得到高质量的远程学习，始终是网络教育实践者和管理者不断深入研究的问题，仅有理论指导是不够的，还迫切需要有相应的技术支持。目前，在我国进行的新课程改革，亟需可供一线教师操作的具体的方法和策略，能够实施具体日常教学活动的平台和环境，MOODLE 这个课程管理和学生学习环境管理平台，给我们提供了一条有效的解决途径。

Moodle 课程：

鞍山一中 Moodle 课程：http://221.203.55.42/moodle7/

哈尔滨工业大学：http://cms.hit.edu.cn/

易魔灯：http://www.emoodle.org/

4.4 常见网络交互工具的应用

4.4.1 QQ

腾讯 QQ（简称"QQ"）是腾讯公司开发的一款基于 Internet 的即时通信软件。腾讯 QQ 支持在线聊天、视频电话、点对点断点续传文件、共享文件、网络硬盘、自定义面板、QQ 邮箱等多种功能，并可与移动通信终端等多种通信方式相连。QQ 在线用户到现在已经发展到上亿用户，在线人数超过一亿，是中国目前使用最广泛的聊天软件之一。

备注：即时通信软件是一种基于互联网的即时交流软件，除了上面介绍的 QQ，还有 ICQ（网络寻呼机）、MSN、新浪 UC、网易泡泡、微信等。这些软件的功能都大同小异，能够实现网络用户之间的语音、文字、影像、文件等的交流。

目前，在我国学校，使用较多的即时通信软件还是腾讯 QQ，其大致功能如下。

（1）辅助教育教学。利用 QQ 辅助教学，是对传统教学方式的一种有效补充，尤其对师生处于准分离状态的远程教育来说，QQ 是实现交流和信息反馈的最有效的途径。

（2）建立群。如班级群，可方便班主任管理班级，与学生交流，上传各种文件等；学习群，可引导具有共同爱好的学习者；家长群，可方便班主任与家长、家长与家长之间的联系沟通。

4.4.2 电子邮件

电子邮件（Electronic Mail，E-mail），又称电子信箱、电子邮政，它是一种用电子手段提供信息交换的通信方式，是 Internet 应用最广的服务，通过网络的电子邮件系统，用户可以用非常低廉的价格（不管发送到哪里，都只需负担电话费或网费即可），以非常快速的方式（几秒钟之内可以发送到世界上任何指定的目的地），与世界上任何一个角落的网络用户联系，这些电子邮件的内容可以是文字、图像、声音等各种媒体。同时，用户可以得到大量免费的新闻、专题邮件，并实现轻松的信息搜索。

备注：电子邮箱一般格式：用户名@域名（如 abc@126.com）。目前，可以免费申请电子邮箱的网站有不少，如 126 邮箱、新浪邮箱、hotmail 邮箱、163 邮箱、QQ 邮箱（QQ 电子邮箱账号需与一个 QQ 号码绑定后才可使用）等。

和即时通信软件一样，电子邮件已经成为教师与学生，以及学生与学生之间交互的重要方式，是协助实现个性化学习的交互工具。通过电子邮件，学生可以从教师处获得个别化的指导和帮助，如提交作业、咨询、答疑、辅导。但这种交流工具与即时通信软件相比，无法实现在线同步交流。

4.4.3 博客

博客（Blog，为 Web Log 的混成词），又译为网络日志、部落格或部落阁等，是一种通常由个人管理、不定期张贴新的文章的网页，用来抒发情感或分享信息的工具。博客上的文章通常根据张贴时间，以倒序方式由新到旧排列。许多博客专注在特定的课题上提供评论或新闻，其他则被作为比较个人的日记。一个典型的博客结合了文字、图像、其他博客或网站的链接及其他与主题相关的媒体，能够让读者以互动的方式留下意见，是许多博客的重要要素。大部分的博客内容以文字为主，仍有一些博客专注在艺术、摄影、视频、音乐、播客等各种主题。博客是社会媒体网络的一部分。

Blog 最初仅作为一种交流工具，但其对知识的积累、管理、共享、反思的功能已为众多博客们所赏识。Blog 引入学校教学并不是取代传统的课堂教学，而是充分借助于 Blog 在交流及培养学习者反思能力方面的优势，使得师生、生生、师师交流能突破时空壁垒，以弥补传统教学中交流缺位的问题。Blog 在教育中的应用潜力非常大，它在教育应用中承担了很多功能，如下所述。

① 学生学习记录的电子档案。

② 课堂教学的辅助管理。

③ 协作学习的工具。

④ 学校与家庭的沟通平台。

⑤ 学校知识管理的平台。

博客为隐性知识管理提供了工具，它为写作者提供独自的思考空间，使隐性知识得以用文字表达出来，主要体现在两个方面。

① 教育叙事研究。以 Blog 形式进行教育叙事研究，能脉络清晰地展示教师对教育实践的观察和反思过程，一方面为教学研究积累丰富的原始素材和案例，更为重要的是有力地促进了教师本人的专业发展。

② 拓展学生学习兴趣。通过 Blog，学习者能逐步形成个人的学习兴趣生态圈，例如，学生可以链接感兴趣的 Blog 或相关领域优秀者的 Blog，通过阅读 Blog、留言或发表评论等方式与他们建立广泛的社会关系。这样，学生不但可以分享到他们已有的研究成果，而且能够分享到他们的经验和思想，从而使自己某一方面的学习兴趣和知识结构实现跨越式的提升和发展。

4.4.4 微博

微博，即微型博客（MicroBlog）的简称，是一个基于用户关系信息分享、传播以及获取的平台。用户可以通过 Web、Wap 等各种客户端组建个人社区，以 140 字左右的文字更新信息，并实现即时分享。

> 备注：最早也是最著名的微博是美国 Twitter。2009 年 8 月,中国门户网站新浪推出“新浪微博”内测版，成为门户网站中第一家提供微博服务的网站，微博正式进入中文上网主流人群视野。2011 年 10 月，中国微博用户总数达到 2.498 亿人，成世界微博人数第一大国。

作为 Web 3.0 下新兴起的一类开放互联网社交服务，微博在教育领域也开始被关注，它已成为网络时代又一次重要的通信革命。微博在教育中的应用主要体现在以下几方面。

（1）鼓励互动，提高学习的积极性。

（2）开展移动学习，构建虚拟课堂。

（3）促进不同地区和学校的合作，有利于协作学习的开展。

（4）帮助学生积累资料，促进知识结构的改变。

（5）作为师生之间的沟通工具。

（6）作为校内信息传播的有利工具。

4.4.5 Wiki

Wiki 是一种在网络上开放且可供多人协同创作的超文本系统，由沃德·坎宁安于 1995 年首先开发。沃德·坎宁安将 Wiki 定义为"一种允许一群用户利用简单的描述来创建和连接一组网页的社会计算系统"。

备注：Wiki 源自夏威夷语的"WikiWiki"，本是"快点快点"之意。Wiki 的中文翻译有维客、围纪、围记、快纪、共笔或维基等，其中，"维基"一词是中文维基百科人特别为维基百科而创，属于维基媒体的专用术语。"维基"一词使用广泛，常被用作 Wiki 的正式译名，而事实上"共笔"这个翻译更能反映多人可以共同创作的特性。

Wiki 可以说是一种建设网站的简单实用工具，Wiki 让更多人参与建设，它的语法与 HTML 相比要容易得多，几乎与普通写字板编辑文字差不多。除此之外，它还具有开放、合作、平等、共创、共享等特点。

开放：社群的成员都可以创建、修改、删除页面。

合作：Wiki 是一个协作共创系统，要求社群的成员具有合作精神。

平等：社群中的成员都是平等的，每一个成员都有相同的责任和权利。

共创：Wiki 系统要求社群的成员积极参与，共同创作，实行分工合作完成某项任务。

共享：系统内页面的变动都可以被访问者以及社群的每一个成员所共享。

Wiki 作为一个新事物，由于本身所具有的独特的特点，在教育中被很快应用起来，虽然还处在实验阶段，但其发展速度之猛已势不可挡，特别是在教学资源的协作共建上更是具有不可替代的优势。Wiki 在教育中具有如下的一些应用。

（1）利用 Wiki 建设教育教学资源库。

（2）作为师生网上学习交流、协作共创和问题解决的平台。

（3）作为课程和学科建设的工具。

（4）网上协同写作。

4.5 教学实践案例

如何依托 Moodle 平台构建儿童网络读书会

（张惠平,吴向东.基于 Moodle 的儿童网络读书会课程设计[J].中国信息技术教育,2008.09）

1. 目标

开阔视野，关注现实，培养高尚人格；以网络读书会的形式，打破时间与空间的局限，实现智慧的交流和分享的最大化，培养学生在网络环境下学习的能力；与和阅读主题相关的实践活动相结合，从阅读走向实践，培养知行合一的人。

2. 内容

以主题的形式，构建现代与经典、科学与人文、自然与社会相融合的适合在 Moodle 上开展的校际网络读书会系列课程。例如，关于汶川地震的读书会活动，不仅只是要让学生了解和追踪事件发生的报道，从情感上开展教育，更是要让学生从地震科学原理、预防与自救演练、捐助与献爱心等不同的角度全方位解读汶川地震。

3. 学习活动的结构

联合各个学校，成立七彩虹读书会（IRIS）。根据七彩虹读书会学习活动的结构模型来设计 Moodle 课程和组织相应的学习活动，如图 4.3 所示。

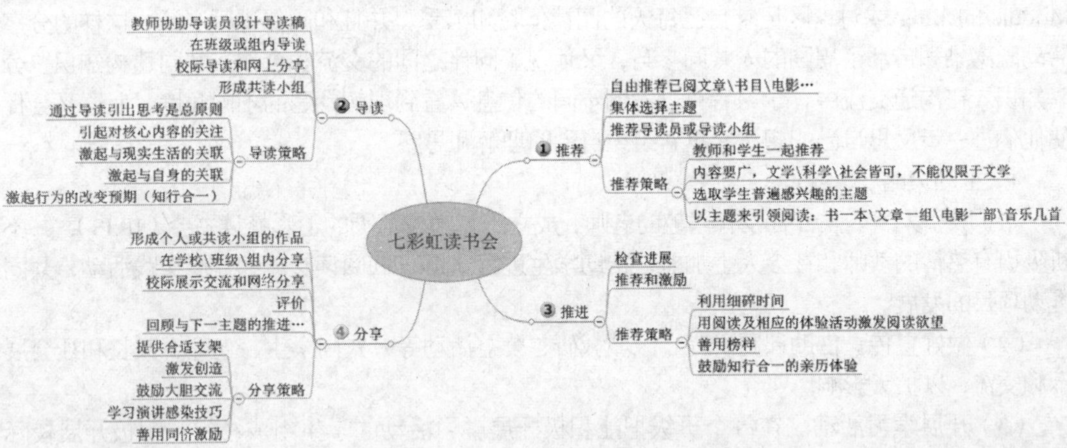

图 4.3 七彩虹读书会学习活动结构模型

（1）推荐。这是整个阅读活动的起始部分，目的是利用 Moodle 中的 Wiki、讨论区、投票等功能指导学生选择感兴趣的阅读材料，激发学生的阅读热情，引发后续的阅读活动。这个环节操作的关键词主题、头脑风暴和兴趣。

① 主题——阅读内容不仅仅局限于文字信息、书籍，也不仅仅局限于我们教材和课程标准所要求的语文学科阅读知识点。阅读内容从文字、书本延伸到数据图表、使用说明书、广告、视频、音频等。在实际操作中，可以采用主题的形式，把这些看似零散的阅读材料有序地组织起来。如“认识地震，感受真情”主题阅读中，可以阅读与地震有关的文章、歌曲、视频、图表……

② 头脑风暴——从推荐中选取学生最感兴趣的内容，使用快速、高效的头脑风暴策略，确定共读材料的具体方向。

③ 兴趣——阅读活动形式生动活泼，师生共同参与；推荐的阅读内容和使用的评价接近生活，体现了阅读的实用主义和阅读的增值性，这些都强调了阅读的乐趣，更能让学生的阅读兴趣比较持久地保持。

（2）导读。在操作上，此环节强调的是发展学生的演讲能力和推介能力。可指导学生将 PPT 上传到 Moodle 中来进行演讲。此环节的关键词是思考。

思考——通过导读活动引起学生对核心内容的关注，激发学生的思考，是阅读活动是否有深度的关键。因此，教师在指导设计导读稿和主持导读活动时，一定要关注能引起交流、碰撞的生成点，利用有效的教学策略激发学生不同层次的思考，从而改变阅读的品质。

（3）推进。推进的目的是激励与促进。教师要善用 Moodle 中的评价反馈功能，检查共读小组的阅读活动进展和实践活动进展；要善用榜样的力量，去影响其他学生的阅读积极性。此环节的关键词是共读小组。

共读小组——小组的分配采用随机分组或自由组合的方式，使学生学习与各种类型的同伴合作、打交道的技巧。在 Moodle 学习平台和实地活动中，以小组为活动单位，与学习伙伴面对面进行阅读交流或者知行体验。教师操作时要指导学生记录活动过程，并把过程记录上传到 Moodle 平台进行交流。

（4）分享。分享的真正魅力在于共享智慧。如在“世界地球日”主题阅读中，学生在 Moodle 共享自己的学习成果，在学校同年级中演讲，在校际活动中展示和交流。在“认识地震，感受真情”主题阅读中，学生在校广播站朗诵自己的《地震日记》，在学校宣传栏展示阅读成果，在 Moodle 的 Blog 或讨论区记录自己每天的阅读体验和感受，并且和同伴进行交流。这样的分享活动既感染和带动了周围的人共同参与，又体现了同伴之间的交流和合作，共同建构知识、分享知识。在沟通交流中，学习者可以看到不同的信息，看到理解问题的不同角度，而这又会促使他们进一步反思自己的想法，重新组织自己的理解和思路。

4. 推动策略

（1）吸引人气。联合各校有兴趣的老师，成立跨越学校范围的七彩虹读书会（IRIS），并不断吸引有热情的教师和社会人士加盟，帮助学生进行 Moodle 阅读交流和开展实践活动，共同推动项目的发展。

（2）做好宣传。借助课题研究、区域教研、公益活动等方式向学生、老师、家长和社会展示和交流，以扩大影响。

（3）开展学习活动。在每个班级把能积极开展学习活动的学生组成小组，积极开展校际的网上学习交流活动；充分展示积极分子的学习成果，以榜样的作用来感染和吸引更多的学生参加。

儿童网络读书会 Moodle 课程实践样例

以下是“认识地震，感受真情”主题阅读的 Moodle 课程设计样例。该课程包括引言（Introduciton）、阅读（Reading）、探究（Inquiry）、分享（Sharing）四大部分内容，这四部分的英文打头字母正好合为“七彩虹读书会”的英文名称“IRIS”。其中，阅读、探究、分享共用 6 个模块来构建。

1. 引言

2008 年 5 月 12 日下午 2 点 28 分，四川省发生里氏 8.0 级强烈地震，震中位于阿坝州汶川县。地震造成伤亡惨重，目前已有近万人死亡，数万人杳无音信，无数房屋垮塌。人民解放军已经开赴第一线抗灾救人，国家领导人亲临第一线指挥。

地震带给人类的损失是巨大的。世界各国非常重视对地震的研究，像中国古代的张衡发明的地动仪，就是探测地震的精密仪器。现在虽然对地震的认识已经比过去提高了很多，但是准确预报地震还是非常困难的，是世界难题。因此，在地震发生之后，如何最大可能地减少地震造成的损失，是当前各国防震减灾的重点内容。

地震无情人有情。灾难面前，人性可贵的一面往往就会集中体现。我们虽然年幼，但是力量不分大小，只要我们有心，我们一样可以做许多有意义的工作。例如，宣传防震减灾知识，参加募捐活动，都是我们力所能及的工作。

本次主题阅读活动中，我们的任务如下。

知：① 了解有关地震的知识和地震自我防护常识；② 大量阅读 5·12 汶川地震有关的感人故事（报纸、电视新闻、视频、音频、图片等）。

行：① 参与救助灾区的行动（捐款、捐物等）；② 撰写 5 · 12 地震连环日记，记下每天打动你的瞬间；③ 制作或撰写研究报告；④ 开展防震自护演习活动。

2. 阅读

<table>
<tr><td>模块一：推荐</td><td>向你推荐几个地震主题阅读网站
投票：选择本小组的阅读实践主题（各主题所代表的角色分别为科学家、记者、社会活动家）
请同学们自由推荐与本主题有关的阅读材料
谁是我们的导读员</td></tr>
<tr><td>模块二：导读</td><td>对导读作品的要求与建议
提交我们的导读作品，并请按照交流要求自由发言
投票：谁的导读作品最吸引你</td></tr>
<tr><td>模块三：推进（一）</td><td>请同学们根据本组主题在以下几组文章中选择阅读，然后再回答文后的问题。对于拓展阅读资料，主要是从网上搜集的，每个资料都注明了它的来源（请注意其中可能会有错别字等），请认真辨别、思考资料中提供的信息，这对于我们回答资料后的问题是非常有帮助的。回答后，请与其他小组的同学们交流讨论，相信你将会有更大的收获
资源：“天佑中华，众志成城——百度汶川地震专题”（来源：报纸、网站）
资源：汶川地震发生属浅源地震破坏力度较大
资源：汶川地震能量堪比 400 颗广岛原子弹
资源：地震预报
资源：地震时我们如何自救
资源：北川学生震后日记
资源：电视台和土豆、优酷网有关 5 · 12 地震的视频
读后有什么感受？请同学们畅所欲言。在自己组内讨论后，还可以去参与其他组的讨论，也许别人的观点会带给你更多的启发
记者讨论区
科学家讨论区
社会活动家讨论区</td></tr>
</table>

3. 探究

模块四：推进（二）	请对照本组的阅读主题提交你们的阅读实践过程记录，并与其他小组的同学互相交流 记者：提交你的“战地”日记（每天打动你的瞬间），并请对其他同学的作品进行点评 科学家：提交你们的研究记录和心得（观察日记、照片或者是发现的问题等） 社会活动家：提交你们的行动记录（倡议书、募捐或防震演习的照片、日记等）

4．分享

模块五：展示交流	通过这段时间的主题阅读实践活动，同学们一定有不少收获。但是要使你的研究产生影响，必须要以最能打动人或说服人的方式向公众宣传，才能产生广泛的影响。建议同学们把下面的方式用于宣传自己的研究成果： 🏵PPT 作品交流区 🏵日记交流区 🏵研究报告交流区 🏵募捐成果盘点 🏵简报图片讨论区
模块六：评价反思	根据下面的评价表，对各自的情况做自评、小组评或师评，以改进自己的研究工作，并在讨论区畅谈自己本次主题阅读与实践的真实感受 评价表： 🏵回顾这段时间的所见所闻，你周围的人或者你自己有什么变化 🏵这次地震主题阅读，你最大的收获是什么 🏵下一步，你还想做什么

思考与练习

1. 从 Moodle 的应用中，怎样理解网络教学平台在学校教育中的作用?

2. 请介绍一下你平时经常使用或熟悉的网络交互工具都有哪些？并结合实际说说它们在教育教学方面的优势和局限。(至少列举 3 种)

3. 简述网络教学的含义与特点。

4. 请借助互联网上的相关资料，写一篇关于 Wiki 教育应用方面的小论文。要求：1000 字以上。

5. 目前常用的网络通信工具有哪些，在网络教学应用方面它们各有何特点？（至少列举 2 种)。

6. 什么是现代远程教育？简述远程教育系统各组成要素。

7. 简述网络课程的设计与开发模式。

8. 请对本章教学案例做分析评价。

PART 5

第5章 教学设计

【学习目标】

- 掌握教学设计的基本概念及其3种类型。
- 掌握以教为主的教学设计的基本过程。
- 理解以学为主的教学设计的基本过程。
- 了解以教师为主导学生为主体的教学设计的基本过程。

【学习导图】

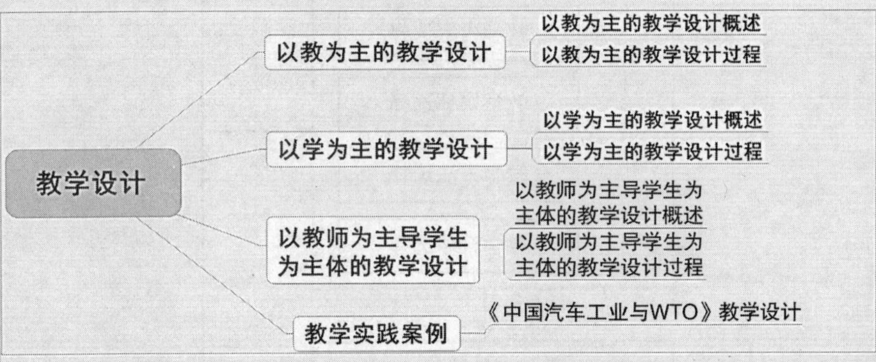

5.1 以教为主的教学设计

5.1.1 以教为主的教学设计概述

教学设计是现代教育技术学的核心内容，是以教学理论、学习理论为基础，应用系统科学的方法，对教学要素进行细致的分析，查找问题并提出解决问题最佳方案的一种操作程序。根据教学模式的不同可以将教学设计分为以教为主的教学设计、以学为主的教学设计和以教师为主导学生为主体的教学设计 3 种类型。

以教为主的教学设计,也称为传统教学设计，是发展时间最长，研究最深入，理论体系最完整的教学设计体系。以教为主教学设计的理论与方法是基于行为主义学习理论而提出的，行为主义学习理论以人的外显行为为研究对象，强调学习是刺激—反应—强化的过程，这种学习理论确定了以教为主的教学模式。以教为主教学设计的核心是教师的“教学”，它强调在教学过程中体现教师的主导作用。以教为主的教学设计通常包括：前端分析、教学目标设计、过程设计和教学结果评价 4 个阶段，如图 5.1 所示。

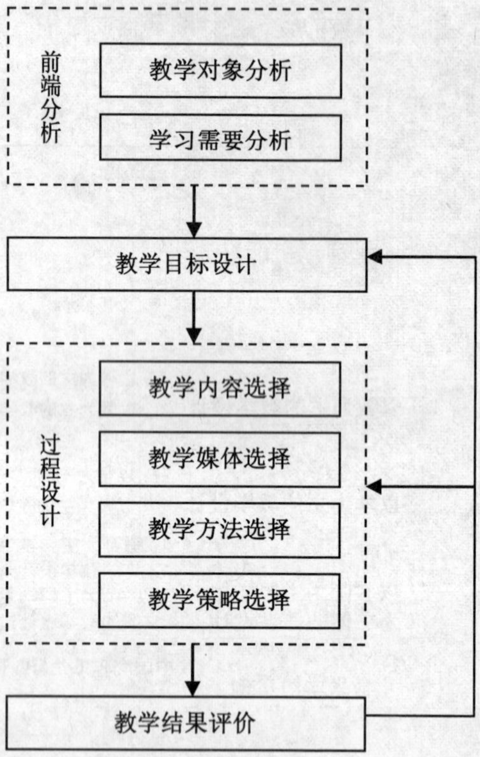

图 5.1 以教为主的教学设计模式

5.1.2 以教为主的教学设计过程

1．前端分析

前端分析是以教为主教学设计的准备阶段，在这一阶段的工作中我们需要对教学对象和学习需要进行分析，以掌握学生的学习状况，了解教学中存在的问题。

（1）教学对象分析。进行教学对象分析是为了教师在开展教学前掌握学生以前学习了哪些知识内容，不同学龄表现出哪些学习特征，以及学生在学习中表现出哪些学习风格，进行教学对象分析可以为教师教学的开展提供依据，能帮助教师了解学生间存在的差异，选择合理的教学方法，设计适合学生的教学方案。对教学对象的分析要从起点能力分析、一般特征分析和学习风格分析 3 个方面进行。

① 起点能力分析。每一个学习者在学习新内容之前都会把先前所学习到的知识、技能和态度带入新内容的学习过程中，因此我们需要通过分析学习者在学习新知识前已具备的知识、技能以及对学习的态度，来了解学生的学习准备状态。学生先前通过学习所具备的知识、技能在很大程度上会影响教师新知识和新技能的传授，如果旧知识和技能与新知识和技能间有一定的关联，那么旧知识和技能在一定程度上就起到了连结新旧知识和技能以及引导新知识和技能学习的作用。学生在学习中表现出来的学习态度决定了学生在学习新知识的过程中是否有学习动力，如果一个学生以消极的态度对待新知识的学习，会导致学生的学习积极性、主动性不强，最终影响学习效果。

② 一般特征分析。学习者的一般特征是指在学习过程中影响学生生理、心理的特点，主要包括学习者的年龄、学习动机、个人对学习的期望、社会文化背景、生活经验等内容。

不同年龄阶段学习者所表现出来的学习特征是不一样的，在个体心理发展的各年龄阶段所表现出来的一般的、典型的、本质的特征，称为心理年龄特征。心理发展的各年龄阶段的特征具有一定的稳定性，表现为在一定社会教育条件下，一定年龄阶段的多数儿童处于一定的发展水平上，表现基本相似的心理特点。在教师进行教学内容和教学策略的选择时，要首先考虑受教育者的年龄特点，针对不同年龄段的学生施予不同的教学。

学习动机是影响学生学习的一个重要的内部因素，它是学生学习的动力，直接决定了学生学习的自觉性、积极性和选择性，学习动机能推动学生的学习，而通过学习获得的学习效果又可以增强学生的学习动机。教师在教学过程中引导学生树立良好的学习动机，有利于提高学生的学习积极性，增强学生的学习能动性。

个人对学习的期望是学习者在学习过程中表现出来的对自我学习的要求和期待，期望值的大小直接影响学习结果的质量和效率。根据学习者对学习期望的不同可以表现为期望值过大、期望值过小和期望值适中 3 种形式。期望值过大会导致学生的学习压力过大，无论怎么努力都无法实现学习目标，从而影响学习积极性，产生自卑心理，期望值过小会导致学生非常轻松地达到学习目标，没有学习压力，形成自由散漫、骄傲自大的心理；期望值适中可以让学生感受到一定的学习压力，通过努力可以达到学习目标，从而实现自我认同。

社会文化背景是影响学生学习的外部因素，建构主义学习理论认为，知识不是通过教师传授得到的，而是学习者在一定的情境即社会文化背景下，借助他人（教师、伙伴）的帮助，利用必要的学习资料，通过意义建构的方式而获得的。因此，不同社会文化背景下的学习者其表现出来的学习特点具有一定的差异。

生活经验是学生在生活中通过亲身经历、体验而获得的对事物的认识和反映，它是学生立足于客观世界，通过感官知觉对生活所做出的判断，是学生在生活中认识成果的积累。学生已有的生活经验能为学生的学习提供了一定的基础。了解学生的生活经验有助于教师教学的开展和实施。

③ 学习风格分析。学习风格是学习者持续一贯的带有个性特征的学习方式。在学习过程中，不同的学习者之间在获取知识、习得技能时对环境的感知速度和做出学习行为的表现都会出现一定的差异，为了了解这些差异我们需要进行学习者的学习风格分析。学习者的学习风格分析

主要是分析学习者对学习环境的感知以及与学习环境的相互作用的心理特征。美国教育技术专家克内克等人认为为了向学习者提供适合其特点的个别化教学，在对学习者的学习风格分析时要掌握以下情况：① 信息加工的风格，② 感知或接受刺激所用的感官，③ 感情的需求，④ 社会性的需求，⑤ 环境和情绪的需求。

劳特斯（Lotas）将学习者学习风格划分为情感 I、情感 II、认知 I、认知 II 四种类型。情感 I 的学习者喜好在群体中学习，对他人非常敏感，根据他人的情感进行决策；情感 II 的学习者则关心生活的意义和目的，他们根据道德和美学进行决策；认知 I 的学习者喜欢通过生活的实践，根据精确的信息进行决策；认知 II 的学习者则喜欢用事实建构和理解理论。

学习风格没有好坏之分，每一个人都有自己独特的学习风格，不同的群体、不同文化社会经济阶层、不同学习个体间都存在着不同的学习风格。教师了解学习风格的目的在于找出不同的学习风格与教学内容组织、教学方法运用、教学媒体选择之间的关系，以便为学习者提供适合其学习风格特点的教学。

（2）学习需要分析。学习需要分析是指通过系统的调查和研究，发现教学中存在的问题，通过分析问题产生的原因，提出可行的解决问题的方法。这里的学习需要指的是学生的学习需要（即学习者的现状与期望之间存在的差距），而不是教师的需要，也不是教学过程或教学手段的需要。分析学习需要主要包括 3 方面的工作：第一，深入进行调查研究，分析教学中需要解决的问题有哪些；第二，分析问题产生的原因，确定解决问题的方法；第三，分析现有条件和制约因素，明确教学设计方案，分析解决问题的可行性。

分析学习需要的基本步骤如下。

第一步，规划。在这一步骤中需要确定分析的对象、选择分析的方法、确定收集数据的技术、选择参与分析的人员。

第二步，收集数据。在这一步骤中要确定数据样本的大小和结构、确定数据收集的日程安排。

第三步，分析数据。在这一步骤中要对收集好的数据进行统计分析。

第四步，写分析报告。分析报告要描述分析研究的目的、描述分析的过程和参与者、描述分析的结果、提出解决问题的主要方法这 4 方面的内容。

2．教学目标设计

教学目标设计是以教为主教学设计的核心。教学目标是学习者通过教学后所表现出来的可见行为具体而明确的表述，是教学活动的出发点和归宿。教学目标设计是为了确定学生要完成的主要学习任务、对知识和技能理解和掌握程度，以及学习态度、学习情感等方面需要达到的要求。教学目标的确定直接决定了教学过程的设计和教学评价的开展。

（1）教学目标的分类。20 世纪 50 年代以美国心理学家布鲁姆为代表提出了教学目标分类理论。在这个理论体系中，布鲁姆等人将教学目标分为认知目标、情感目标和动作技能目标 3 类。① 认知领域目标分类。布鲁姆把认知目标分为 6 个层次：知识、领会、运用、分析、综合、评价。② 情感领域目标分类。根据价值内化程度，情感目标由低到高分为 5 个层次：接受（注意）、反应、评价、组织、价值与价值体系的性格化。③ 1956 年布鲁姆等人在创立教学目标分类理论时，未能对动作技能目标进行具体的分类，1972 年，辛普森等人将动作技能目标分为 7 个层次：感知、准备、有指导的反应、机械动作、复杂的外显反应、适应、创新。

我国教育学者，在布鲁姆教学目标分类的基础上，提出了不同的分类分式。认知领域目标分为 5 个层次：记忆、理解、简单应用、综合应用、创见。情感领域目标分为 5 个层次：接受、思考、兴趣、热爱、品格形成。动作技能目标分为 5 个层次：模仿、对模仿动作的理解、动作组合协调、动作评价、新动作的创造。

（2）教学目标的设计原则。

① 整体性原则。完整的教学目标体系应该包括教学总目标、课程教学目标、单元教学目标和课时教学目标，教学总目标是为实现教育教学目的而制订的具有概括性的总体要求，它确定了教学发展的趋势和方向。但是教学总目标不具体，无法实施，因此还需要在总目标的基础上制订具体的教学目标。课程教学目标、单元教学目标和课时教学目标是在教学总目标的指导下针对某门课程、某个教学单元或某一节课制订的具体教学目标，这些教学目标的制订是围绕教学总目标来进行的，是为实现教学总目标的具体规定。在制订教学目标时，自上而下的对教学目标进行设计可以保证教学目标的完整。

② 层次性原则。根据布鲁姆对教学目标的分类，教学目标具有层次性，针对不同的教学内容，对教学目标进行分类，并根据不同领域的分类层次来编写教学目标。

③ 可操作性原则。教学目标要根据具体的教学内容、不同的教学对象特点来制订，教学目标设计的重点是说明学习者学习行为或能力的变化，要具有可观察和可测量的特点。

（3）教学目标的编写方法——ABCD 模式。一个规范的教学目标要包括以下 4 个要素。

① A——对象：说明教学对象。例如，初中一年级学生。

② B——行为：说明通过学习后，学生能做什么。可以使用一个动宾结构的短语来描述，其中动词用于描述学习的类型，可以用“说出、例举”等动词表达，宾语用于描述学习的内容，例如，能说出中国的首都，能例举中国的省会城市。

③ C——条件：说明上述学习行为在什么条件下产生。条件由环境、人、设备、信息、时间和问题明确性等因素构成。

④ D——标准：规定达到上述学习行为的最低标准。标准一般从行为的速度、准确度和质量 3 个方面来确定。

【例】<u>小学四年级的学生</u>，<u>2 分钟内</u>，能<u>在中国地图中</u> <u>指出</u> <u>5 个</u> <u>省会城市</u>。

小学四年级的学生	2 分钟内	在中国地图中	指出	5 个	省会城市
对象	标准	条件	行为动词	标准	行为宾语

3．过程设计

教学过程设计是以教为主教学设计的主体，它是在前端分析的基础上，围绕教学目标开展的教学活动，主要包括以下 4 项内容。

（1）教学内容选择。教学内容是要求学习者系统学习的知识、技能和行为规范的总和。教学内容的选择要围绕教学目标来进行，主要工作是确定教学内容的范围、深度和内容间的相互联系。教学内容的范围是确定学生需要学习的知识、技能的广度；教学内容的深度是确定学生学习某一知识和技能时需要达到的知识深浅程度和能力的质量水平；教学内容的相互联系是确定知识点教学的顺序。

（2）教学方法选择。教学方法是在教学过程中教师和学生为实现教学目标、完成教学任务而采取的教与学相互作用方式的总和。常见的教学方法如下。

① 讲授法，是教师通过语言向学生传授教学信息的方法。该方法可以让学生在短时间内获取大量的信息，但学生处于被动接受知识的学习中，难以调动学生的学习积极性。

② 演示法，是借助实物、图片、模型、投影等教学媒体向学生呈现教学信息的方法。该方法能够给学生提供具体而直观的学习信息，以帮助学生加深对知识的理解。

③ 谈话法，是教师根据学生的已有知识和教学内容，向学生提问并得出所提问题结论的教学方法。该方法对教学信息的针对性强，有利于对学生知识和技能的检查和强化。

④ 讨论法，是在教师指导下，围绕某一问题，由全班或小组学生进行交流、学习的教学方

法。该方法有利于发挥学生的学习主体地位，提高学习参与学习的积极性。

⑤ 实验法，是在教师指导下，对某一问题反复实践，以形成技能、技巧的教学方法。该方法能强化学生对知识技能的理解，培养学生的动手实践能力。

⑥ 练习法，是在教师指导下，让学生多方面、多层次应用知识的教学方法。通过练习可以使学生巩固已学过的知识、熟练掌握和应用技能。

（3）教学媒体选择。教学媒体是在教育教学过程中，用于传递教育信息而采用的手段。按照学习者使用教学媒体的感觉器官来分，可以将教学媒体分为听觉媒体（广播、录音、CD）、视觉媒体（教科书、挂图、模型、幻灯、投影）、视听觉媒体（电影、电视）、交互媒体（程序教学机器、电脑）。每一种教学媒体都有其优缺点，教师在教学时应该根据教学目标、教学内容、教学方法、学生特征、教师特征及其媒体的经济性来选择教学媒体。

（4）教学策略选择。教学策略是为完成教学目标，而采用的教学顺序、教学活动安排、教学组织形式的总体考虑。常见的教学策略有：先行组织者教学策略、传递—接受教学策略、情景—探究教学策略、示范—模仿教学策略、引导—发现教学策略。

4．教学结果评价

结果评价是教学设计的重要组成部分，包括教学评价和学习者评价。教学设计时应该制订明确的评价计划、评价内容。关于教学评价请参考第 6 章中的内容。

5.2 以学为主的教学设计

5.2.1 以学为主的教学设计概述

以学为主的教学设计是基于建构主义学习理论而提出的，建构主义学习理论认为学习是在较真实的情景中，在原有经验和认知结构基础上，通过主动建构知识来达到个人对新知识理解，是学习者主动建构内部心理结构的过程，该理论强调学习过程是以学习者为中心的。它强调以学习者为中心的自主学习或协作学习，教育者需要精心为学生创设较为真实的学习情境，认真选择和设计有利于学生学习的学习环境，以丰富的信息资源作为学习支持，最终完成对新知识和技能的学习。以学为主的教学设计通常包括：确定活动主题、创设学习情境、选择学习策略、提供学习帮助、学习结果评价 5 方面的内容，如图 5.2 所示。

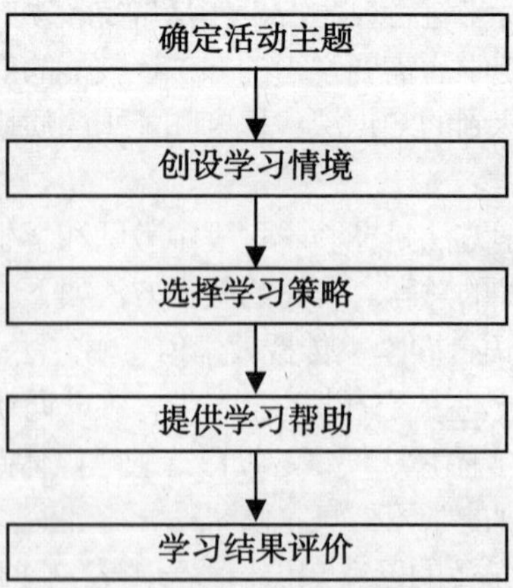

图 5.2　以学为主的教学设计模式

5.2.2 以学为主的教学设计过程

1．确定活动主题

主题是以学为主教学活动开展的核心，以学为主的教学设计围绕学习主题进行，主题是学生需要学习的基本概念、原理、方法和过程的知识内容的总和，因为主题包含在学习内容之中，学习内容又受学习目标的指导，所以在确定主题时可以通过分析学习目标，得出总目标和子目标形成目标关系图，以目标关系图来规定学习的知识内容，并以此来确定学习活动的主题。

2．创设学习情境

建构主义学习理论认为学习总是与一定的社会文化背景即“情境”联系在一起的，在实际情境或通过多媒体创设的接近真实的情境下进行学习，有利于学生将新旧知识联系在一起，从而促进新知识的学习。在设计学习情境时，要尽可能根据学习主题和学生特点进行创设，为学习提供学习所需要的丰富的学习资源和仿真的学习环境，从而激发学生探索知识、求真创新的学习积极性，最终完成对新知识的意义建构。当前学校教育中可以用于创设学习情境的多媒体环境主要有：适合多媒体组合式教学的多媒体综合教室，适合协作学习的多媒体网络教室，适合个别化学习的电子阅览室，适合提供丰富信息资源的校园网等。

3．选择学习策略

学习策略是学生在学习过程中为实现学习目标而采取的具体措施。常见的学习策略包括以下几方面。

（1）支架式学习策略。支架式学习策略应当为学习者建构一种对知识理解的概念框架，用于促进学习者对问题的进一步理解。因此，需要把复杂的学习任务加以分解，以便把学习者的理解逐步引向深入。支架式学习由以下环节组成：搭脚手架（围绕当前学习主题，建立概念框架），进入情境（将学生引入概念框架中某个层次的问题情境），独立探索（确定与给定概念有关的各种属性，并将各种属性按其重要性大小顺序排列），合作学习（在共享集体思维成果的基础上达到对当前所学概念比较全面、正确的理解），效果评价（评价内容包括：自主学习能力，对小组合作学习做作出的贡献，是否完成对所学知识的意义建构）。

（2）抛锚式学习策略。抛锚式教学策略要以真实的事件或问题为基础，这些真实的事件和问题被形象地比喻为“抛锚”，因为一旦这类事件或问题被确定了，整个教学内容和教学进程也就被确定了（就像轮船被锚固定了一样）。抛锚式教学策略要求以学生为中心，通过学习者主动搜集和分析材料、数据，对所学习的问题要提出各种假设并努力加以验证，最后在老师的指导下和同学的讨论中得到正确的结论。抛锚式学习由以下环节组成：创设情境（使学习能在和现实情况基本一致或相类似的情境中发生），确定问题（让学生面临一个需要立即去解决的现实问题），自主学习（教师向学生提供解决该问题的有关线索，发展学生的“自主学习”能力），合作学习（讨论、交流，补充、修正每个学生对当前问题的理解），效果评价（在学习过程中随时观察并记录学生的表现）。

（3）随机进入学习策略。由于事物具有复杂性和多面性，要全面地了解事物的本质，可以从不同途径，使用不同方式进入相同的学习内容进行学习，从而实现对同一事物或同一问题的多方面认识和理解。随机进入学习由以下环节组成：呈现基本情境（向学生呈现与学习主题相关的情境），随机进入学习（学生自主选择学习内容进行学习），合作学习，效果评价。

4．提供学习帮助

学习帮助是在学生学习的过程中给予学生必要学习支持的学习资源和学习策略。学习资源是学生学习活动中围绕主题学习所必需的信息内容，可以通过直接提供资源（复印学习材料、教材）、提供资源线索（参考书目、网址）、提供获取资源的方法（资源检索）等方式进行。提供学习策略是为学生学习活动的开展提供必要的指导，帮助学生顺利地开展学习。

5．学习结果评价

在以学为主的学习中，学生对新知识的理解不尽相同，要对学生的学习结果进行全面评价，应该采用多种形态的评价方式。在以学为主的教学设计的学习结果评价中，在评价方式上，可以将小组评价、个体评价和教师评价结合在一起；在评价形式上，可以将形成性评价和总结性评价结合在一起。

5.3　以教师为主导学生为主体的教学设计

5.3.1　以教师为主导学生为主体的教学设计概述

以教师为主导学生为主体的教学设计又称双主教学设计，是以教为主和以学为主这两种教学设计相结合的产物，这种教学设计各取所长，优势互补，在应用中具有较大的灵活性，能够适应不同学校、不同内容的教育教学需要。

1．双主教学设计理论基础

双主教学模式既要发挥教师的主导作用,又要充分体现学生的认知主体作用，把教师和学生两方面的主动性、积极性都调动起来，它的理论基础是奥苏贝尔的"有意义接受学习"理论、"动机"理论、"先行组织者"教学策略以及建构主义的学习理论的有机结合。奥苏贝尔的学与教理论有利于教师主导作用的发挥，并重视情感因素在学习过程中的作用，缺点则是在教学过程中把学生置于被动接受地位，强调教师传递、学生接受,否定发现式学习。建构主义理论的优点是有利于具有创新思维和创新能力的创造型人材的培养，充分发挥学生的主观能动性，缺点是忽视教师主导作用的发挥和忽视情感因素在学习过程中的作用。把学与教理论与建构主义理论的优势互补，相互结合,就能指导新型的双主教学模式。

2．双主教学设计原则

（1）以教师为主导作用的设计原则。在教学设计中，教师的主要任务是对教学过程进行组织，组织教学信息资源，建立开放、轻松、协作的学习环境，监控学习过程，并对学生在学习过程中的表现给予形成性评价，帮助学生完成知识的意义建构，在导学过程中形成学生良好的情操和品行以及科学的态度。

（2）以建构主义理论为基础的以学生为主体的设计原则。根据何克抗教授所提的以建构主义学习理论为基础的以学生为主体的教学设计包括 7 点：① 以学生为中心；② 强调情境设计，③ 强调协作学习设计；④ 学习环境设计；⑤ 各种支持学与教的信息资源设计；⑥ 以问题解决为目的的学习任务设计；⑦ 强调学生的意义建构为最终目的。

5.3.2　以教师为主导学生为主体的教学设计过程

双主教学模式以问题为核心,建立学习定向点,然后围绕这个定向点,通过设计学习情景、学习资源、学习策略而展开,它们共同服务于由教学目标、学习者、学习内容而决定的学习任务这一核心。其教学设计过程如图 5.3 所示。

1．学习者特征分析

建构主义认为学生是学习的主体，是意义的主动建构者，教师的教学只是对学生的学习起引导作用，是外因，外因通过内因而起作用。要想取得较好的教学效果，就必须充分了解学习者的特征，通过对学习者特征的分析有针对性地设计适合学生能力与知识水平的学习问题，提供适合的帮助和指导，设计适合学生个性的情景问题与学习资源的教学方案，学习者特征分析主要涉及学生的知识基础、认知能力、兴趣、动机、情感等方面。

学习者特征分析是教学设计过程中分析教学基本矛盾中主观因素的一个重要环节,它为后续的教学设计工作提供了重要的依据。

2．学习需要分析

学习需要分析主要是进行 3 方面的工作：一是分析教学中需要解决问题是什么；二是通过分析问题产生的原因，以确定解决该问题的必要途径；三是分析现有的资源条件和制约因素，明确设计教学方案以及解决该问题的可行性。学习需要分析的结果是提供“差距”的有效资料和数据，从而帮助形成教学设计的总的教学目标。

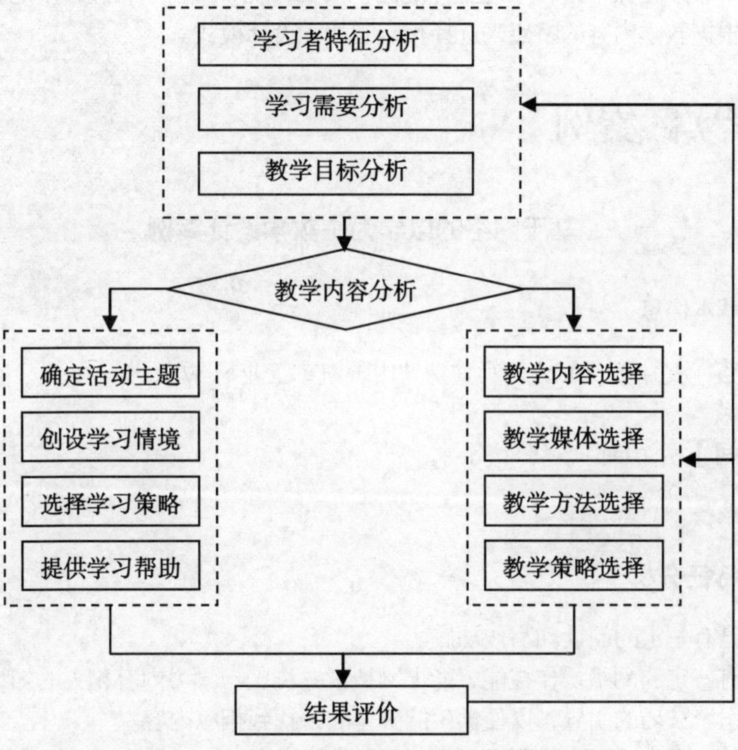

图 5.3　以教师为主导学生为主体的教学设计模式

3．教学目标分析

教学是促进学习者朝着目标所规定的方向产生变化的过程，它贯穿于教学活动的始终。分析教学目标是为了确定学生学习的主题即与基本概念、基本原理、基本方法或基本过程有关的知识内容。分析教学目标首先要考虑学习者这一主体。教学目标不是设计者或教学者施加给学习过程的，而是从学习者的学习过程中提取出来的。其次，还应尊重学习主题本身内在的逻辑体系特征。

4．教学内容分析

教学内容是教学目标的知识载体，教学目标要通过一系列的教学内容才能体现出来，双主教学设计强调学习要解决真实环境下的问题，在解决真实任务中达到学习的目的，但真实的任务是否会体现教学目标，如何来体现，这就需要我们对教学内容做深入分析，明确所需学习的知识内容、知识内容的结构关系、知识内容的类型等，这样在后面设计学习问题时才能很好地涵盖教学目标所定义的知识体系，才能根据不同的知识类型，将学习内容嵌入建构主义的不同要素中，如陈述性知识可通过学习资源的方式提供，而策略性的知识则可通过设计自主学习活动来体现并展开等。

5．结果评价

每个学生的认知风格、学习方式及阶段性发展水平有一定的差异，教师应根据学生的差异采取适当的评价方式，设计出不同层次的评价目标，并允许学生自主选取适合自己的评价方式，以利于学生充分展示自身的优势，让水平不同的学生都能体验到成功。同时应注重形成性评价对学生发展的作用，要与总结性评价有机结合。

双主教学设计是以教为主和以学为主的教学设计方法和过程的综合，双主教学设计强调在教学中既要发挥教师在教学过程中的主导地位，又要体现学生在学习过程中的主体地位，在实际教学中需要根据教学内容的特点来选择相应的教学设计模式。

5.4　教学实践案例

基于网络的以学为主教学设计案例

一、课程基本信息

【教学内容】高中语文阅读与写作课“中国汽车工业与 WTO”。

【教学时间】两个课时，共 80 分钟。

二、教学准备

【学习者特征分析】

（1）学生已有一定的阅读和写作功底。

（2）学生有一定的网络操作技能，能上网搜索并浏览与学习内容相关的知识，但需要教师适时进行搜索引擎技巧的引导，以便学生能快速准备找到相应内容。

（3）学生普遍思维活跃，能积极并有条理地发表个人观点。

（4）学生合作学习的经验还不足，小组协作学习能力有待加强，需要教师在一定程度上加以引导。

【教学目标分析】

1.　知识与能力

（1）了解中国入关的一些知识。

（2）通过搜索、分析网上资源，提高利用网上资源进行意义构建的能力。

（3）提高学生的语言文字表达能力。

2.　过程与方法

（1）通过自主学习和小组协作收集提取网络相关资源信息，使学生掌握快速阅读与准确筛选信息的能力和方法。

（2）学生通过参与评价过程，提高评析文章的能力，掌握从多个角度分析、评论文章的方法。

3. 情感态度与价值观

（1）通过参与合作学习活动，提高学生与他人积极合作意识，培养学生的合作精神。

（2）学生具备自我评价的意识。

三、学习内容和任务

【学习内容设计】

本次课学习内容以策略性知识为主，陈述性知识为辅，主要是以陈述性知识为主题开展策略性知识的探索和学习。

（1）陈述性知识：中美签署入关协议的情况；加入 WTO 对中国汽车工业将产生的影响。

（2）策略性知识：如何快速、准确地筛选信息；如何利用收集的信息，针对一个题目写出文章；如何从多个角度分析、评论文章。

【学习任务设计】

本次课主要是通过完成两个学习任务来达成教学目标。

（1）假使你是一名（A：司机　B：汽车经销商　C：汽车厂厂长），在得知中美签署有关协议的那一天（1999 年 11 月 15 日）感受如何？你看到了哪些有关情形？请以此为内容写一篇 300 字左右的短文，文体不限，题目自拟。

（2）假如你是语文学科组的教师之一，与其他语文教师合作，对学生的作文共同给出评价，写出评语。

四、过程

【学习策略设计】

根据学习任务的要求和学习者分析的结果，本次课学生的学习策略。

（1）讨论策略：面对面或是通过网络分组讨论加入 WTO 对中国汽车工业将产生何种影响。

（2）探索策略：独立利用网络收集资料，分析问题，解决处理学习过程中遇到的各种问题，写出一篇小短文。

（3）协同策略：学生之间分组配合，合作完成评审作文的学习任务。

（4）竞争策略：由于文章写好后，同学之间要公开评论，因此学生在整个学习过程中都必定会存在一种竞争心理。利用这种心理，可以激发和维持学生的学习动机。

（5）自我评价策略：学生在通过小组协作评价其他同学的作文结束后，利用协作学习评价表进行协作学习过程的自我评价。

（6）教学流程图（见图 5-4）。

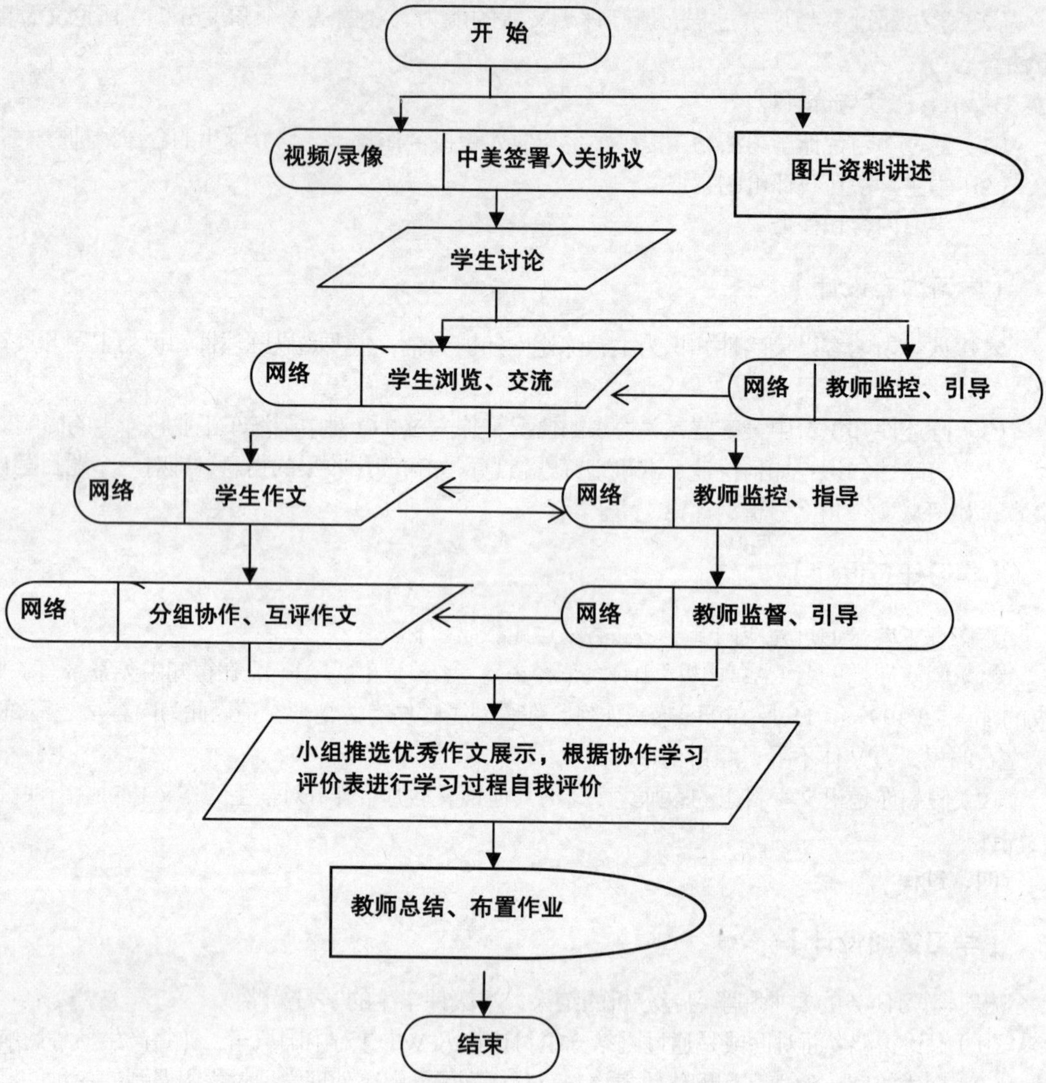

流程图图形符号说明：

图 5.4　教学流程图

五、数字化教学资源

（1）“中美签署入关协议”的网络视频、录像等。

（2）与 WTO 有关的一些图片资料。

（3）有 WTO 专题的一些网站，如新华网、人民网。

（4）在 Internet 上用搜索引擎可以搜到的与 WTO 有关的文本、音视频、动画等信息。

（5）百科网站:维基百科、百度百科、互动百科。

（6）网络文库：百度文库、豆丁网、道客巴巴。

六、评价

教师主要从两个方面对学生的学习开展评价。

（1）让学生完成作业，通过对作业的检查批改，从整体上评价学生这次课在收集信息、写作和评析等方面的学习结果。

（2）要求学生根据小组协作学习评价表（见表 5.1）进行学习过程的自我评价，同时也可对本小组的其他同学做出评价（评价人数视具体情况而定），然后把评价结果反馈给教师和学生本人。

表 5.1　　　　小组协作学习评价表

<table>
<tr><td>组别</td><td></td><td colspan="2">姓 名</td><td colspan="2"></td><td>小组成员</td><td colspan="7"></td></tr>
<tr><td colspan="2" rowspan="2">评价
项目</td><td colspan="4">评价等级</td><td rowspan="2">自评得分</td><td rowspan="2">组员 1</td><td rowspan="2">…</td><td rowspan="2">…</td><td rowspan="2">…</td><td rowspan="2">…</td><td rowspan="2">…</td><td rowspan="2">组员 n</td></tr>
<tr><td>优</td><td>良</td><td>中</td><td>差</td></tr>
<tr><td colspan="2">①与小组同学合作与交流</td><td>5</td><td>4</td><td>3</td><td>2</td><td></td><td></td><td></td><td></td><td></td><td></td><td></td><td></td></tr>
<tr><td colspan="2">②认真听取其他同学的意见</td><td>5</td><td>4</td><td>3</td><td>2</td><td></td><td></td><td></td><td></td><td></td><td></td><td></td><td></td></tr>
<tr><td colspan="2">③表达自己的观点和意见</td><td>5</td><td>4</td><td>3</td><td>2</td><td></td><td></td><td></td><td></td><td></td><td></td><td></td><td></td></tr>
<tr><td colspan="2">④与小组同学共同协商统一评审(作文)流程、方法</td><td>5</td><td>4</td><td>3</td><td>2</td><td></td><td></td><td></td><td></td><td></td><td></td><td></td><td></td></tr>
<tr><td colspan="2">⑤与小组同学共同完成任务</td><td>5</td><td>4</td><td>3</td><td>2</td><td></td><td></td><td></td><td></td><td></td><td></td><td></td><td></td></tr>
<tr><td colspan="2">⑥完成自己的任务</td><td>5</td><td>4</td><td>3</td><td>2</td><td></td><td></td><td></td><td></td><td></td><td></td><td></td><td></td></tr>
<tr><td colspan="2">⑦帮助其他同学</td><td>5</td><td>4</td><td>3</td><td>2</td><td></td><td></td><td></td><td></td><td></td><td></td><td></td><td></td></tr>
<tr><td colspan="2">⑧协调小组成员</td><td>5</td><td>4</td><td>3</td><td>2</td><td></td><td></td><td></td><td></td><td></td><td></td><td></td><td></td></tr>
<tr><td colspan="2">⑨促进小组学习活动</td><td>5</td><td>4</td><td>3</td><td>2</td><td></td><td></td><td></td><td></td><td></td><td></td><td></td><td></td></tr>
<tr><td colspan="2">⑩与其他同学分享学习成果</td><td>5</td><td>4</td><td>3</td><td>2</td><td></td><td></td><td></td><td></td><td></td><td></td><td></td><td></td></tr>
<tr><td colspan="6">合计总分</td><td></td><td></td><td></td><td></td><td></td><td></td><td></td><td></td></tr>
</table>

七、帮助和总结

【管理和帮助设计】

在学习过程中，教师通过多媒体教学平台监控跟踪学生学习的进展。在收集资料阶段，注意观察，引导学生高效准确地搜索、筛选网络资源；在学生独立探索阶段，随时回答学生提出的问题；评审文章时，引导组织学生分组合作，并对合作小组给予必要的指导。

【总结与强化练习】

教师选取几篇作文，针对其中出现的问题，在学生讨论评析基础上概括总结。主要围绕主题是否明确、内容是否集中、语言是否准确这 3 个方面进行总结。同时，布置作业：每个人写出一篇关于青少年心理健康状况的网络调研小报告，然后 5 人一组，共同评论他们写的调研报告。

PART 6

第 6 章 教学评价

【学习目标】

- 掌握教学评价的基本概念。
- 理解教学评价的基本类型。
- 了解教学评价的基本过程。
- 理解教学评价是如何开展的。

【学习导图】

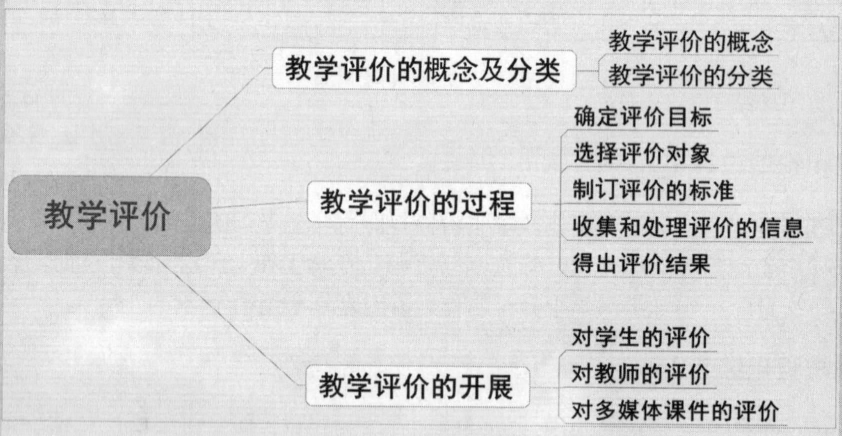

6.1 教学评价的概念及分类

6.1.1 教学评价的概念

教学评价是指根据教学目标，运用可行的方法和手段，制订科学的标准，对教学活动的过程和结果进行测定和衡量并给予价值判断的过程。教学评价是教学工作的重要组成部分，它的开展贯穿于教学活动的始终，涉及教学目标、教学内容、教学过程、教学方法、教学媒体、教师、学生等各个方面，是教师在教学活动过程中始终都要做的重要工作。进行教学评价的目的是为了获得教学过程中各方面的反馈信息，以不断修正和完善教学过程，提高教学质量。

从教学评价的概念中可以看出教学评价的特点主要表现在以下几个方面。

① 以教学目标为依据。教学评价目标是开展教学评价、制订评价方案的依据，它直接决定教学评价标准的建立，影响教学评价活动的实施。

② 制订科学的评价标准。评价标准是顺利开展教学评价的根本保证，在教学评价目标的基础上，制订科学、明确的评价标准有利于教师根据要求进行统一、公正、规范的教学评价。

③ 以实际客观资料为基础。教学评价不是通过主观判断和估计来实现的，它是建立在教学活动开展过程中对所收集的各种相关信息、资料、数据分析的基础上实现的。

④ 采用科学可靠的量化方法。教学评价过程中需要对收集的客观资料、信息采用科学的统计方法进行量化处理，处理后的结果可以使评价结论更加准确，方便我们对结果进行分类和比较。

⑤ 做出价值判断。教学评价的结果是为了衡量是否达到了教学目标，教师的教学质量是否得到了提高，学生的学习是否有所进步，教学活动的开展是否取得了预期的效果，这些结论都将为其后的教学提供决策。

在教学评价中，其功能主要表现在以下几个方面。

① 诊断功能。教学评价的结果是对教学过程、教学活动、教师、学生等与教学开展相关的各项内容进行测量和判定，其结论对评价的对象具有鉴定和评判的作用。

② 反馈功能。在评价过程中，教师和学生可以及时了解在教与学的活动过程中存在的问题，可以有针对性地根据这些问题寻求解决的办法，以使教学活动开展更加符合教学的要求，最终达到教学目标。

③ 激励功能。良好的教学评价结果可以让教师和学生在心理上获得满足感，在一定程度上对教师和学生具有激励和正强化的作用，可以激发他们的进取精神。即使评价结果较差，也能让教师和学生认真反思，及时发现问题，主动做出调整，起到提升和促进的作用。

在进行教学评价的过程中，要遵循以下原则。

① 整体性原则。教学评价贯穿于教学活动过程的始终，评价的内容包含教学活动开展过程中的各个方面，因此，在进行教学评价时，要全面准确地分析评价对象在教学活动过程中的实际表现和效果。

② 客观性原则。教学评价建立在客观资料和统计分析的基础上，评价结果要符合客观事实，不能以主观臆断或个人感情来替代，否则教学评价无法起到反馈调节教学的作用。

③ 科学性原则。在进行教学评价时，要以教学目标为依据，确定统一合理可行的评价标准，立足于收集真实材料，利用先进的测量手段和统计方法，依据规范的评价程序和方法对评价对

象进行分析并做出价值判断。

④ 指导性原则。在教学评价过程中，要充分发挥教学评价对教学的指导作用，对教学评价的结果要进行认真细致的分析，查找产生问题的原因，及时调整教学过程。

6.1.2 教学评价的分类

1．诊断性评价、形成性评价和总结性评价

按教学评价在教学过程中作用的不同及其开展时间的不同，可以将教学评价分为诊断性评价、形成性评价和总结性评价。

诊断性评价也称前置评价，它是在一个学年、学期开始，或一门课程、一个单元学习开始的时候进行的，即在教学开始时所做的评价。其目的在于了解学生的学习基础、掌握学生的学习需要、预见学生的学习情况。根据其评价的结果修订教学目标、教学进度和教学方法。

形成性评价也称过程评价，它是通过作业、测验、考试等手段对教学过程进行的评价，即在教学过程中进行的评价。其目的在于监督学生的学习过程、实现对教师的快速反馈以便教师及时调整和修正教学过程。

总结性评价也称后置评价，它是在学期末、学年末或毕业的时候对学生所做出的评价，即在学习结束后所做的评价，如期末考试。其目的是对学习者的学习结果进行评定，确定学习者达到学习目标的程度。

2．相对评价、绝对评价和自身评价

按教学评价依据标准的不同，可以将教学评价分为相对评价、绝对评价和自身评价。

相对评价也称常模参照评价，是根据比较评价群体的平均状况而对评价对象所做出的评价，相对评价有利于对评价对象在评价群体中进行比较。如教师计算学生期末考试的平均成绩，利用平均成绩可以进行班级间的比较，也可以进行同班级学生学习状况比较。

绝对评价也称标准参照评价，是根据事先确定的评价目标为基准对评价对象所做出的评价，有利于检验评价对象达到目标的程度。如期末考试时以 60 分为及格的标准，60 分是对学生进行学习成绩评价的一个基准，根据这一基准来确定学生及格与否。

自身评价也称个体内差异评价，是根据评价对象过去和现在的学习情况进行比较所做出的评价，有利于了解评价对象的学习情况。如通过比较某个学生某门课程上学期期末考试成绩和下学期期末考试成绩来分析学生的学习成绩状况。

3．定性评价和定量评价

按教学评价方式的不同，可以将教学评价分为定性评价和定量评价。

定性评价采用观察、调查、谈话等方法了解学生的学习过程，用语言和文字表述评价结果的评价方法。定性评价有利于学生整体性地了解自己的学习结果，但定性评价具有一定的主观性和不确定性。

定量评价采用计算、测量、统计等方法对学生的学习过程进行量化，从而得出评价结果的评价方法。定量评价的结果准确、清晰，有利于对学习过程和结果进行比较和分析。

在评价的过程中定性评价和定量评价是结合在一起使用的。

6.2 教学评价的过程

6.2.1 确定评价的目标

教学评价目标是教学评价开展的核心，确定评价目标需要进行两个层次的目标认定：一是确定总评价目标，这一层次主要是明确要评价的是什么，即要确定评价的对象；二是确定子评价目标，这一层次将总目标进行分解，形成不同层次的子目标，其目的是使评价目标变得更加具体、可行。

6.2.2 选择评价的对象

评价对象的选择应该根据评价目标来确定，一般教学评价主要针对两个对象进行评价：一是对学习过程的评价，这一评价的目标主要针对的是学生在学习过程中达到的效果，如学习态度的评价、学习注意力的评价等；二是对学习效果的评价，这一评价的目标针对的是教与学的活动开展完成之后达到的效果，如期末成绩评价、综合成绩评价等。

6.2.3 制订评价的标准

评价目标的确定为我们指明了评价的最终要求，但是评价目标概括性强，不具有直接操作性。评价活动开展中我们需要制订严密的评价参照依据，这一依据就是评价的标准，评价标准的制订是评价活动开展的基本保障。

6.2.4 收集和处理评价的信息

收集评价信息是按照评价标准，采取各种方法收集评价对象的相关信息，为评价提供可靠的依据。收集评价信息的方法主要有：观察法、问卷调查法、练习法、测验法等。

收集得到的各类信息需要通过整理和归纳使信息变得具体而明确，处理信息的步骤是：步骤一，对信息进行核实验证；步骤二，对信息进行统计分类；步骤三，对信息进行归档完善。

6.2.5 得出评价结果

评价结果是在真实完整的信息资料基础上，通过科学的统计方法，对教学评价对象做出的价值判断的过程。

6.3 教学评价的开展

6.3.1 对学生的评价

通常我们主要采用定性评价和定量评价来评价学生的学习过程和学习效果，在评价的过程中定性评价和定量评价并不是相互独立的，我们往往需要将定性评价和定量评价结合在一起，以形成对学生学习表现的综合而全面的评价。

1．定性评价

定性评价包括：评语鉴定和等级判断。

（1）评语鉴定，是用简练的语言和文字表达评价的结果，通常用于说明学生的兴趣、态度、作业完成、上课表现、考试情况等学习状况。优点在于评价清晰，易于理解；缺点在于用语言和文字进行描述具有不精确性和一定的主观性。

（2）等级判断，是用等级来表达评价的结果，主要形式有。

二级评价：及格、不及格；

三级评价：上、中、下；

四级评价：优、良、中、差；

五级评价：优、良、中、及格、不及格。

等级判断易于操作，但不精确，无法区分同等级者之间的差异。

由此可见，定性评价一般根据学生平时的学习表现来评价，具有一定的主观性和不精确性。

2．定量评价

定量评价是使用统计的方法对考试成绩进行处理和分析。这些统计的方法包括：平均分、标准差、标准分数、T 分数等。

（1）平均分，用于反映一组分数的一般水平。计算公式为

$$\bar{X}=\frac{1}{n}=\sum_{i=1}^{n}X_i$$

式中，$\bar{X}$——平均分；

X_i——第 i 个学生的原始分数；

n——学生总人数。

例如：某班有 5 名学生，语文的期末考试分数分别为 85、76、94、81、73，请计算这个班的考试平均分。

期末考试平均分：$\bar{x}=\frac{85+76+94+81+73}{5}=81.8$

（2）标准差，用于反映分数分散的程度和平均分的代表性。标准差大说明学生分数比较分散，个别差异大，平均分代表性小；标准差小说明学生分数比较集中，个别差异小，平均分代表性大。计算公式为

$$\sigma=\sqrt{\frac{1}{n}\sum_{i=1}^{n}(x_i-\bar{x})^2}$$

式中：σ——标准差；

n——学生总人数；

x_i——第 i 个学生的原始分数；

$\bar{x}$——同次考试全体学生的平均分。

例如：A 班有 5 名学生，语文的期末考试分数分别为：85、76、94、81、73，平均分为 81.8，B 班有 4 名学生，语文的期末考试分数分别为：80、79、82、78，平均分为 79.75，请计算这两个班的标准差。

A 班标准差：

$$\sigma=\sqrt{\frac{(85-81.8)^2+(76-81.8)^2+(94-81.8)^2+(81-81.8)^2+(73-81.8)^2}{5}}=7.36$$

B 班标准差：

$$\sigma=\sqrt{\frac{(80-79.75)^2+(79-79.75)^2+(82-79.75)^2+(78-79.75)^2}{4}}=1.48$$

结论：7.36>1.48， A 班这次语文考试分数比 B 班语文考试分数分散，个别差异较大，平均分代表性小。

（3）标准分数，用于反映一个分数在团体中所处的相对位置。当标准分数为零时，说明该生的分数与团体的平均成绩相同；当标准分数大于零时，说明该生的分数高于团体平均成绩；当标准分数小于零时，说明该生的分数低于团体平均成绩。标准分数也可以用来比较不同次考试的状况。计算公式为

$$Z=\frac{x-\bar{x}}{\sigma}$$

式中：　——标准分数；

x——学生的原始分数；

$\bar{x}$——同次考试全体学生的平均分；

σ——标准差。

例如：某学生两次数学考试的成绩为：期中成绩为 75 分，全班平均分为 79 分，标准差为 6.4；期末成绩为 73 分，全班平均分为 71 分，标准差为 6.6。请问这个学生的成绩是提高了还是下降了？

分析：从两次考试成绩上看，这个学生的期末考试成绩比期中考试成绩下降了 2 分，这是不是说明这个学生的成绩下降了呢？我们来计算一下该学生两次考试的标准分数：

$$\text{期中考试：}Z=\frac{75-79}{6.4}=-0.625$$

$$\text{期末考试：}Z=\frac{73-71}{6.6}=0.303$$

结论：−0.625<0.303，说明期末考试成绩比期中考试成绩好，该学生的学习成绩提高了。

（4）T 分数，因为标准分数计算的值会出现正数和负数，不利于进行数值之间的比较，因此一般需要把标准分数转换为 T 分数，使数值全班转换为正数，以利用比较。T 分数中 50 为一般，50 以上值越大越优秀，50 以下值越小越差。计算公式为

$$T=10Z+50$$

式中：T——T分数；

Z——标准分数。

例如：A 班甲学生的英语考试分数为 90，全体学生考试平均分为 84.2，标准差为 9.4，B 班乙学生的英语考试分数为 86，全体学生考试平均分为 80.7，标准差为 4.62，试分析哪个学生的成绩好？

分析：从不同班级的这两个学生英语考试成绩上看，A 班的甲学生比 B 班的乙学生的分数要高 4 分，这是不是说明甲学生的考试成绩更好呢？让我们来计算一下两个学生的 T 分数：

$$\text{A 班甲学生} T = 10 * \frac{90 - 84.2}{9.4} + 50 = 56.17$$

$$\text{B 班乙学生} T = 10 * \frac{86 - 80.7}{4.62} + 50 = 61.47$$

结论：56.17<61.47，说明 B 班乙学生的考试成绩比 A 班甲学生的考试成绩好。

由此可见，定量评价用统计数据来表达评价的结果，具有精确性和可对比性。

6.3.2 对教师的评价

在课堂教学中教师是教学活动开展的主导者，传统课堂教学对教师教学的评价主要从教学目标、教学内容、教学方法、教学能力等几个方面进行。

1．教学目标的评价

教学目标是教学活动实施的方向和预期达成的结果，是一切教学活动的出发点和最终归宿。对教学目标的评价主要包括教学目标符合课程标准和教材要求；目标符合学生心理特征和认知水平；教学目标明确且具有可操作性；教学目标的设定对教学内容、教学方法的选择具有指导性等方面的内容。

2．教学内容的评价

教学内容是教与学相互作用过程中有意识传递的主要信息。对教学内容的评价主要包括教学内容具有科学性和准确性；重难点明确；教学内容的知识结构完整；知识点数量适宜、条理清楚、层次分明；理论联系实际，对日常生活具有实用价值等方面的内容。

3．教学方法的评价

教学方法是在教学过程中教师和学生为实现教学目的、完成教学任务而采取一定的教学工具和教学手段、教与学相互作用的活动方式的总和。教学方法选择的合理有利于学生获取知识，提高技能，达到教学目标，完成教学任务。教学方法的评价主要包括教学方法的选择符合学生学习特征，能引起学生的学习兴趣，能提高和维持学生的学习注意，能促进学生对知识的理解和记忆，能提高学生的实践能力，能培养学生的创新能力等方面的内容。

4．教学能力的评价

教学能力是教师专业水平的体现，主要包括讲解内容的精确性、科学性、连贯性，普通话的准确性，板书安排的合理性，师生交流的有效性，多媒体设备选择的合理性及使用的熟练性，课件设计和使用的合理性，课堂管理的随机应对性等方面的内容。

6.3.3 对多媒体课件的评价

多媒体课件是以现代教学思想为指导，以计算机、多媒体和通信技术为支撑，以学生为中心的多媒体计算机辅助教学软件。多媒体课件可以集合文本、图像、音频、视频和动画等多媒体素材来表达教学内容，使原本枯燥乏味的教学内容变得更加生动具体，提高学生的学习兴趣。设计制作多媒体课件已开始成为越来越多教师的必修课，在制作多媒体课件时我们需要了解对多媒体课件评价的基本标准是什么。对多媒体课件的评价主要通过以下 5 个评价标准来进行。

（1）教育性：看其是否能用来向学生传递课程标准所规定的教学内容，为实现预期的教学目标服务。

（2）科学性：看其是否正确地反映了学科的基础知识或先进水平。

（3）技术性：看其传递的教学信息是否达到了一定的技术质量。

（4）艺术性：看其是否具有较强的表现力和感染力。

（5）经济性：看其是否以较小的代价获得了较大的效益。

思考与练习

1. 什么是教学评价，为什么在教学中要进行教学评价？

2. 在开展教学评价的过程中，常见的教学评价有哪些类型，不同类型的教学评价有什么不同的作用？

3. 在开展教学评价时，应该怎么做？

4. 如果你是一个教师，你如何为你的学生开展评价？

PART 7

第 7 章 多媒体课件的设计与开发

【学习目标】

- 理解多媒体课件的含义。
- 了解多媒体课件的分类。
- 了解多媒体课件的常用设计平台。
- 掌握多媒体课件的设计流程。
- 理解多媒体课件的评价原则。
- 学会使用常用开发平台开发多媒体课件。

【学习导图】

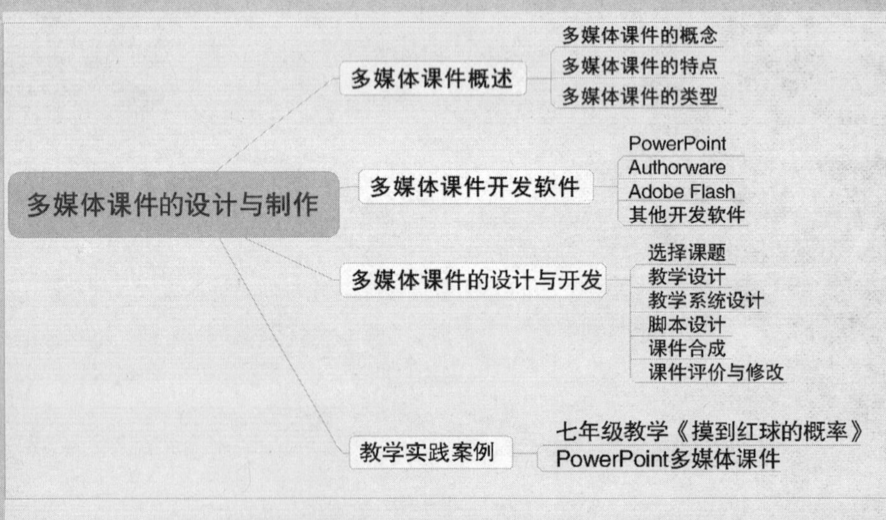

随着多媒体技术和网络技术的快速发展，多媒体课件已经成为教学过程的重要组成元素，应用多媒体课件教学成为提高教学质量和效率的有效途径。设计、开发制作以及使用多媒体课件已经成为新时期大、中、小学教师必备的一种技能。

7.1 多媒体课件概述

7.1.1 多媒体课件的概念

课件，一般称之为CAI多媒体课件，是指具备一定教学功能的计算机辅助软件。从广义上来讲，凡是具备一定教学功能的教学软件都可以称其为“课件”，它可以是一种课程软件，必须包含具体学科的教学内容。

多媒体课件是一种根据教学目标设计的，表现特定的教学内容，反映一定教学策略的计算机教学程序，它可以用来储存、传递和处理教学信息，能让学生进行交互操作，并对学生的学习做出评价。

7.1.2 多媒体课件的特点

多媒体课件往往应用多种媒体，包括文本、音频、视频、图形、图像、动画等，是能够综合处理各种媒体的一种教学软件，因此多媒体课件具有以下几个特点。

1．教学性

教学性是多媒体课件区别于其他计算机软件的根本特点。具体指的是多媒体课件的的内容是特定的教学内容，内容的组织体现一定的教学设计思想，在素材的组织上符合教育学的规律。

2．交互性

多媒体课件中，信息量巨大，内部信息之间的关系复杂，教学信息的组织不再是线性的顺序结构，而是非线性的网状结构。学习者可以很方便地通过按钮、菜单、热键等与计算机进行信息交流。

3．形象性

多媒体课件综合处理了文本、图形、图像、动画、声音、视频等多种媒体素材，增强了教学信息的表达力和感染力。学生在学习过程中，能够取得很好的学习效果。

7.1.3 多媒体课件的类型

根据不同的分类方法，多媒体课件可以分成多种不同类型。

1．根据开发平台分

根据多媒体课件的开发平台，可以分为PowerPoint课件、Authorware课件、Flash课件、几何画板课件等。

2．根据运行环境分

根据教学软件运行的环境可以将多媒体课件划分为单机版课件和网络课件。前者通常是以光盘形式存储、发行的教学辅助软件，便于自行携带和使用。后者则是在网络上，如校园网、Internet上使用的教学辅助软件。

3．根据课件内容及作用分

根据多媒体课件的内容与作用的不同，可以将多媒体教学软件分为如下几种类型。

（1）演示型课件。这种类型的课件主要是辅助教师课堂教学演示用，不要求知识内容的系统讲解，可以是专题或片断形式，但一定要突出重点、难点，通过计算机的多媒体性将不容易用其他媒体解决的问题，以简洁明了的方法和形式呈现给学生，教师可以根据实际需要选用和设计制作。

（2）练习训练型课件。这种类型的课件主要针对某些课程内容、某个知识点，以问题的形式提供给学生反复练习的机会，并根据学生回答的情况予以相应的反馈，以促进学生掌握这种知识、技巧或提高某种能力。

（3）自主学习型课件。这种类型的多媒体课件具有完整的知识结构，能够反映一定的教学过程和教学策略，提供相应的形成性练习供学生进行学习评价，并设计许多友好的界面让学习者进行人机交互活动。利用自主学习型课件，学生可以在个别化的教学环境中进行自主学习。

（4）仿真模拟型课件。这种类型的多媒体课件借助计算机仿真技术，提供可更改参数的指标项，当学生输入不同的参数时，能随时真实模拟对象的状态和特征，供学生进行模拟实验或探究发现学习使用。

（5）游戏型课件。教学游戏型多媒体课件将学科的知识内容，通过游戏的形式呈现出来，为学生提供一种富有趣味性和竞争性的学习环境，激发学生的学习动机，使学生在富有教学意义且教学目标明确的游戏过程中得到训练或掌握知识、提高能力，是一种寓教于乐的多媒体课件。

（6）网络型课件。这种类型的课件主要作为网络课程的一部分，可以在网络上传输、播放，供学习者下载和使用。

7.2　多媒体课件制作软件

目前，国内外开发课件的软件（平台）很多，常见的有基于流程线编辑的软件 Authorware、基于时间轴的软件 Adobe Flash、基于页面编辑的开发工具 PowerPoint 以及其他专业软件。

7.2.1　PowerPoint

PowerPoint 是 Microsoft office 组件之一，是基于页面为单位的编辑工具，能够方便地编辑文本、图片、图形、音频、视频等多种媒体素材，能够根据需要设计各种演示效果、超链接等，是一种具有较强交互功能的开发平台，也是一种易学易用的多媒体课件开发工具，具有相同功能的有金山公司的 WPS 演示文稿。

7.2.2　Authorware

Authorware 是一种基于流程线开发的多媒体创作工具，广泛地应用于多媒体光盘制作、课件制作等多媒体演示软件制作。Authorware 能够集成多种媒体素材，通过直观的流程图来表示用户程序的结构。用户可以增加并管理文本、图形、动画、声音以及视频，还可以开发各种交互以及起导航作用的各种链接、按钮、菜单。

7.2.3　Adobe Flash

Flash 是 Adobe 公司的多媒体开发软件，Flash 具有强大的兼容性和动画设计能力，可以包含简单的动画、视频内容、复杂演示文稿和应用程序以及介于它们之间的任何内容。能够集成文本、图形图像、音频视频等多种媒体，并且可以通过内置的 ActionScript 语言设计复杂的动画，同时还特别适合于开发通过 Internet 传输的内容，常被用来开发极具感染力和生动活泼的网络型、演示动画型课件，是目前开发课件中功能最强大的软件。

7.2.4 其他软件

除了以上几种常用的课件开发平台，还有一些课件开发工具，如几何画板、物理画板、方正奥思、ScienceWord、Dreamweaver 等，在课件设计开发与制作过程中也得到了广泛应用。

7.3 多媒体课件的设计与开发

课件开发的是类似于其他计算机软件开发的流程，但是作为一种特殊的计算机软件，多媒体课件开发的开发流程有其特殊的地方，如脚本设计。总地说来，多媒体课件开发主要有以下几个阶段：选题、教学（系统）设计、脚本设计、课件合成、调试与修改。

7.3.1 选择课题

多媒体课件设计与制作是一项系统工程，而选题是其中一个非常重要的环节，好的选题，才能设计出具有特色的、有意义的课件，是一个课件能否成功的最根本条件。选题阶段的主要工作是认真地进行规划与目标分析，进而确定多媒体课件的课题和内容。

1．前期分析

这个阶段主要弄清楚 3 个问题，即为什么要开发课件？课件的使用对象是谁？开发课件的效益如何？主要进行以下几个方面的工作：目标分析、课件使用对象分析和开发成本估算。

（1）目标分析：弄清楚为什么要开发课件，开发什么样的课件，课件的应用前景等。

（2）使用对象分析：确定所面向的学习者是哪个阶段，方便后期课件风格的设计。

（3）开发成本估算：主要是对课件开发过程中所花费的工作量及相应的代价有一个明确的估算。

2．确定选题

通过前期分析以后，确定所开发课件的年级、科目、适合于哪个层次的使用者，从而确定课题。

3．选题原则

多媒体课件选题，应该遵循以下原则。

（1）需要性原则：当前教学急需的，必须要用的。

（2）可行性原则：制作条件和水平如何？应量力而行，扬长避短。

（3）创造性原则：选择新的课题，具有创新性的课题，避免重复开发。

（4）科学性原则：符合教育规律，体现先进教育理念。

（5）效益性原则：常规教法能较好实现的，决不用多媒体课件实现。

7.3.2 教学设计

教学设计的目的在于确定教学内容（教什么）、教学顺序（什么时候教）和教学策略（怎样教），以最有效的方式达到总的教学目标，是课件开发过程中最能体现教师教学经验和教师个性的部分，也是教学思想最直接和具体的表现。这个阶段的主要工作是分析教学内容、编写具体教学目标、选择学习策略和制作教学过程流程图。

1．教学内容分析

教学内容分析指的是根据前述确定的教学目标，具体划分出教学内容的范围，并理清各个范围之间的关系。

2．编写具体教学目标

根据教学内容将课程教材按段落和时间分成若干课，此即课分配。然后按照每一个教学单元，设计具体的教学目标。

3．选择学习策略和制作教学过程流程图

把每课内容按单纯的教学目的划分成教学单元，并根据教学内容的难易程度和知识体系情况，选择正确的教学策略，制作出授课流程图，最终确定课件的结构方式。

7.3.3 教学系统设计

软件系统设计阶段的主要工作，是考虑如何将教学设计阶段确定的知识内容，在计算机上通过灵活多样的形式加以表达，发挥多媒体的优势，突破教学难点、重点和疑点。本阶段的工作主要包括结构设计、封面设计、屏幕界面的设计、交互界面的设计、导航界面的设计、超文本结构的设计等。

1．结构设计

设计课件的总体结构图，也就是设计一个能够反映课件中的学习项目及顺序的结构图，如图 7.1 所示。

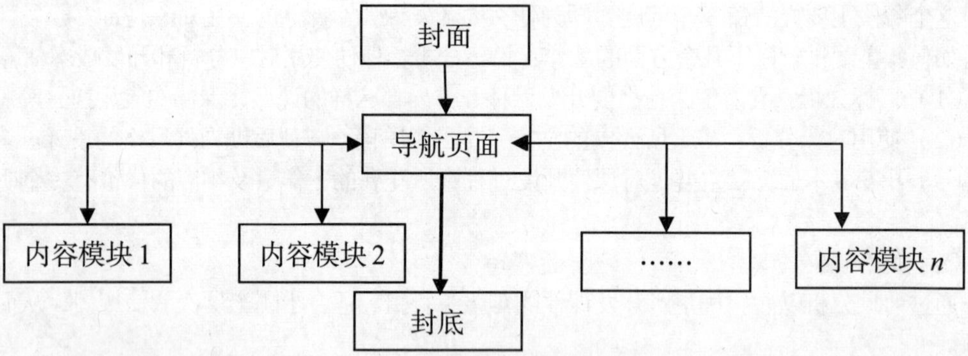

图 7.1 课件结构图

2．界面设计

将各种与教学活动有关的信息如教学内容、提问与预计回答、反馈、控制转移方式等组织成一个个固定的单元，放置在一个页面上。在一个多媒体课件中，所有的界面应保持相同的风格以方便使用者使用。

界面设计主要包括以下几方面。

（1）封面设计：运行课件出现的第一个页面，一般呈现课件的名称、作者等基本信息。

（2）导航界面设计：它给出了课件学习的基本内容。

（3）具体框面设计：设计具体教学内容呈现的风格。

（4）交互设计：主要设计分支如何实现交互，以实现个别化教学。

（5）帮助设计：即设置必要的帮助系统，以帮助使用者顺利使用多媒体课件。

7.3.4 脚本设计

脚本是软件开发和制作的直接蓝本，它是多媒体教学软件包含的各个具体的细节问题细化与描述。多媒体教学软件的脚本分为文字脚本和制作脚本。

1．文字脚本

文字脚本是学科专业教师按照教学过程的先后顺序，将知识内容的呈现方式描述出来的一种形式，主要包括使用对象与使用方式的说明、教学内容与教学目标的描述以及文字脚本卡片的设计填写，但这些还不能作为多媒体教学软件制作的直接依据。

2．制作脚本

制作脚本是体现教学软件的系统结构和教学功能并作为软件制作的直接依据。它的编写主要包括软件系统结构的说明、主要模块的分析、软件的屏幕设计、链接关系的描述等内容。表7.1所示为《充气雨衣》多媒体课件制作脚本。

表7.1　《充气雨衣》多媒体制作脚本

页面序号	1	页面内容 简要说明	封面
屏幕显示	Gif动画封面		
说明	Gif 动画中显示："人民教育出版社小学二年级下册"、"充气雨衣"、制作者、指导教师等信息，按任意键或单击进入第2个页面且停止播放封面背景音乐。		

7.3.5 课件合成

经过以上几个步骤的工作，课件的设计阶段工作已经完成，接下来将要进行课件的具体制作。主要有以下几方面的工作。

1．素材收集及加工整理

收集、编辑在设计阶段所提到的各种文本、图形、图像、音频、视频、动画资源，根据课件制作脚本的需求进行编辑、加工、整理。具体内容参看本书第3章"数字化教学资源"部分。

2．课件合成

根据课件制作脚本，选择合适的课件开发软件，PowerPoint、Flash 或者其他开发软件，组织合成一个具有完整体系结构的多媒体作品。

3．课件打包

将调试好的课件生成一个可以脱离开发软件独立运行的作品。

7.3.6 课件评价与修改

评价是对事物做出价值判断的过程。多媒体课件的评价就是对所开发的课件的教学设计思想、教学内容安排、课件试用是否方便等各个方面进行综合评价，为修改提供意见和建议。

课件评价主要从以下几个方面进行。

（1）教育性：主要看课件选题是否恰当，是否符合学生实际。

（2）科学性：课件内容是否准确，术语是否规范。

（3）技术性：素材处理是否到位，交互设计是否合理，交互是否友好，容错能力是否强大。

（4）艺术性：界面设计是否美观。

（5）创新性：课件是否具有创新性。

7.4 教学实践案例

七年级数学《摸到红球的概率》PowerPoint 多媒体课件

一、选题

（1）教学对象：七年级

（2）意义：概率是新教材添加的内容，与生活联系紧密，有一定的现实意义。通过 PowerPoint 课件，能够更形象地使学生理解概率的意义，并学会有效解决现实中问题的方法。

二、教学设计

1. 教学目标

（1）在具体情境中了解概率的意义。

（2）通过实验，获得事件发生的频率；知道大量重复实验时频率可作为事件发生概率的估计值。

（3）通过实例进一步丰富对概率的认识，并能解决一些简单的实际问题。

2. 目标重构

（1）知识目标：通过摸球游戏，帮助学生了解计算一类事件发生可能性的方法，体会概率的意义；根据已知的概率设计游戏方案。

（2）能力目标：通过本节课的学习，帮助学生更容易地感受到数学与现实生活的联系，体验到数学在解决实际问题中的作用，培养学生实事求是的态度及合作交流的能力。

（3）情感目标：通过环环相扣的、层层深入的问题设置以及分组游戏的设置，鼓励学生积极参与，培养学生自主、合作、探究的能力，培养学生学习数学的情趣。

3. 教材分析

（1）学生的知识技能基础：学生在小学已经体验过事件发生的等可能性及游戏规则的公平性，会求简单事件发生的可能性。对简单事件发生的可能性能够做出预测，并阐述自己的理由。在七年级上学期中学生已接触了不确定事件，前面两节课通过活动感受了事件发生的等可能性及游戏规则的公平性，为进一步了解计算一类事件发生可能性的方法，体会概率的意义奠定了知识技能基础。

（2）学生活动经验基础：在相关知识的学习过程中，学生已经体验事件发生的等可能性及游戏规则的公平性，感受到了数据收集和处理的必要性和作用，获得了从事统计活动所必需的一些数学活动经验；同时在以前的数学学习中学生已经经历了很多合作学习的过程，具有了一定的合作学习的经验，具备了一定的合作与交流的能力。

三、课件创意

本课件设计为具有交互导航功能的 PowerPoint 课件，课件以紫色为主调。课件封面如图 7.2 所示。

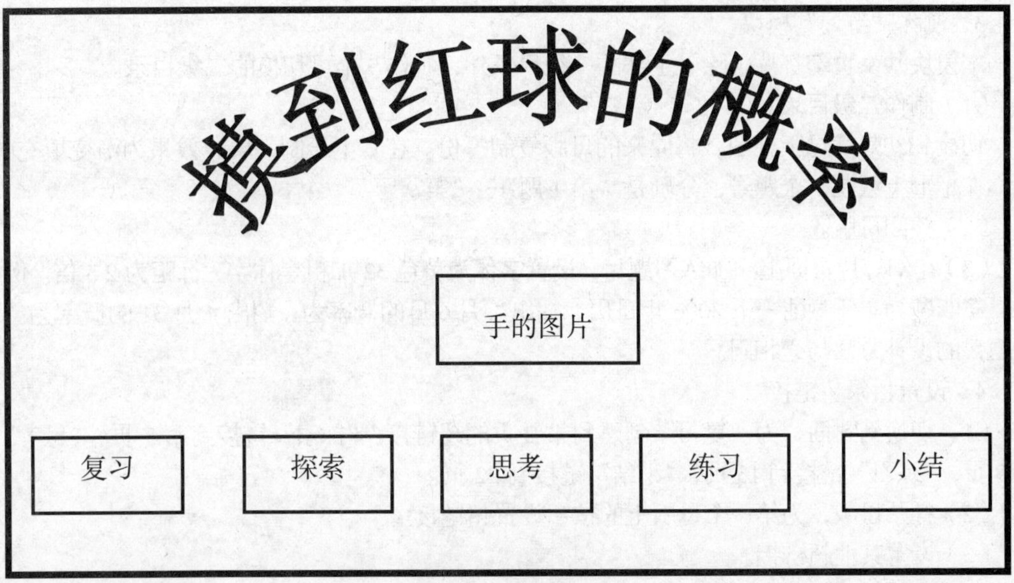

图 7.2　课件封面

四、脚本设计(略)

五、准备素材

准备课件中将要用到的图片、文本和声音素材。

（1）图片：主要包括手势图片、球、盒子以及其他图片，存放到“图片素材”文件夹。

（2）文本：准备好将要用到的文字说明，使用 word 或者 txt 文本文档保存到“文本素材”文件夹。

（3）其他素材：准备好所要用到的提示音、背景音乐等可能用到的音频素材，放到“其他素材”文件夹下。

以上素材，收集整理的具体方法、所使用工具，具体参考本书素材制作相关环节。

六、课件制作

1. 制作课件封面

（1）启动 PowerPoint，设置为空白版式，设置所有幻灯片背景为紫色。

（2）添加图片“手”。

（3）添加艺术字标题：摸到红球的概率。

（4）通过绘图工具栏绘制“复习”、“探索”、“思考”、“练习”、“小结” 5 个矩形按钮，填充色为普蓝色。

（5）调整封面标题、按钮以及图片的位置。

2. 制作“摸球”模块

（1）新建一页幻灯片，绘制一个长方体球盒。盒子填充色为粉蓝色，边框为白色。

（2）插入“白球”、“红球”图片，制作 3 个红球（分别标为 1、2、3）、1 个白球（4 号球），调整其位置关系。

（3）插入文本框，介绍相关情况：若盒子里有 3 个红球，1 个白球，他们除了颜色外完全相同，小明从其中摸到红球概率是多少？

（4）打开幻灯片母版视图，制作复习、探索、思考、练习、小结几个目录，放在幻灯片顶端。

3. 制作“练习”模块

本模块共9页幻灯片，除了上部的一级目录外，制作9个可切换的二级目录。

（1）制作二级目录。

切换到幻灯片母版视图，将原来的母版复制一份。在其上绘制一填充效果为渐变填充的矩形，在矩形上绘制9个题号，分别是“第1题”~“第9题”。

（2）关闭母版。

（3）在幻灯片页面上添加练习题目，设置字体为黄色32加粗黑体字，行距为2.5倍。例如：第四题为“任意翻一下2006年日历，翻出1月6日的概率为，翻出4月31的概率为。”其他题目的设计方法与之相同。

4. 设置目录超链接

（1）切换到封面，为“复习”创建到第2页的超链接。“探索”链接到第5页，“思考”到第9页，“练习”链接到13页，“小结”链接到22页。

（2）打开母版，为第一个母版上的按钮设置超链接。

（3）设置其他超链接。

5. 设置幻灯片切换

给第2张幻灯片设置切换效果为“平滑淡出”，并应用于第1个母版。

6. 修改、保存课件

放映幻灯片，查看其中需要修改的文本、图片等，修改其位置、色彩等并保存幻灯片为“摸到红球的概率.ppt”。

思考与练习

1. 什么是多媒体课件？多媒体课件的种类有哪些？
2. 多媒体课件的评价准则有哪些？
3. 简述PowerPoint在课件制作中的优势和缺陷。
4. 结合自己的学习经历，谈谈在课堂教学中应如何有效应用多媒体课件辅助教学。
5. 结合专业，设计制作一个PowerPoint教学演示型课件，要求：1课时，教学内容自定，界面设计合理，符合教学规律。

PART 8

第 8 章 现代教育技术技能训练

8.1 教学媒体的使用技能训练

项目 1 多媒体投影机的使用及维护

【教学目标】

1. 了解投影机的组成、基本原理、主要技术指标。
2. 掌握投影机的使用方法。
3. 能够对投影机做简单维护。

【教学环境及设备器材】

多媒体教室，计算机、投影机、投影机操作教学视频等。

【知识准备】

1．投影机的组成与基本原理（具体内容参见教材第 2 章）

教师通过实物或图片指导学生观察 LCD 和 DLP 投影机主要组成部分：LCD 投影机由主电源、灯电源、主板、液晶驱动板、液晶板、灯泡、光学系统及镜头组成，又称模拟机，主要由 3 片液晶板成像；DLP 投影机由主电源、灯电源联体、光学系统、主板及 DLP 成像镜头组成，又称全数字投影机，主要由色轮成像。

2．投影机主要技术指标

（1）分辨率：分为标准分辨率和压缩分辨率。

① 标准分辨率：指投影机投出的图像原始分辨率，也叫真实分辨率和物理分辨率。LCD 液晶板的输出分辨率如为 1024 × 768,就是指在 LCD 液晶板的横向上划分了 1024 个像素点，竖向上划分了 768 个像素点。标准分辨率决定了图像清晰程度，通常用标准分辨率来评价液晶投影机的档次。

② 压缩分辨率：决定投影机的适用范围。

（2）亮度：一般用 ANSI 流明表示。ANSI 是美国国家标准局（ANSI）制定测量投影机光通量的方法，即投影机与幕之间距离：2.4m；幕为 60 英寸；把画面分成“田”字型，在纯暗环境用测光笔测量投影画面的 9 个交叉点的亮度；求出 9 个点亮度的平均值，就是 ANSI 流明。

（3）液晶板:LCD 投影机一般有 R（红色）、G（绿色）、B（蓝色）3 块液晶板。液晶板的尺寸大小影响其价格和体积。

（4）光亮均匀值：指最亮与最暗部分的差异值，就是投影机投射至屏幕，其 4 个角落的亮度与中心点亮度的比值。

（5）对比度：是画面黑与白的比值，也就是从黑到白的渐变层次。比值越大，从黑到白的渐变层次就越多，色彩表现越丰富。

（6）投影机端口。投影机作为一种输出设备，一般有：

① 1~2 路的计算机输入接口；

② 1 路视频输入接口（DVD、录像机等）；

③ 1 路计算机输出接口；

④ RS232C 串口、S 视频输入。

（7）投影机灯泡。目前的采用的光源主要包括：UHP 灯、UHE 灯和金属卤素灯。

① UHP 灯：是一种理想的冷光源，产生冷光，外形小巧，在相同功耗下，能产生大光量，寿命较长，当衰竭时，即刻熄灭。优点是使用寿命长，一般可以正常使用 4 000 小时以上，亮度衰减很小。

② UHE 灯：也是一种冷光源，是目前中档投影机中广泛采用的理想光源。优点是价格适中，在使用时间达到 4000 小时以前亮度几乎不衰减。

③ 金属卤素灯：又叫高强紫外卤素灯，具有曝光时间短、强度高、曝光质量好等特点，在使用过程中需配套相应的镇流器和触发器。

3．教师进行投影机操作演示

【技能训练】

1．投影仪的安装和连接（以 NEC NP600+投影仪为例）

注意：在移动投影机之前，务必拔下电源线和其他任何导线。在投影机处于移动中或未使用状态下，请用镜头盖将镜头盖上。

（1）设置屏幕和投影机。

① 位置选择：投影机距离屏幕或者墙壁越远，投出的影像越大。当投影机距离墙壁或者屏幕约 30 英寸(0.8m) 时，可以投出最小影像的尺寸，以对角线测量约为 21 英寸(0.53m)。当投影机距离墙壁或者屏幕约 407 英寸(10.3m) 时，可以投出最大影像的尺寸，约为 300 英寸(7.6m)。

② 投射距离和屏幕尺寸：图 8.1 所示是投影机与屏幕之间标准距离的示意图，具体数据可参阅投影机使用说明书中的相关数据确定具体安装位置。

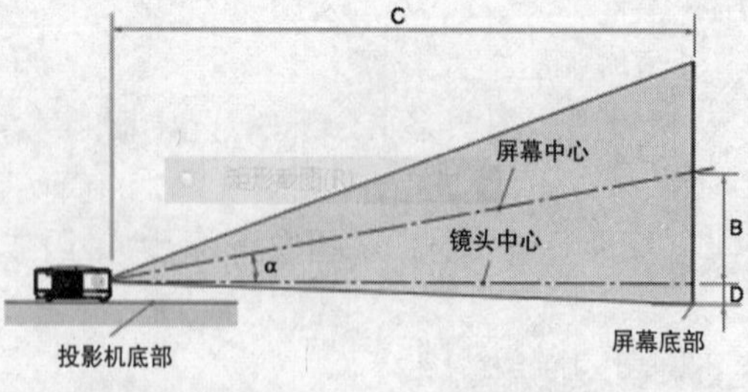

B：镜头中心与屏幕中心之间的垂直距离

C：投射距离

D：镜头中心与屏幕底部之间的垂直距离

α：投射角

图 8.1　投影机和屏幕距离图

（2）将电脑连接到投影机。当使用笔记本电脑时，投影机处于待机模式并且启动笔记本电脑的电源之前，必须先将投影机和笔记本电脑之间的连接工作完成。在大多数情况下，除非先把笔记本电脑与投影机相连，再启动笔记本电脑，否则笔记本电脑的输出信号无法输出。

① 启动电脑的外部显示。使用笔记本电脑时，通常“Fn”键与 12 个功能键的组合使用可启动或者关闭外部显示。以下是部分笔记本电脑启动外部显示的功能组合键：

IBM（Fn+F7）； HP（ Fn+F4）； Acer（Fn+F5）；Samsung（Fn+F4）；华硕（Fn+F10）；联想（Fn+F3）；Dell（Fn+F8）。

② 连接电脑：支持即插即用(DDC2) 的信号，如图 8.2 所示。

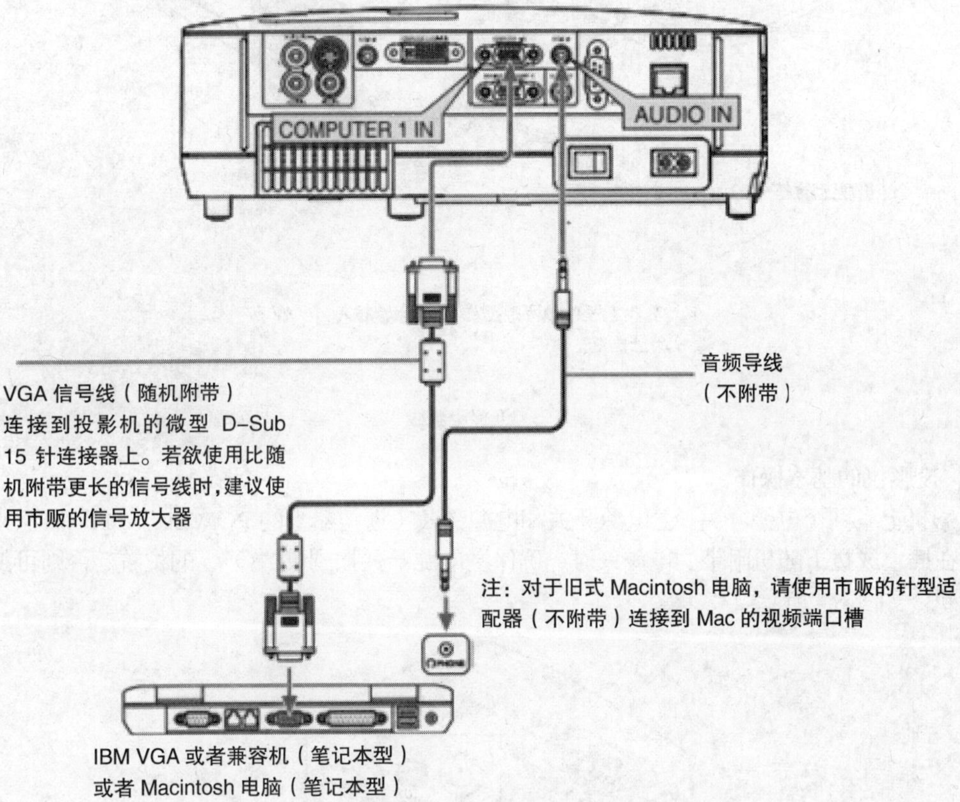

图 8.2 电脑与投影机连接

（3）连接配备的电源线。首先将附带的电源线的两脚插头插入投影机的 ACIN，然后将附带的电源线的另一端插头插入墙上插座，如图 8.3 所示。

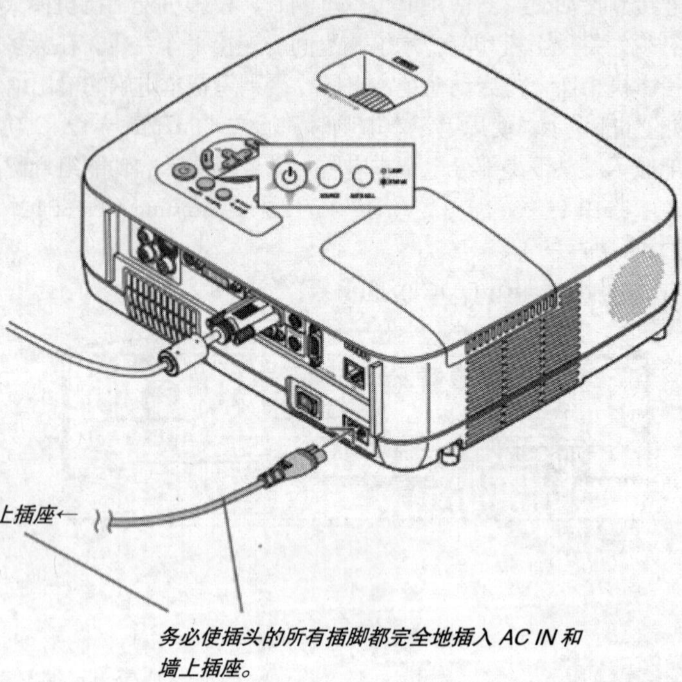

图 8.3　连接电源线

2．投影仪的基本操作

投影机上有两个电源开关：主电源开关和电源键⏻（遥控器上的 POWER“ON”和“OFF”键）。在插上或拔下随机附带的电源线时，确保主电源开关按到关“○”的位置，否则可能损坏投影机。如图 8.4 所示。

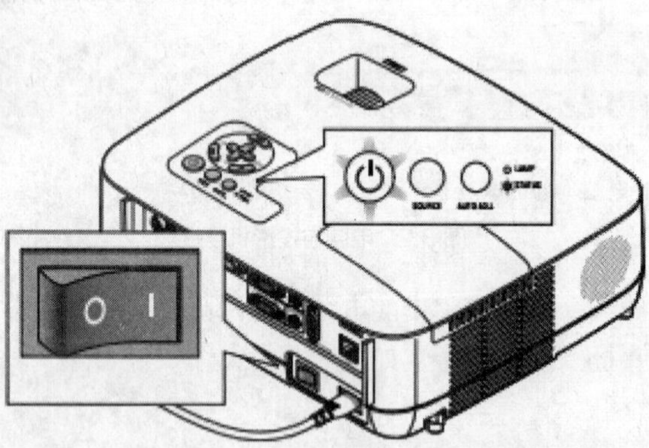

图 8.4　投影机电源开关

（1）启动投影机。

① 将投影机的主电源开关按到“I”的位置。

② 摘下镜头盖。

③ 按下投影机机箱上的电源键⏻或遥控器上的 POWER“ON”键，等待 1 秒。

④ 显示开机画面 (菜单语言选择画面)：在首次启动投影机时，会出现开机画面。该画面可供您在 21 种菜单语言中选择其中的一种。

（2）选择信号源。打开连接到投影机上的电脑或视频信号源设备，按下列操作选择电脑或视频信号源。

① 从信号源清单选择。按下并迅速松开投影机机箱上的“SOURCE”键显示信号源清单。每按一次“SOURCE”键，输入信号源将发生如下改变：“电脑 1”→“电脑 2 (数字/模拟)”→“视频”→“S–视频”，要显示所选择的信号源，等待 1 秒。

② 自动侦测信号。按住“SOURCE”键至少 2 秒以上，投影机将搜索下一个输入信号源。每次按住“SOURCE”键至少 2 秒以上，输入信号源将发生如下改变：电脑 1 →电脑 2 (数字) →电脑 2 (模拟) →视频→ S–视频，依此循环，如果无可输入信号，输入就会跳读过去。

③ 使用遥控器。按下“VIDEO”、“S–VIDEO”或者“COMPUTER1/2”键当中任何一个。

（3）调整图片尺寸和位置。使用可调节性俯仰角、变焦调节杆或聚焦环调整图片尺寸和位置。

（4） 修正梯形失真。若屏幕垂直倾斜，梯形失真会变大。修正效果如图 8.5 所示。

图 8.5　修正梯形失真

（5）自动改善电脑信号。按“AUTO ADJ”键即可使用自动调整功能调整影像，自动改善电脑信号，若第一次连接到电脑这种调整可能是必需的如图 8.6 所示的按钮即“AUTO ADJ”键。

（6）音量调整，如图 8.7 所示可调节音量。

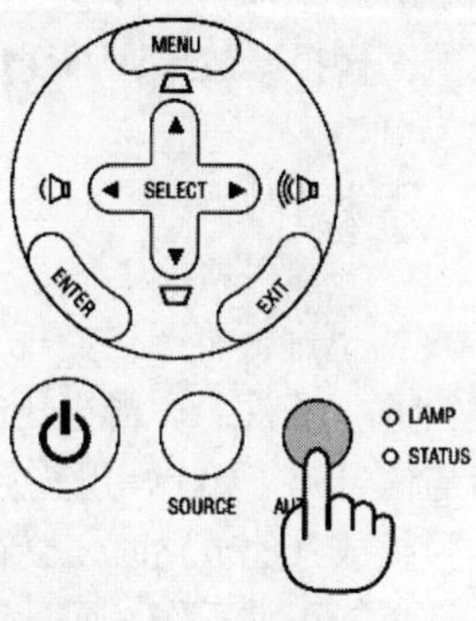

图 8.6　自动调整影像

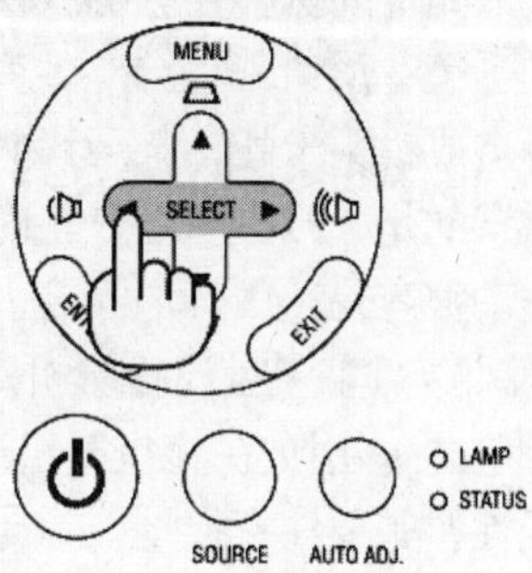

图 8.7　音量调整

（7）关闭投影仪。

① 首先按投影机机箱上的电源键⏻或遥控器上的“POWER OFF”键，出现“关机/确定？”信息对话框。

② 回车确认，或再次按电源键⏻或“POWER OFF”键。电源指示灯亮橙色。在投影机关闭后，冷却风扇继续运转约 30 秒(冷却期)。在投影机启动后并开始出现影像时，请勿立即关闭，如需关闭投影机须待 60 秒。

③ 最后关闭主电源开关，电源指示灯熄灭。

3. 投影机维护基本常识

（1）防尘问题是投影机使用和维护的首要问题。由于投影机液晶板一般都由专门的风扇以每分钟几十升的空气流量对其进行送风冷却，高速气流经过滤尘网时可能夹带微小尘粒，液晶板成像时也极易产生静电而吸附微小尘粒，这将对投影画面产生不良影响。投影机的机壳上一般都有开槽或开口用于通风，空气的入口设有空气过滤器，它在投影机工作时过滤灰尘和污染物。如果不及时清理污物，极易堵塞投影机通风口而造成故障。

因此，① 务必保持使用环境的通风、干净、整洁；② 严禁吸烟，因烟尘微粒更容易被吸附在光学系统中；③ 经常或定期清洗进风口处的滤尘网。

（2）防热、防潮是投影机使用和维护的基本知识。在使用过程中，其内部较高的气温容易对投影机造成损害。目前的多晶硅 LCD 板都比较怕高温，较新的机型在 LCD 板附近都装有温度传感器，当进风口及滤尘网被堵塞，气流不畅时，投影机内温度会迅速升高，这时温度传感器会报警并立即切断灯源电路。所以，保持进风口的畅通，及时清洁过滤网十分必要。因此，要注意让投影机有良好的通风散热条件。

第一，要保证投影机通风口畅通，通风口分进风口和出风口，进风口一般在它的底部，出风口在它的后面，所以不要使其底部和支撑面贴得太近，也不要在通风孔处放置任何东西，以免通风不畅，影响散热。吊顶安装的投影机，要保证房间上部空间的通风散热。当吊装投影机后，我们往往只注意周围的环境，而忘了热空气上升的问题，在天花板上工作的投影机，其周围温度与下面有很大差别，所以，不能忽视这点。

第二，要经常清理空气过滤网，一般用吸尘器吸干净网上灰尘杂物，然后用清水洗净后重新装好（建议 1~2 月清理一次）。

第三，在天气炎热并且室内通风不好时，可用风扇帮助散热，这样可以保护投影机，延长其使用寿命，并且避免了投影机因过热而自动保护停机，影响正常教学。

（3）取放、使用投影机时严防强烈的冲撞、挤压和震动。

强震会造成液晶片的位移，影响放映时 3 片 LCD 的会聚，出现 RGB 颜色不重合的现象，而光学系统中的透镜，反射镜也会产生变形或损坏，影响图像投影效果，而变焦镜头在冲击下会使轨道损坏，造成镜头卡死，甚至镜头破裂无法使用 。

尤其值得注意的是，投影机刚开机时切忌随意挪动，因为此时光源灯泡正在点亮，灯丝处于半熔状态，震动很容易造成灯泡炸裂。

（4）确保电源的“同一性”。投影机对其连接的电源规格也进行了严格的规定（必须是带有可靠接地的三相电源）。用户在将投影机连接到电源插座上时，应注意电源电压的标称值，机器的地线和电源极性，并要注意接地。这是由于当投影机与信号源（如 PC）连接的不同电源时，两零线之间可能存在较高的电位差。当用户带电插拔信号线或其他电路时，会在插头插座之间发生打火现象，损坏信号输入电路，不但有可能会使灯泡不能正常工作，而且还有可能损坏投影机，严重的话还能引起火灾事故。

因此，严禁带电插拔电缆，最好使用随机附带的电源线，同时保证与电源线相连的插座要接地可靠。

（5）开关电源注意先后顺序。投影机供电电源部分负担着给投影机内部电路和投影机灯泡供电的任务，要是不按照正确顺序关闭投影机电源，灯泡可能会和投影机电路部分的电源一起关闭，投影机内部的风扇电源也会随之停止工作，这样灯泡以及投影机在工作过程中产生的大量热量不能及时通过风扇排除出来，很有可能会导致灯泡爆炸。不少刚刚开始接触投影机的用户，往往很随意地频繁开关投影机，其实投影机对其电源的打开和关闭是有严格规定的，否则可能会损坏灯泡或者投影机。通常情况下，我们在打开投影机时，应该首先接通电源，再按下投影机控制面板中的“POWER”键，直到出现的 LAMP 指示绿灯不闪烁为止。关机时不能直接断掉电源，而应该先连续按两下 “POWER”键，直到 LAMP 指示红灯不闪、投影机散热风扇停止转动为止，最后再切断电源。

【知识拓展】

投影机常见故障现象及处理方法如下。

1. 投影机整机不通电。

① 电源坏了，无法供电给主板，这种情况导致无法工作。

② 如果主板出现故障也会出现无法指示。

2. 投影机灯泡不亮，是什么原因？

① 灯泡坏了，导致不亮。

② 灯电源坏了，也可能不亮。

③ 主板坏或驱动电源坏，也可能导致不亮。

3. 有视频，无 RGB 信号或无视频或无 RGB 信号。

一般情况都是信号带电、接地不良，而导致视频板通道被烧。

4. 画面出现有竖条是什么原因？

如果是单色有竖条的话，液晶板损坏的可能性占 80%，驱动板损坏的可能性占 20%；如果是三色出现竖条一般是主板原因占 70%，其次就是液晶板及驱动板（占 30%）。

5. 投影机装了灯泡亮度不够是什么原因？

① 亮度在 500~800lm 的机器在装了新灯泡后，比以前更暗，是因为光学系统有灯雾、灰尘，致使它的透光度降低了 50%~80%，甚至 100%。

② 高亮度投影机亮度不够，主要是光通的玻璃片坏了，光线不能穿透过去。

③ 主板有问题也会影响其亮度。

6. 图像出现有模糊的色斑是什么原因？

一般是光学里的分光镜与偏正片烧坏导致。

7. 图像出现很规则的圆圈，这是什么原因？

100%是液晶板有问题，一般索尼 LCX 系列液晶片出现这种情况居多。

8. 开机后指示灯亮，但无开机画面，控制面板上只有电源键可以用，其他键均不能用，且无信号？

一种可能是灯泡有问题，另一种可能是灯电源有问题。

9. 投射图像偏色是什么原因？

先检查 VGA 电缆，看有没有插好或接头的针有没有坏掉，若没有，那可能就是光学系统有问题。

10.有画面没有信号是什么原因？

先检查连接线，再检查投影机信号选择是否与信号源一致，若还是没画面，再检查计算机是否正常传递了信号。

11. 投影图像重影。

① 大部分情况下是由于连接电缆性能不良，传输距离过长，更换信号线时，要注意与设备接口的匹配问题。

② 信号接口电路故障。

12. 使用过程中突然自动熄灯，但过一会儿可以重新开灯。

机器使用过程中散热不良造成过热保护，自动启动了热保护电路，造成断电。

13. 投影屏幕的边缘出现偏色现象。

投影机内部的光学镜片位置发生了偏移。

14. 投影机投射出的图像出现明显的倾斜现象。

屏幕与投影机不垂直，需调整投影机位置，使之与屏幕成 90° 垂直即可。

15. 画面图像十分模糊。

① 镜头、光引擎、LCD 片都很脏。

② 镜头出现机械损坏、手动自动均无法对焦。

③ 机器由低温进入高温环境，镜头结露。

16. 使用液晶投影机投射出的画面有所谓“头大尾小”或者“左（右）窄右（左）宽”的梯形现象。

投影机内部的光学镜片位置发生了偏移。

17. 一台液晶投影机所投出的画面中央较亮，而四周却很暗。

① 光引擎吸入大量灰尘，须进行整机清洗。

② 光引擎内多组镜片老化。

18. 投影机使用一段时间后，投影画面出现不规则的斑点。

投影机使用较长时间后，机内会吸入灰尘，附着在 LCD 板或光机的镜片上，将焦距调离成像面会观察到许多彩色斑点，青、黄、品红色。而眼睛对品红较敏感。

19.投影机连接笔记本电脑，无输出影像?

笔记本电脑外接显示设备时，通常有 4 种显示输出控制。

① 笔记本液晶屏亮，外接显示设备亮。

② 笔记本液晶屏亮，外接显示设备不亮。

③ 笔记本液晶屏不亮，外接显示设备亮。

④ 笔记本液晶屏不亮，外接显示设备不亮。

解决：只需按下笔记本电脑键盘功能键进行切换即可。

20. 投影画面不是 4∶3 标准比例，出现梯形。

不同投影机镜头投射角度不同，有水平投射，有仰角投射。

解决：对带梯形校正功能的投影机，可通过调整面板或功能菜单中相关设置；还可调整投影机的机座或支腿调试画面效果。

21. 输入投影机的信号发生衰减，投影出的画面发生模糊拖尾甚至抖动的现象。

投影机在使用中，有些用户要求信号源和投影机之间有较大距离，如吊装的投影机一般都距信号源 15m 以上，这时相应信号电缆必须拖长，也就造成了以上的现象的发生。

这不是投影机发生故障，也不会损坏机器，只要在信号源后加装一个信号放大器，就可以保证信号传输 20m 以上而没有问题。

22. 投影机可以持续用上一段时间，然后自动关机，过了几分钟又能继续使用是什么故障?

这是由于灰尘引发的投影机小故障，把投影机前面的散热进风窗拆开，将用来防止灰尘入侵的海绵从投影机中取出，然后再将它放入大量的清水中进行冲洗，直到洗干净为止。接下来再将干净的海绵含有的水分挤掉，并放至阳光下晾晒，直至海绵的颜色又恢复了以前的黑色。最后，再将海绵重新放入投影机中，并且采用正确的安装方法安装好散热进风窗即可。

23. 投影机的投影屏幕上出现不停抖动的呈扫描状的横向条纹?

是电源插座上的零线“惹”的祸，导致该投影机不能正常工作。该插座上的零线和地线被拧接在了一起，当不接通投影机电源时，使用万用表测试时插座就会显示正常，要是接通了投影机电源的话，插座上的火线和零线之间的回路会导致插座上的地线也被一起带电，那么电流回流到投影机上后，导致投影机壳体带电，以致出现了电信号的干扰，投影显示画面出现抖动条纹。重新将这个故障插座上的零线和地线分接，并将该插座的地线可靠接地后，再将投影机连接到这个修复后的插座上时，投影机工作就恢复正常了。

24．如何布置最佳的投影环境？

投影机工作时，受环境光线的影响较大，室外光线和室内灯光太强会直接使投影效果变差。在布置投影环境时应注意以下几点。

① 安置窗帘遮挡室外光线。

② 关闭屏幕上方或近处光源。

③ 墙壁、地板尽量不使用易反光材料。

④ 局部范围照明，可使用聚光灯。

⑤ 选择与环境搭配的投影屏幕。

25．如何保持投影机内部环境指标？

保持投影机内部环境指标是提高其使用寿命重要方面，定期光路除尘是一个经济实用的好方法。

在正常操作情况下可进行如下操作。

① 通过光路、液晶板、箱体过滤网、各部件除尘，可使得通风散热效果提高。

② 通风效果提高，灯泡、LCD、飞眼镜头、偏振板寿命提高，可降低老化速度。

③ 通过除尘使电路板尘埃颗粒对电路工作点的影响消除，提升图像质量。

④ 通过提高防尘光透射率，提升投影机的亮度和对比度及色彩还原等指标，投影效果改善。

⑤ 定期一年一至两次除尘，提高灯泡、LCD、偏振板使用年限，降低更换频率，最终节省了后期使用成本。

⑥ 每月定期专人负责清洗投影机过滤网，可以降低光路防尘次数。

⑦ 光路防尘一定由专业工程师操作，一旦破坏了 LCD 片的定位，很难恢复，光路除尘是有风险的。

⑧ 影响灯泡寿命的另一个就是操作问题，开关投影机要严格按照使用说明书进行，特别是关机不能一次完全切断电源，需使散热风扇工作一定时间（一般夏季工作时间长于冬季）以后再拔掉电源或关掉总电源。如果本地经常停电，要考虑使用 UPS 电源（配备指标，可按投影机额定功率乘 1.5 倍选择功率数，延时的时间按 15 分钟考虑）。

项目 2　展示台的使用技能训练

【教学目标】

1. 了解展示台的结构和工作原理。
2. 掌握展示台的正确使用方法。
3. 熟悉展示台的基本维护方法。

【教学环境及设备器材】

多媒体教室，计算机、投影机、展示台、展示台操作教学视频等。

【知识准备】

1．展示台结构和工作原理的具体内容参见教材第 2 章，实物如图 8.8 所示。

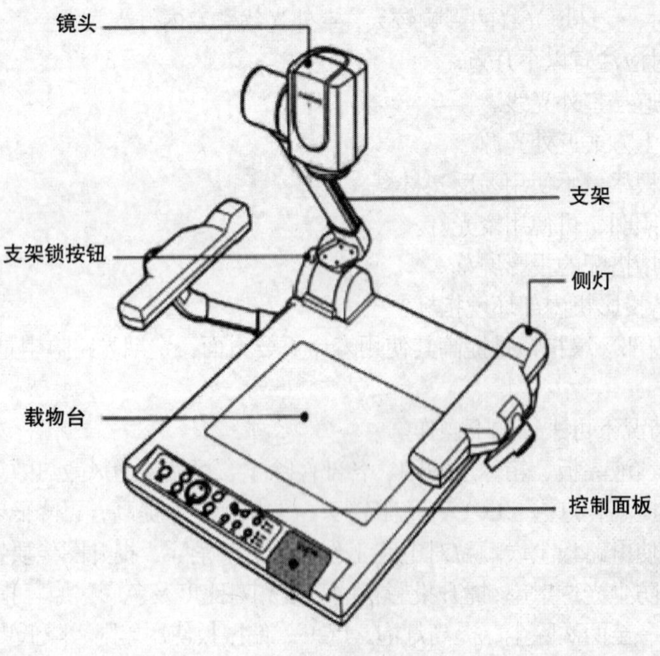

图 8.8　视频展示台

2．展示台的应用

视频展台常用于教育教学培训、电视会议、讨论会等各种场合，可演示文件、幻灯片、商品、零部件、三维物体等。视频展台一般与多媒体投影机、大屏幕背投电视、普通电视机、液晶监视器、录像机、VCD、DVD 机、话筒等输出、输入设备配套使用。计算机通过视频图像卡连接展台，通过相关程序软件，既可将视频展台输出的视频信号输入计算机进行各种处理，与大屏幕投影同步显示，在展示过程中不用另外准备监视器，也不用看着大屏幕放置被投物，它还可通过计算机遥控视频展台的所有操作，实现远程控制。

3．教师进行实物操作演示或播放展示台操作教学视频

【技能训练】

1．视频展示台操作步骤

（1）开机，按一下“自动聚焦”键转到自动聚焦模式，再用“放大”、“缩小”键调节图像的大小，转动镜头或移动物体，得到最佳的图像效果。在展示立体物件时，建议使用手动聚焦，这样可以把所想展示的部位清晰地显示出来。

（2）用“图像冻结”键可以把某瞬间的状态锁定在画面上，以便进行讲解。

（3）当展示幻灯片时，请用“上下灯”按键转到下灯亮的状态。当展示照相底片时，请先

按一下“上下灯”按键转到下灯，并用“正负片”按键转到负片显示（否则图像颜色将与实物不符），必要时还可调节画面亮度和色彩（红或蓝），以达到最佳展示效果。

（4）在展示物为平面物件（文稿、画页等）时，采用文本模式可获得最佳清晰度和色彩还原效果。

（5）如须改变展示方向，可转动摄像头顶部的旋钮或者对图像进行镜像操作。

（6）在整个展示过程中，若需插播 DVD、录像、多媒体课件等内容，可以随时按相应的切换钮。

2．视频展示台维护基本常识

（1）建议在以下温度和相对湿度范围内使用和存放。

温度：0~45℃。

相对湿度：小于 75%，非凝态。

（2）请尽量避开以下位置安放。

① 接受阳光照射或靠近热辐射装置(如加热器)的地方及其他发热物体边上；

② 易受震动或不稳的地方；

③ 有酸碱等腐蚀性气体的地方。

（3）可以用一般运输工具运输，但应避免暴晒、剧烈振动、跌落、雨淋和违章拆卸。

（4）应储存在干燥通风、周围没有酸性或其他有害气体的干净室内。

【知识拓展】

视频展示台常见故障及处理方法如下。

（1）开电源后灯不亮，无图像。检查电源插座开关是否已开，插座是否接触良好。

（2）开电源后，上灯能亮，但无图像或图像不稳定。检查视频线接法是否正确，视频线接线端子是否已磨损、掉落。

（3）当切换到某路视频时，声音有串音。降低相应设备的音量输出。

（4）图像显示，但其他按键都不起作用，移动展示物图像仍不动。图像处于冻结状态，再按一次图像冻结。

（5）图像模糊。展台此时可能处于手动聚焦状态；按一下自动聚焦键，转到自动聚焦即可。也可能是由于环境湿度太大造成摄像镜头“起雾”，应采取措施降低环境湿度。一般开机后半小时内起雾现象会消失。

（6）自动聚焦不清。当自动聚焦不清时，可查看近摄镜是否沾有灰尘，如有灰尘请用专用擦镜纸轻轻擦拭干净。

（7）除上述列出的 6 条之外，其他任何涉及拆卸维修的项目必须由专业技术人员进行操作。

项目 3　数码照相机的使用技能训练

【教学目标】

1. 掌握数码照相机的工作原理，了解数码照相机各部分的功能。
2. 掌握数码照相机的正确使用方法，能根据拍摄主题的需要设置拍摄模式、感光度等参数。
3. 掌握合理构图方法，正确调焦和持机，拍摄清晰照片。
4. 掌握数码照相机驱动程序的安装及照片传送方法。

【教学环境及设备器材】

多媒体教室、户外，数码照相机、计算机、投影机、展示台等。

【知识准备】

1. 数码照相机的结构和工作原理（具体内容参见教材第 2 章）。
2. 教师进行相机操作演示或播放数码照相机操作教学视频。

【技能训练】

以佳能 G15 数码照相机为例，其各部分名称如图 8.9 所示。

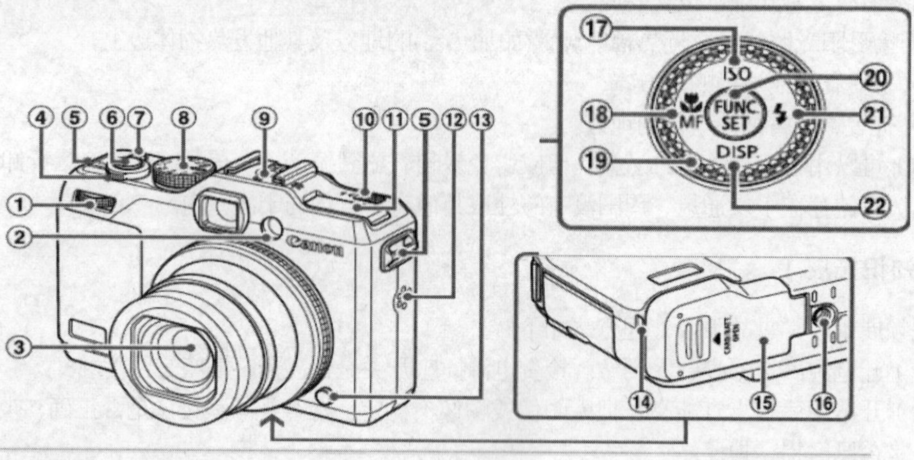

①–电子转盘；②–指示灯；③–镜头；
④–变焦杆–拍摄时，<I (长焦)>/<j(广角)>，播放时，<k(放大)>/<g(索引)>；
⑤–相机带安装部位；⑥–快门按钮；⑦–电源按钮/指示灯；
⑧–模式转盘；⑨–热靴；⑩–闪光灯升起开关；⑪ –闪光灯；⑫–扬声器；
⑬–镜头环释放按钮；⑭–直流电连接器连接线通孔；⑮–存储卡/电池仓盖；
⑯–三脚架插孔；⑰–<(ISO 感光度)>/上按钮；⑱–<(手动对焦)>/左按钮；
⑲–控制转盘；⑳ –FUNC/SET(功能/设置)按钮；㉑–<h(闪光灯)>/右按钮
㉒–<l(显示)>/下按钮

图 8.9 佳能 G15 数码照相机

为方便学生记忆，在下文中以下相机按钮用相应字母表示：
<o>对应图 8.9 中相机背面的上按钮⑰
<p>对应图 8.9 中相机背面的下按钮㉒
<q>对应图 8.9 中相机背面的左按钮⑱
<7>对应图 8.9 中相机背面的控制转盘⑲
<r>对应图 8.9 中相机背面的右按钮㉑
<z>对应图 8.9 中相机正面的电子转盘①

1．初期准备

（1）安装好相机带。

（2）握持相机：将相机挂在脖子上，拍摄时手臂靠紧身体，同时稳妥地握住相机，以防止相机抖动。闪光灯升起后，请勿将手指放在闪光灯上。

（3）插入电池和存储卡。

（4）设置日期时间。

（5）设置显示语言。

2．自动拍摄

（1）打开相机电源，显示开机画面。

（2）进入<A>模式：将模式转盘设置为<A>，将相机对准被摄体，相机会在确定场景的过程中发出轻微的声音。屏幕右上角将显示表示场景的图标和影像稳定器模式图标。相机检测到的被摄体上会显示对焦框，表示对该被摄体进行对焦。

（3）进行拍摄构图：要放大被摄体，将变焦杆移向<I>(长焦)一侧；要缩小被摄体，将变焦杆移向<j>(广角)一侧。

（4）拍摄静止图像：① 对焦，轻轻地半按快门按钮。相机对焦后会响起两声提示音，并显示自动对焦框，表示对焦的图像区域；② 拍摄，完全按下快门按钮。相机拍摄时会响起快门声音，在低光照条件下，如果闪光灯已升起，则会自动闪光。快门声音结束前，请保持相机不动。相机再次拍摄就绪前，会显示拍摄的图像。

3．拍摄短片

（1）开始拍摄。按短片按钮，相机响起一声提示音并开始记录，同时，屏幕上会显示[·记录]和已拍摄时间。屏幕的顶部和底部会显示黑条，表示拍摄时不会记录这些图像区域。相机检测到的面部上会显示对焦框，表示对该面部进行对焦。记录开始后，可松开短片按钮。

（2）完成拍摄。再次按短片按钮停止拍摄。相机响起两声提示音并停止记录。

4．观看

拍摄图像或短片后，可按照以下方法在屏幕上进行观看。

（1）进入播放模式。按<1>按钮，将显示最后拍摄的图像。

（2）浏览图像。要观看上一张图像，按<q >按钮或逆时针转动<7 >转盘。要观看下一张图像，按<r >按钮或顺时针转动<7 >转盘。按住<q >、<r >按钮可快速浏览图像。要访问滚动显示模式，快速转动<7 >转盘,在此模式下，可转动<7 >转盘浏览图像。要返回单张图像显示，按<m >按钮。

（3）播放短片。按<m >按钮访问短片控制面板后，选择 [▶]播放按钮(按<q><r>按钮或转动<7>转盘)，然后再次按<m>按钮。此时开始播放短片，短片播放完毕后，将显示[SET]。要调整音量，按<o >、<p >按钮。

要从播放模式切换到拍摄模式，半按快门按钮。

5．将图像保存到计算机上

将相机连接计算机（需安装相机驱动程序，驱动程序可从安装光盘或从 Internet 上下载），打开相机电源，可将照片从相机下载至计算机。

【知识拓展】

指示灯状态表如表 8.1 所示。

表 8.1　　　　指示灯状态表

<table>
<tr><th>指示灯</th><th>色彩</th><th>指示灯状态</th><th>相机状态</th></tr>
<tr><td rowspan="2">电源指示灯</td><td rowspan="2">绿色</td><td>亮起</td><td>相机开启</td></tr>
<tr><td>闪烁</td><td>电池电量低</td></tr>
<tr><td rowspan="4">指示灯</td><td rowspan="2">绿色</td><td>亮起</td><td>准备拍摄（闪光灯关闭时）</td></tr>
<tr><td>闪烁</td><td>正在记录/读取/传输图像
距离警告或无法对焦（闪光灯关闭时）</td></tr>
<tr><td rowspan="2">橙色</td><td>亮起</td><td>1. 准备拍摄（闪光灯开启时）</td></tr>
<tr><td>闪烁</td><td>2. 距离警告或无法对焦（闪光灯开启时）</td></tr>
</table>

注意：指示灯闪烁绿色时，切勿关闭相机、打开存储卡/电池仓盖或摇晃相机，否则可能会损坏图像，或导致相机或存储卡故障。

项目 4　扫描仪的使用技能训练

【教学目标】

1. 了解扫描仪的结构和基本工作原理。
2. 学会利用扫描仪扫描图像的设置和操作程序。
3. 学会利用扫描仪进行文字识别的设置和操作方法。
4. 掌握扫描仪的一般维护。

【教学环境及设备器材】

多媒体教室，计算机、投影机、扫描仪、教学视频等。

【知识准备】

1．扫描仪概述

扫描仪（scanner），是利用光电技术和数字处理技术，以扫描方式将图形或图像信息转换为数字信号的装置。扫描仪是继键盘和鼠标之后的第三代计算机输入设备。扫描仪具有比键盘和鼠标更强的功能，从最原始的图片、照片、胶片到各类文稿资料都可用扫描仪输入计算机中，进而实现对这些图像形式的信息的处理、管理、使用、存储、输出等，配合光学字符识别软件 OCR（Optic Character Recognize）还能将扫描的文稿转换成计算机的文本形式。

自然界的每一种物体都会吸收特定的光波，而没被吸收的光波就会反射出去。扫描仪就是利用上述原理来完成对稿件的读取的。扫描仪工作时发出的强光照射在稿件上，没有被吸收的光线将被反射到光学感应器上。光感应器接收到这些信号后，将这些信号传送到模数（A/D）转换器，模数转换器再将其转换成计算机能读取的信号，然后通过驱动程序转换成显示器上能看到的正确图像。待扫描的稿件通常可分为：反射稿和透射稿。前者泛指一般的不透明文件，如报刊、杂志等，后者包括幻灯片（正片）或底片（负片）。如果经常需要扫描透射稿，就必须选择具有光罩（光板）功能的扫描仪。

扫描仪的核心部件是光学读取装置和模数（A/D）转换器。常用的光学读取装置有两种：CCD（Charge Coupled Device,电荷耦合器件）和 CIS（Contact Image Sensor,接触式图像感应装置）。

2．教师进行扫描仪操作演示或播放操作教学视频

【技能训练】

1．扫描仪安装

扫描仪的安装非常简便，几乎没有任何使用经验的用户也能在很短的时间内迅速安装好。无论是什么型号、什么品牌的扫描仪，其具体的安装方法几乎都是一样的，一般都会遵循下面的几个步骤：① 安装扫描仪驱动；② 用配备的数据线进行硬件连接；③ 接通扫描仪和计算机的电源，计算机会自动检测到当前系统中的扫描仪，再根据屏幕的安装提示来完成扫描仪驱动程序和配置软件的安装。

2．扫描

（1）图像扫描。把要扫描的材料放在扫描仪的玻璃台面上，运行扫描软件，并按一下“扫描”键，扫描仪就将图像扫描到图像编辑软件中，而且能以相应文件格式存储。

（2）文字扫描。除了可以扫描不同类型的图像，扫描仪还能扫描文字稿件并送入文字处理软件，而不需重新打字输入。这个过程是通过光学字符识别软件（OCR）来完成的，经过软件的处理将扫描得到的图像转换成为计算机可以处理的文本，并可保留其行列和字符文本格式。目前应用的OCR软件很多，操作步骤基本相同，一般有以下几个步骤。

① 扫描文稿。为了利用OCR软件进行文字识别，可直接在OCR软件中扫描文稿。运行OCR软件后，会出现OCR软件界面。

将要扫描的文稿放在扫描仪的玻璃面上，使要扫描的一面朝向扫描仪的玻璃面并让文稿的上端朝下，与标尺边缘对齐，再将扫描仪盖上，准备扫描。点击视窗中的“扫描”键，即可进入扫描驱动软件进行扫描，其操作方法与扫描图片类似。扫描后的文档图像出现在OCR软件视窗中。

② 适当缩放画面。文稿扫描后，刚开始出现在视窗中的要识别的文字画面很小，首先选择“放大”工具，对画面进行适当放大，以使画面看得更清楚。必要时还可以选择“缩小”工具，将画面适当缩小。

③ 调正画面。各类OCR软件都提供了旋转功能，使画面能够进行任意角度的旋转。如果文字画面倾斜，可选择“倾斜校正”工具或旋转工具，将画面调正。

④ 选择识别区域。识别时选择“设定识别区域”工具，在文字画面上框出要识别的区域，这时也可根据画面情况框出多个区域。如果全文识别则不需设定识别区域。

⑤ 识别文字。单击“识别”命令，则OCR会先进行文字切分，然后进行识别，识别的文字将逐步显示出来。一般识别完成后，会再转入“文稿校对”窗口。

⑥ 文稿校对。各类OCR软件都提供了文稿校对修改功能，可识别出可能有错误的文字，用比较鲜明的颜色显示出来，并且可以进行修改。有些软件的文字校对工具可以提供出字形相似的若干字以供挑选。

⑦ 保存文件。用户可以将识别后的文件存储成文本 (txt)文件或Word的RTF文件等输出。

3．扫描仪的维护

（1）要保护好光学部件。扫描仪在扫描图像的过程中，通过一个叫光电转换器的部件把模拟信号转换成数字信号，然后再送到计算机中的。这个光电转换设置非常精致，光学镜头或者反射镜头的位置对扫描的质量有很大的影响。因此在工作的过程中，不要随便地改动这些光学装置的位置，同时要尽量避免使扫描仪震动或者倾斜。遇到扫描仪出现故障时，不要擅自拆修，一定要送到厂家或者指定的维修站去；另外，在运送扫描仪时，一定要把扫描仪背面的安全锁

锁上，以避免改变光学配件的位置。

（2）做好定期的保洁工作。扫描仪是一种比较精致的设备，平时一定要认真做好保洁工作。扫描仪中的玻璃平板以及反光镜片、镜头，如果落上灰尘或者其他一些杂质，会使扫描仪的反射光线变弱，从而影响图片的扫描质量。为此，一定要在无尘或者灰尘尽量少的环境下使用扫描仪，用完以后，一定要用防尘罩把扫描仪遮盖起来，以防止更多的灰尘来侵袭。当长时间不使用时，还要定期地对其进行清洁。清洁时，可以先用柔软的细布擦去外壳的灰尘，然后再用清洁剂和水对其认真地进行清洁。接着再对玻璃平板进行清洗，由于该面板的干净与否直接关系到图像的扫描质量，因此在清洗该面板时，应先用玻璃清洁剂来擦拭一遍，接着再用软干布将其擦干擦净。

【知识拓展】

扫描仪常见问题及解决方法如下。

（1）打开扫描仪开关时，扫描仪发出异常响声。这是因为有些型号的扫描仪有锁，其目的是为了锁紧镜组，防止运输中震动，因此在打开扫描仪电源开关前应先将锁打开。

（2）扫描仪接电后没有任何反应。有些型号的扫描仪是节能型的，只有在进入扫描界面后灯管才会亮，一旦退出后会自动熄灭。

（3）扫描时显示“没有找到扫描仪”。此现象有可能是由于先开主机，后开扫描仪所导致，可重新启动计算机或在设备管理中刷新即可。

（4）扫描仪在扫描时出现“硬盘空间不够或内存不足”的提示。确认硬盘及内存是否够，若空间很大，请检查所设定的扫描分辨率是否太大造成文件数据量过大。

（5）扫描使噪声奇大。拆开机器盖子，找一些缝纫机油滴在卫生纸上将镜组两条轨道上的油垢擦净，再将缝纫机油滴在传动齿轮组及皮带两端的轴承上（注意油量适中），最后适当调整皮带的松紧。

（6）扫描时间过长。检查硬盘剩余容量，将硬盘空间最佳化，先删除无用的 TMP 文档，做 Scandisk，再做 Defrag 或 Speed Disk。注意：如果最终实际扫描分辨率的设定高于扫描仪的光学分辨率，则扫描速度会变慢，这是正常现象。

8.2 教育技术综合技能训练

项目 1 建立个人数字化教学资源库

【教学目标】

1. 学会利用不同的工具软件采集所需的多媒体素材。

2. 学会通过网络获得所需的信息，并在实践中提高网络信息的检索、评价、下载、存储等技巧。

3. 能够对多媒体素材的不同格式进行转换；形成良好的信息积累和分类存储意识，初步构建自己的教学资源库。

【教学环境】

- 网络机房，扫描仪、耳麦、多媒体计算机等。
- 网络环境、图像处理软件、声音处理软件、视频处理软件等。

【训练内容】

自选一个与所学专业相关的主题，围绕主题通过各种途径，尽可能多地搜集各种媒体形式的教学资源，分类存储，构建一个结构清晰的个人教学资源库。

【训练过程】

1. 确定所需的多媒体素材，选择一个与所学专业相关的主题，创建个人教学资源中心。在计算机D盘或E盘建立以自己学号姓名命名的文件夹，以此为根目录，在下面创建"文本"、"图像"、"音频"、"视频"、"动画"、"其他"等子文件夹，以便分类存储各种多媒体素材资源。

2. 文字素材的采集。

（1）在网络上检索所需的相关文字，并保存在"文本"文件夹中。

（2）通过扫描仪扫描相关文字，通过OCR设别为文字文件并保存到"文本"文件夹中。

3. 图像素材的采集。

（1）在网络上检索所需的相关图像，并保存到"图像"文件夹中。

（2）通过扫描仪扫描相关图像，并保存到"图像"文件夹中。

（3）通过屏幕捕抓方式获得所需的图像，并保存到"图像"文件夹中。

（4）通过视频播放软件（如暴风影音）在视频中截取单张图像，并保存到"图像"文件夹中。

4. 音频素材的采集。

（1）在网络上检索所需的相关音频，并保存到"音频"文件夹中。

（2）通过音频播放软件（如音频解霸）截取音频片断，并保存为MP3格式到"音频"文件夹中。

（3）通过录音软件（如Windows自带的"录音机"）录制所需的音频文件，并保存到"音频"文件夹中。

（4）利用音频格式转换软件（如格式工厂），将CD转换成MP3格式。

5. 视频素材的采集。

（1）在网络上检索所需的相关视频，利用视频下载工具将所需的视频文件下载到"视频"文件夹中。

（2）通过视频播放软件（如暴风影音）截取视频片断，并保存为MPG格式到"视频"文件夹中。

（3）利用Snagit或其他抓屏软件录制一个操作视频，并保存到"视频"文件夹中。

（4）利用视频格式转换软件（如格式工厂），将DVD影碟中的DVD转换成MPG格式。

6. 动画素材的采集。

（1）网络检索所需的相关动画，利用动画捕抓工具将其并保存到"动画"文件夹中。

（2）利用动画软件（如Flash）制作所需动画，并保存为SWF格式到"动画"文件夹中。

7. 评价整理素材。

（1）对已获得的信息及时评价、整理，以供需要时进行有效地提取和使用。

（2）在利用网络资源时，注意网络的安全性及遵守相关法律法规，自觉抵制不良网络行为。

8. 交流共享资源。

通过网络检索、下载与主题相关的文本、图像、声音、视频、动画、网页等资源，同学间交流检索和下载的方法技巧，提高搜集效率。充分发挥资源的效能，积极与其他同学交流，共享彼此的教学资源，避免不必要的重复劳动。

9. 评价。

根据“资源建设情况评价参考量规表”（见表 8.2），教师可对学生完成任务情况进行评价，学生间也可进行相互评价。

表 8.2　　资源建设情况评价参考量规表

<table>
<tr><td>资源主题</td><td colspan="7"></td></tr>
<tr><td>资源所有者</td><td colspan="7"></td></tr>
<tr><td rowspan="3">资源数量</td><td>文本（篇）</td><td>图像（张）</td><td>声音（段）</td><td>视频（段）</td><td>动画（个）</td><td>网页（个）</td><td>其他类（个）</td></tr>
<tr><td></td><td></td><td></td><td></td><td></td><td></td><td></td></tr>
<tr><td colspan="7">资源总量：　　（MB）</td></tr>
<tr><td>项目</td><td>分数</td><td colspan="5">标准描述</td><td>得分</td></tr>
<tr><td rowspan="3">主题（30）</td><td>10</td><td colspan="5">主题明确</td><td></td></tr>
<tr><td>10</td><td colspan="5">具有学科代表性</td><td></td></tr>
<tr><td>10</td><td colspan="5">所选主题能用多种形式表现，可搜集到多种相关资源</td><td></td></tr>
<tr><td rowspan="2">结构（20）</td><td>10</td><td colspan="5">目录结构清晰合理，便于资源的分类存放和检索</td><td></td></tr>
<tr><td>10</td><td colspan="5">文件夹文件存放有序，无错乱现象</td><td></td></tr>
<tr><td rowspan="4">内容（40）</td><td>10</td><td colspan="5">所有文件都紧扣主题，无不相关信息</td><td></td></tr>
<tr><td>10</td><td colspan="5">资源类型多样</td><td></td></tr>
<tr><td>10</td><td colspan="5">数量充足，对教学与学习能提供充分支持</td><td></td></tr>
<tr><td>10</td><td colspan="5">无重大遗漏</td><td></td></tr>
<tr><td rowspan="2">应用（10）</td><td>5</td><td colspan="5">不断充实资源并同意与他人分享资源</td><td></td></tr>
<tr><td>5</td><td colspan="5">制作了相关的电子作品</td><td></td></tr>
<tr><td colspan="2">评价时间:</td><td colspan="2">评价人：</td><td colspan="4">总得分</td></tr>
</table>

项目2 制作多媒体课件

【教学目标】

1. 了解多媒体课件设计和制作的基本流程。
2. 掌握利用 PowerPoint 等软件制作课堂演示型课件的过程。
3. 掌握课件的评价标准。

【教学环境】

网络机房、PowerPoint、Authorware、Flash 等开发工具。

【训练内容】

在与所学专业相关的中小学课程中选择一节课（或一个主题）的教学内容，自己搜集素材资源，设计制作一个结构较为完整的课堂演示型多媒体课件。

课件要求：内容要体现一定的教学策略；包含多个模块，至少 4 个以上的知识点；包含 3 种以上的媒体形式，具有超文本结构方式，能实现知识点之间的跳转；能够稳定运行。

【训练过程】

1. 课件教学设计

（1）确定制作课件的具体章节或主题。

（2）了解课堂演示型课件的特点和表现方式。

（3）分析教学目的、适用对象及其特征，确定教学内容的组织结构及教学策略。

2. 课件的结构设计

（1）根据教学内容的组织结构，进行课件的总体规划，写出课件的结构框图和主要模块。

（2）设计课件的整体风格和版面布局。

（3）规划好课件所用到的多媒体素材及获取途径。

3. 素材准备

（1）搜集、整理所需的多媒体素材。

（2）对现有素材进行加工和处理，根据需要开发新的素材。

4. 课件制作

（1）选择整合课件的应用软件。

（2）制作课件封面，体现课件风格。

（3）制作主界面及导航。

（4）制作各个课件的页面，尽量加入多媒体元素，设计必要的动态效果。

（5）根据课件的结构建立页面之间的链接。

（6）保存和演示课件。

5. 课件评价

根据“多媒体演示课件评价量规表”（见表 8.3），教师可对学生完成情况进行评价，学生间也可进行相互评价。

表 8.3　　多媒体演示课件评价量规表

课件名称			
制作人员			
结构项目	分数	标准描述	得分
教育性	10	选题适当，能充分发挥多媒体的优势，课件的制作直观、形象，内容完整	
	10	目标明确，针对学生特征，在课堂教学中具有较大的启发性，利于学生理解知识	
	10	体现教育理念，有利于培养学生的创造精神和实践能力	
科学性	10	内容科学正确，逻辑严谨，层次清楚	
	10	模拟仿真准确、形象，有典型性、代表性	
	10	场景设置、素材选取、名词术语、操作示范等符合教育科学的要求	
技术性	5	界面友好，操作简便	
	5	各种媒体的运用恰当合理	
	5	交互设计合理，智能性好，运行稳定	
	5	导航清晰，易于检索，没有无效链接	
	5	课件可以被方便地更新，利于交流、提高	
艺术性	5	画面简洁、版面风格统一	
	5	画面主题突出、简洁、美观，音乐、解说与画面协调	
	5	创意新颖，构思巧妙，节奏合理，设置恰当，原创程度高	
评价人:	评价:	总得分	

项目 3　编写基于信息化环境下的教学设计方案

【教学目标】

1. 了解教学设计的原理和掌握教学设计的步骤。
2. 学会针对具体的教学内容，设计编写教学方案。

【教学环境】

网络机房。

【训练内容】

学生结合所学专业，选择一节课或一篇课文的内容，运用教学设计的原理和方法，套用所提供的教学设计模板（见附件 1），设计一个运用多媒体教学手段（或信息化环境下）的教学设计方案。

【训练过程】

（1）教学设计内容应包括以下内容。

① 前期分析：分析教学任务，确定教学目标，结合学习对象的特征，划分学习内容的知识点并描述各知识点的学习目标。分析教学重点、难点及其解决措施。

② 资源设计：根据教学内容和教学目标，确定教学资源（媒体）的选择、设计和使用方式。

③ 策略设计：根据学生现有的准备状态，以及要达到的教学目标及具体的教学内容，综合考虑教学方法和选择教学资源，制订教学策略，设计出教学过程（学习活动）流程图。

④ 评价设计：根据教学目标，运用评价的手段和方法，设计本学习内容的形成性练习。

（2）评价。根据“教学设计评价量规表”（见附件2），教师可对学生完成情况进行评价，学生间也可进行相互评价。

附件1

教 学 设 计

班级		学号		姓名	
学科课程			课题		
适合年级			课时		
教学对象分析					
学习需要分析					
教学目标分析					
教学重点					
教学难点					
教学策略设计					
教学资源设计					
教学评价设计					

附件 2

教学设计评价量规表

班级		学号		姓名	

项目	分数	标准描述	得分
教学对象分析 10	5	教学对象分析完整，准确	
	5	符合学生的年龄特征	
学习需要分析 10	5	学习需要分析能明确指出学生在学习中存在的问题	
	5	学习需要分析能提出解决该问题的必要途径	
教学目标分析 15	5	教学（学习）目标明确、具体，符合课程标准（教学大纲）的要求，切合学生实际	
	5	各知识点的学习目标层次合理、分类准确，描述语句具有可测量性	
	5	能结合学科的特点建立学生的情感目标，重点、难点的确定符合学生的当前水平，解决措施切实可行	
教学策略设计 25	10	根据学科特点、教学内容和学生特征选择合适的教学模式	
	10	各知识点教学组织主次分明、重点突出，整个教学过程结构合理、自然流畅	
	5	遵照认识规律选择教学方法，注意到多种方法的优化组合	
教学资源设计 25	5	教学资源（媒体）的选择符合优化原则	
	5	所选媒体适合表现相应的教学内容	
	5	教学媒体的使用目标明确	
	5	教学媒体的使用方式有助于学生学习	
	5	能充分利用各种媒体（包括板书、教具、实物等），注意媒体组合	
教学评价设计 15	5	教学评价与教学目标相一致	
	5	教学评价符合学生的基本特征	
	5	教学评价完整，文字精练、表达准确、便于检测	
评价人（签名）：		总得分	

PART 1

附录 1 中小学教师教育技术能力标准（试行）

为提高中小学教师教育技术能力水平，促进教师专业能力发展，根据《中华人民共和国教师法》和《中小学教师继续教育规定》有关精神，特制定《中小学教师教育技术能力标准（试行）》。本标准适用于中小学教学人员、中小学管理人员、中小学技术支持人员教育技术能力的培训与考核。

第一部分　教学人员教育技术能力标准

一、意识与态度

（一）重要性的认识

1. 能够认识到教育技术的有效应用对于推进教育信息化、促进教育改革和实施国家课程标准的重要作用。
2. 能够认识到教育技术能力是教师专业素质的必要组成部分。
3. 能够认识到教育技术的有效应用对于优化教学过程、培养创新型人才的重要作用。

（二）应用意识

1. 具有在教学中应用教育技术的意识。
2. 具有在教学中开展信息技术与课程整合、进行教学改革研究的意识。
3. 具有运用教育技术不断丰富学习资源的意识。
4. 具有关注新技术发展并尝试将新技术应用于教学的意识。

（三）评价与反思

1. 具有对教学资源的利用进行评价与反思的意识。
2. 具有对教学过程进行评价与反思的意识。
3. 具有对教学效果与效率进行评价与反思的意识。

（四）终身学习

1. 具有不断学习新知识和新技术以完善自身素质结构的意识与态度。
2. 具有利用教育技术进行终身学习以实现专业发展与个人发展的意识与态度。

二、知识与技能

（一）基本知识

1. 了解教育技术基本概念。
2. 理解教育技术的主要理论基础。

3. 掌握教育技术理论的基本内容。

4. 了解基本的教育技术研究方法。

（二）基本技能

1. 掌握信息检索、加工与利用的方法。

2. 掌握常见教学媒体选择与开发的方法。

3. 掌握教学系统设计的一般方法。

4. 掌握教学资源管理、教学过程管理和项目管理的方法。

5. 掌握教学媒体、教学资源、教学过程与教学效果的评价方法。

三、应用与创新

（一）教学设计与实施

1. 能够正确地描述教学目标、分析教学内容，并能根据学生特点和教学条件设计有效的教学活动。

2. 积极开展信息技术与课程的整合，探索信息技术与课程整合的有效途径。

3. 能为学生提供各种运用技术进行实践的机会，并进行有针对性的指导。

4. 能应用技术开展对学生的评价和对教学过程的评价。

（二）教学支持与管理

1. 能够收集、甄别、整合、应用与学科相关的教学资源以优化教学环境。

2. 能在教学中对教学资源进行有效管理。

3. 能在教学中对学习活动进行有效管理。

4. 能在教学中对教学过程进行有效管理。

（三）科研与发展

1. 能结合学科教学进行教育技术应用的研究。

2. 能针对学科教学中教育技术应用的效果进行研究。

3. 能充分利用信息技术学习业务知识，发展自身的业务能力。

（四）合作与交流

1. 能利用技术与学生就学习进行交流。

2. 能利用技术与家长就学生情况进行交流。

3. 能利用技术与同事在教学和科研方面广泛开展合作与交流。

4. 能利用技术与教育管理人员就教育管理工作进行沟通。

5. 能利用技术与技术人员在教学资源的设计、选择与开发等方面进行合作与交流。

6. 能利用技术与学科专家、教育技术专家就教育技术的应用进行交流与合作。

四、社会责任

（一）公平利用

努力使不同性别、不同经济状况的学生在学习资源的利用上享有均等的机会。

（二）有效应用

努力使不同背景、不同性格和能力的学生均能利用学习资源得到良好发展。

（三）健康使用

促进学生正确地使用学习资源，以营造良好的学习环境。

（四） 规范行为

能向学生示范并传授与技术利用有关的法律法规知识和伦理道德观念。

第二部分　管理人员教育技术能力标准

一、意识与态度

（一）重要性的认识

1. 能够认识到教育技术的有效应用对于推进教育信息化、促进教育改革和实施国家课程标准的重要作用。

2. 能够认识到教育技术能力是教师专业素质的必要组成部分。

3. 能够认识到教育技术的有效应用对于优化教学过程、培养创新型人才的重要作用。

（二）应用意识

1. 具有推动在管理中应用教育技术的意识。

2. 具有推动在教学中开展信息技术与课程整合、促进教育教学改革研究的意识。

3. 具有支持教师运用教育技术不断丰富学习资源的意识。

4. 具有密切关注新技术的价值并不断挖掘其教育应用潜力的意识。

（三）评价与反思

1. 具有促进对教学资源的利用进行评价与反思的意识。

2. 具有促进对教学过程进行评价与反思的意识。

3. 具有促进对教学效果与效率进行评价与反思的意识。

4. 具有对教学管理的效果进行评价与反思的意识。

（四）终身学习

1. 具有不断学习新知识和新技术以提高自身管理水平的意识与态度。

2. 具有利用教育技术进行终身学习以实现管理能力与个人素质不断提高的意识与态度。

3. 具有利用教育技术为教师创造终身学习环境的意识与态度。

二、知识与技能

（一）基本知识

1. 了解教育思想、观念和教育技术的发展趋势。

2. 了解教育技术的基本概念和应用范畴。

3. 了解教育技术的基本理论。

4. 掌握绩效技术、知识管理和课程开发的基本知识。

（二）基本技能

1. 掌握信息检索、加工与利用的方法。

2. 掌握资源管理、过程管理和项目管理的方法。

3. 掌握教学媒体、教学资源、教学过程与教学效果的评价方法。

4. 掌握课程规划、设计、开发、实施与评价的方法。

三、应用与创新

（一）决策与规划

1. 制定并实施教育技术应用计划以及应用技术来促进教育教学改革的条例与法规。

2. 能够根据地区特点和实际教育状况，宏观调配学习资源，规划和设计教育系统。

3. 能够有效应用信息技术和统计数据辅助决策过程。

（二）组织与运用

1. 能组织与协调各种资源，保证教育技术应用计划的贯彻和执行。

2. 能组织与协调各种资源，促进信息化学习环境的创建。
3. 能组织与协调各种资源，支持信息化的教学活动。
4. 能运用技术辅助教学组织和教学实施。

（三） 评估与发展

1. 能使用多种方法对教师和管理人员的教育技术应用效果进行评价。
2. 能运用技术辅助对管理体制和运行机制进行评价。
3. 能采取多种措施推动技术体系的不断改进，支持技术的周期性更新。
4. 能充分利用技术手段为教师、学生和管理者的发展提供更多机会。
5. 能充分运用技术改善教育教学条件，并为教师提供教育技术培训的机会。

（四）合作与交流

1. 能利用技术与教学人员就教学工作进行交流。
2. 能利用技术与技术人员就学习支持与服务进行交流。
3. 能利用技术与家长及学生就学生发展与成长进行交流。
4. 能利用技术与同事就管理工作进行合作与交流。

四、社会责任

（一）公平利用

能够在管理制度上保障所有的教师和学生均能利用学习资源得到良好发展。

（二）有效应用

1. 能够促进学习资源的应用潜能得到最大化的发挥。
2. 能够促进技术应用达到预期效果。

（三）安全使用

1. 能确保技术环境的安全性。
2. 能提高技术应用的安全性。

（四）规范行为

1. 努力加强信息道德的宣传与教育。
2. 努力规范技术应用的行为与言论。
3. 具有技术环境下知识产权保护的意识，并能够以实际行动维护这种知识产权。

第三部分　技术人员教育技术能力标准

一、意识与态度

（一）重要性的认识

1. 能够认识到教育技术的有效应用对于推进教育信息化、促进教育改革和实施国家课程标准的重要作用。
2. 能够认识到教育技术应用能力是教师专业素质的重要组成部分。
3. 能够认识到教育技术的有效应用对于优化教学过程、培养创新型人才的重要作用。

（二）应用意识

1. 具有研究与推进信息技术与课程整合的意识。
2. 具有利用技术不断优化学习资源和学习环境的意识。
3. 具有积极辅助与支持教学人员和管理人员应用教育技术的意识。

4. 具有不断尝试应用新技术并探索其应用潜力的意识。

（三）评价与反思

1. 具有对技术及应用方案进行选择和评价的意识。
2. 具有对技术开发进行评价与反思的意识。
3. 具有对技术支持进行评价与反思的意识。
4. 具有对教学资源管理进行评价与反思的意识。

（四）终身学习

1. 具有积极学习新知识与新技术以提高业务水平的意识。
2. 具有利用教育技术进行终身学习以不断提高个人素质的意识。

二、知识与技能

（一）基本知识

1. 了解教育思想、观念和技术的发展趋势。
2. 了解教育技术的基本概念和应用范畴。
3. 掌握现代教学媒体特别是计算机与网络通信的原理与应用。

（二）基本技能

1. 掌握信息检索、加工与利用的方法。
2. 了解教学系统设计与开发的方法。
3. 掌握教学媒体的设计与开发的技术。
4. 掌握教学媒体的维护与管理的方法。
5. 掌握学习资源维护与管理的方法。
6. 掌握对教学媒体、学习资源的评价方法。

三、应用与创新

（一）设计与开发

1. 参与本单位教育信息化建设方案的整体规划与设计。
2. 能够设计与开发本单位的信息化学习环境。
3. 能够收集、整理已有学习资源并设计与开发符合教学需要的学习资源。

（二）应用与管理

1. 能够为教学人员的教学和科研工作提供技术支持与服务。
2. 能够为管理人员的管理和评估工作提供技术支持与服务。
3. 能够对学习资源与学习环境的使用进行有效的管理与维护。

（三）评估与发展

1. 能够对学习资源和学习环境的开发与应用效果进行评估，并提出发展建议。
2. 能够对自身的技术服务和管理工作进行评估，并反省自身的技术服务和业务水平。
3. 能够参与本校教师教育技术应用效果的评估工作，并提出发展建议。
4. 能够参与制定本校教师教育技术培训方案并实施。

（四）合作与交流

1. 能利用技术与教师就教育技术在教学中的应用效果进行交流。
2. 能利用技术与管理人员进行交流。
3. 能利用技术与学生及家长进行交流。
4. 能利用技术与同行及技术专家进行交流。

四、社会责任

（一）公平利用

能够通过有效的统筹安排保障所有的教师和学生均能利用学习资源得到良好发展。

（二）有效应用

1. 能不断加强信息资源的管理。
2. 能不断提高教育技术应用的有效性。

（三）安全使用

1. 努力提高技术应用环境的信息安全。
2. 能为教师和学生提供安全、可靠的技术服务。

（四）规范行为

1. 努力加强技术环境下信息资源的规范管理。
2. 努力规范技术应用的行为方式。

PART 2

附录 2 国内部分教育网站网址

1. 中国教育与科研计算机网：http://www.edu.cn
2. 中国中小学教育教学网：http://www.k12.com.cn
3. 中国教育在线：http://www.eol.cn/
4. 中国教育部：http://www.moe.edu.cn/
5. 全国中小学教师继续教育网：http://www.teacher.com.cn/
6. 中国基础教育网：http://www.cbe21.com/
7. 中国儿童资源网：http://www.tom61.com/
8. 幼儿园教案网：http://www.chinajiaoan.cn/
9. 中学学科网：http://www.zxxk.com/
10. 中小学教育资源中心：http://www.edudown.net/
11. 21 世纪教育网：http://www.21cnjy.com/
12. 中小学教育网：http://www.g12e.com/
13. 中国高等教育学生信息网：http://www.chsi.com.cn/
14. 中国高职高专教育网：http://www.tech.net.cn/
15. 中国成人大学网：http://www.caea.org.cn/
16. 中国摄影在线：http://www.cphoto.net
17. 前沿讲座：http://www.qyjz.net/
18. 各地大学网址：http://edu.360.cn/daxue/
19. 中国教育技术网：http://www.etr.com.cn/
20. 中国教育技术学网：http://www.chinaet.org/
21. 国家基础教育资源网：http://www.cbern.gov.cn/derscn/portal/index.html
22. 中学语文资源网：http://www.188h.com/
23. 教育技术热线：http://metc.njnu.edu.cn/
24. 中央电化教育馆：http://www.ncet.edu.cn/
25. 中央电化教育馆教学资源库：http://djg.pyedu.cn/cgi-bin/index.cgi
26. 中学语文教学资源网：http://www.ruiwen.com/
27. 小学语文教学网：http://www.vastman.com/
28. 中小学生作文网：http://www.zuowen.com/
29. 初中数学网：http://www.czsx.com.cn/
30. 中学化学资料网：http://www.e-huaxue.com/
31. 小学数学专业网：http://www.shuxueweb.com/Index.html

32. 英语学科网：http://yy.zxxk.com/
33. 初中物理在线：http://www.czwlzx.com/
34. 中国远程与继续教育网：http://www.cdce.cn/
35. 国家职业资格工作网：http://www.nvq.net.cn/
36. 中国特殊教育资源网：http://www.tjzy.net.cn/
37. 视频教程网：http://www.jc88.net/index.html
38. 中国教程网：http://www.jcwcn.com/
39. 新东方官网：http://www.xdf.cn/
40. 中国大学精品开放课程网：http://www.icourses.cn/home/
41. 名师教育信息网：http://www.mingshijiaoyu.com
42. 好好学习网：http://www.hhxx.com.cn/
43. 三人行教学网：http://www.srxedu.net/Index.html
44. 第一考试网：http://www.onekao.com/
45. 新课程在线：http://www.newkc.net/
46. 英语网：http://www.yingyu.com/
47. 中国科学院网站：http://www.cas.ac.cn/
48. 中国教师网：http://www.chinateachers.org/
49. 中国国家图书馆：http://www.nic.gov.cn/
50. 中国科普博览：http://www.kepu.com.cn/

参考文献

[1]尹俊华，庄榕霞，戴正南.教育技术学导论(第二版)[M].北京:高等教育出版社,2002.

[2]黄荣怀,沙景荣,彭绍东.教育技术学导论[M].北京:高等教育出版社,2006.

[3]周跃良.现代教育技术[M]. 北京:高等教育出版社,2008.

[4]何克抗,李文光.教育技术学[M]. 北京:北京师范大学出版社, 2009.

[5]钟大鹏,蒋红星.现代教育技术实用教程[M]. 北京:中国铁道出版社,2010.

[6]陈卫东，教育技术学视野下的未来课堂研究[D].华东师范大学，2012.

[7]丁兴富.教学媒体的本质、分类和特征——远程教育中的信息技术和媒体教学[J].中国远程教育，2000.

[8]陈迪.互动媒体支撑下的课堂教学研究[D].华中师范大学，2012.

[9]焦中明,赖晓云.现代教育技术与应用[M]. 北京:北京师范大学出版社，2011.

[10]朱云东,罗滨.现代教育技术技能教程(第三版)[M]. 北京:中国铁道出版社，2012.

[11]曾陈萍,吴军.现代教育技术实用教程[M]. 北京:北京师范大学出版社，2010.

[12]陈贵芳,李华君.现代教育技术 [M]. 北京:北京师范大学出版社，2012.

[13]徐红彩.数字化教学资源的设计与开发[J]开放教育研究，2002(6): 41～43.

[14]章苏静. 数字化教学资源管理[M]. 北京：科学出版社，2008.

[15]刘光然,詹青龙.现代教育技术 [M]. 北京:人民邮电出版社，2010.

[16]曹卫真.网络教学教学特性与网络学科教学模式的探讨[J].现代远距离教育,2000(2):32−35.

[17]丁兴富.远程教育研究[M].北京:首都师范大学出版社,2002.

[18]杨永博.世界开放与远程教育发展趋势探析[J].中国远程教育,2012(6):23−28.

[19]丁兴富.远程教育系统的分析及其主流模式的特征——论远程教育系统（一）.广播电视大学学报（哲学社会科学版）,2001（1）:95−99.

[20]武法提.论网络课程及其开发[J].开放教育研究,2006(2):68−73.

[21]李克东.新编现代教育技术基础[M].上海：华东师范大学出版社，2002.

[22]白凤翔，罗滨.现代教育技术技能教程[M].北京：中国铁道出版社，2009.

[23]彭兵，朱云东，王晓东.现代教育技术学基础教程[M].昆明：云南大学出版社，2001.

[24]蔡莉，刘梓红，赵勇.现代教育技术[M].北京：地质出版社，2007.

[25]李玉斌.现代教育技术实用教程[M].北京：高等教育出版社，2006.

[26]何克抗.教学系统设计[M].北京：北京师范大学出版社，2002.

[27]桑新民.步入信息时代的学习理论与实践[M].北京：中央广播电视大学出版社，2000.

[28]缪亮，等.多媒体 CAI 课件制作实用教程[M].北京：清华大学出版社，2010.

[29]方其桂.Powerpoint 多媒体课件制作实例教程[M].北京：清华大学出版社，2009.

[30]张豪锋,卜彩丽.博客在国内教育应用的发展现状研究[J].现代教育技术，2007(10):75−78.

[31]林书兵,徐晓东.微博客及其教育应用探析[J].电化教育研究,2010(3):16−20.

[32]高洁,马启龙,王静.Wiki 的传播特征及教育应用的研究现状和趋势[J].电化教育研究,2009(2):64−67.

[33]张惠平,吴向东.基于Moodle的儿童网络读书会课程设计[J].中国信息技术教育,2008(09).